知幾子　集補
蒲團子　編訂

參悟集註

心一堂

書名：參悟集註
作者：知幾子

編訂：蒲團子
責任編輯：陳劍聰

出版：心一堂有限公司
出版社地址：香港九龍尖沙咀東麼地道六十三號好時中心LG 六十一
門市：香港九龍尖沙咀東麼地道六十三號好時中心LG 六十一
電話號碼：(852)2781-3722
傳真號碼：(852)2214-8777
網址：http://www.sunyata.cc
電郵：sunyatabook@gmail.com
心一堂術數珍本古籍叢刊網上論壇 http://bbs.sunyata.cc/

版次：二零一一年一月初版
平裝

定價：港幣　一百六十八元正
　　　人民幣　一百六十八元正
　　　新台幣　六百七十元正

國際書號：ISBN 978-988-8058-67-9

香港及海外發行：利源書報社
地址：香港新界荃灣德士古道220-248號荃灣工業中心1609-1616室
電話號碼：(852)2381-8251
傳真號碼：(852)2397-1519

台灣發行：秀威資訊科技股份有限公司
地址：台灣台北市內湖區瑞光路七十六巷六十五號一樓
電話號碼：(886)2796-3638
傳真號碼：(886)2796-1377
網路書店：www.govbooks.com.tw
經銷：易可數位行銷股份有限公司
地址：新北市新店區中正路542之3號4樓
電話號碼：(886)82191500
傳真號碼：(886)82193383
網址：http://ecorebooks.pixnet.net/blog

中國大陸發行・零售：心一堂書店
深圳地址：中國深圳羅湖立新路六號東門博雅負一層零零八號
電話號碼：(86)0755-82224934
北京地址：中國北京東城區雍和宮大街四十號
心一堂網上書店：http://book.sunyata.cc

善的十條眞義

學理重研究不重崇拜
功夫尚實踐不尚空談
思想要積極不要消極
精神圖自立不圖依賴
能力宜團結不宜分散
事業貴創造不貴模仿
幸福講生前不講死後
信仰憑實驗不憑經典
住世是長存不是速朽
出世在超脫不在皈依

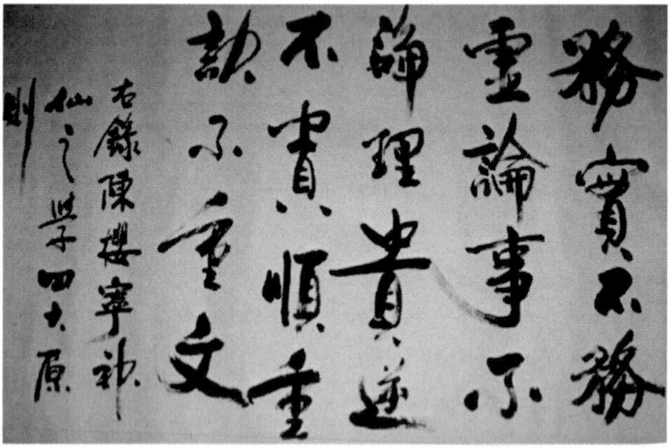

神仙學術四大原則

務實不務虛

論事不論理

貴逆不貴順

重訣不重文

後學知幾子補輯
參同契悟眞篇集註
新增補註

康熙版參悟集註書影

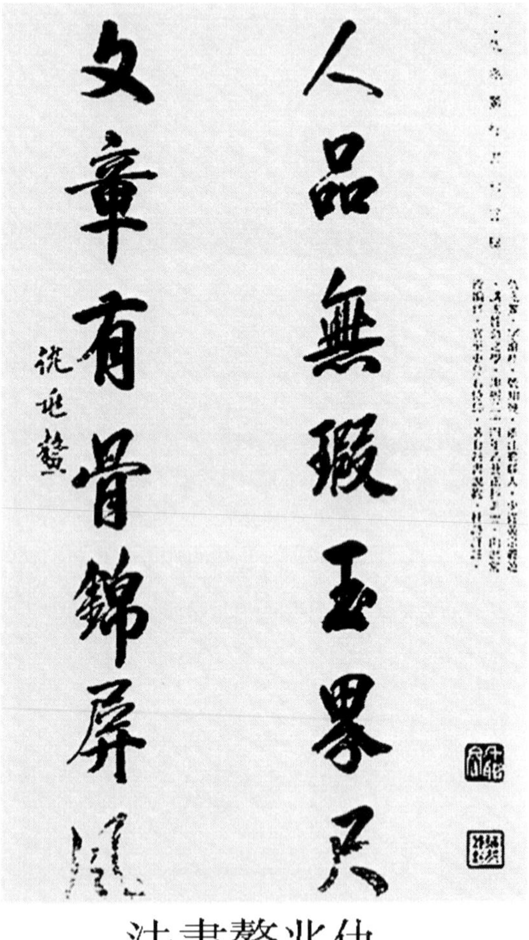

仇兆鰲書法

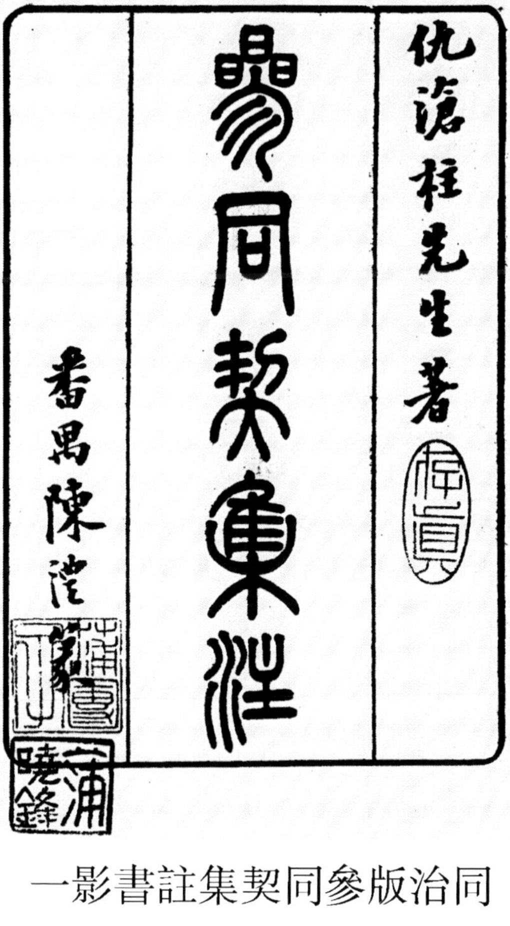
仇滄柱先生著

參同契集注

番禺陳澧篆

同治版參同契集註書影一

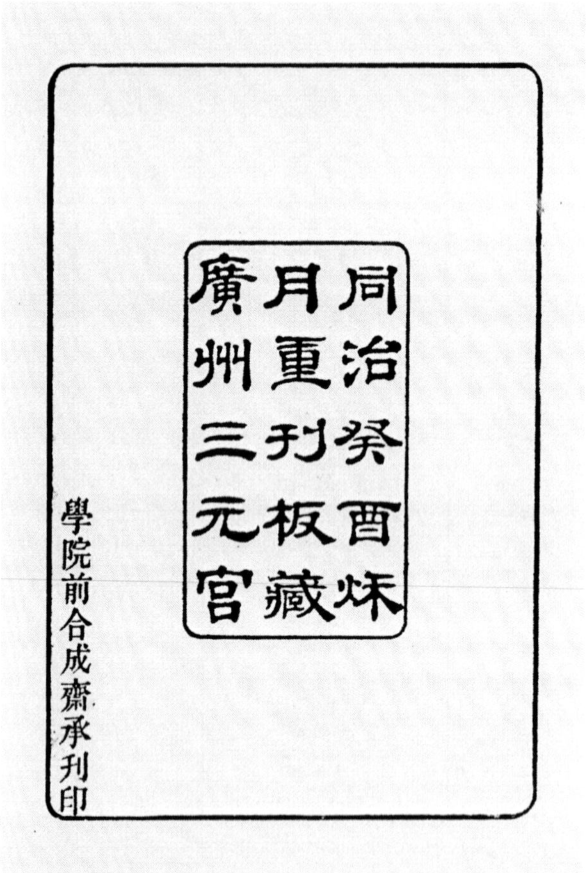
同治癸酉秋
月重刊板藏
廣州三元宮
學院前合成齋承刊印

同治版參同契集註書影二

仇知幾仙師纂輯

悟真篇集註

同治版悟真篇集註書影一

同治版悟真篇集註書影二

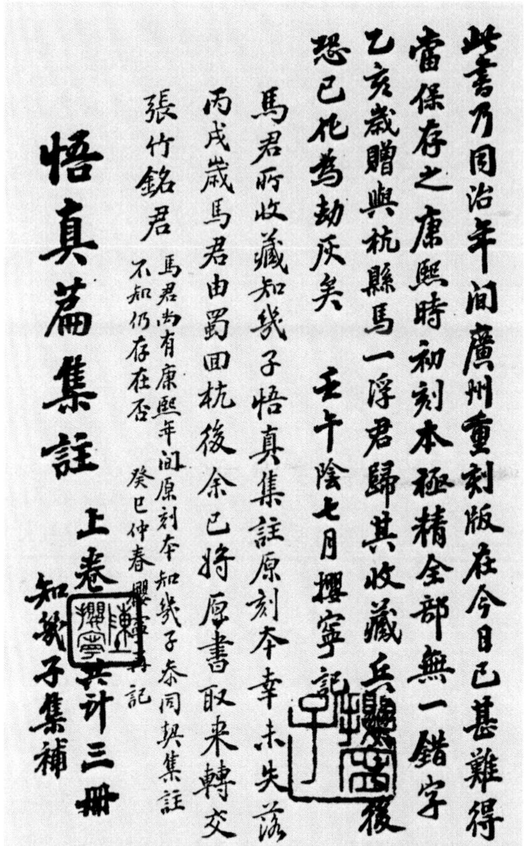
此書乃同治年间廣州重刻版在今日已甚難得
當保存之康熙時初刻本極精全部無一錯字
乙亥歲贈與杭縣馬一浮君歸其收藏兵燹後
恐已化為劫灰矣　壬午陰七月攖寧記
馬君所收藏知幾子悟真集註原刻本幸未失落
丙戌歲馬君由蜀回杭後余已將原書取來轉交
張竹銘君
馬君尚有康熙年间原刻本知幾子參同契集註
不知仍存在否　癸巳仲春攖寧再記
悟真篇集註　上卷　共計三冊
知幾子集補

陳攖寧先生藏書手記

十治數　隱射亻字
陽老先　隱射九字
合之為仇字
千年實　隱射桃字
摘樹邊　去木字邊
桃去木為兆字
龍伯　一句隱鰲字
海石之上　隱滄柱二字
或謂有滄海柱石之說
知幾仙師以下九行原版無

補　註　四明知幾子著。十治數。陽老先。千年實。摘樹邊。龍伯國人把釣竿。海石之上註斯編。

知幾仙師姓仇名兆鰲字滄柱號知幾子。鄞人也。康熙進士入翰林。官至吏部右侍郎。少從餘姚黃太冲宗羲講切性命之學。後與會稽陶素耜元名式玉號存存子。研窮修養秘旨。築棲雲草堂於雪上。獲遇眞人几杖追隨。凡七閱月得聞大道。密受心言。久之松顏鶴貌。照耀山林。所著有四書說約。杜詩詳解。及金丹梯梁。黃老參悟。諸書集。補紫陽悟眞篇註。訂正古本參同契經傳。以招後來道門中之大慈父也。　安山後學張道傳悟仙子謹述

橫頭上所寫七
段並無意味而
辭句亦甚粗劣
不知何人手筆

悟真子註

道妙人間第一等迷途
宜脫速宜修大丈夫欲遂
平生願惟有登志可酬

悟眞篇集註上卷

甬江後學知幾子集補

七言律詩一十六首以準二八一斤之數 補註二八指鼎內火符金丹取象於月。上下二弦有金水平分之象。坎中六候。前三度爲金八兩後三度爲水半斤。採而服之是謂藥重一斤也。

其一 補註首章言浮生易擲。引人及時修道也。

不求大道出迷途。縱負賢才豈丈夫。百歲光陰石火爍。一生身世水泡浮。只貪利祿求榮顯。不覺形容暗悴枯。試問堆金等山嶽。無常買得不來無。

甄九映翼註。此章勉人求道。道者吾身性命先天一

存眞書齋仙道經典文庫緣起

仙道學術，淵遠流長，自軒皇崆峒問道，至今已歷數千年。然歷代仙道大家之經典著述，由於時代之變遷，或埋於館藏，或收於藏海，或佚於民間，或存於方家，若欲覓之，誠爲不易。故對一些孤本要典進行重新編校整理，以免其失落，實屬必要。存眞書齋仙道經典文庫之編輯，卽由此而起。

存眞書齋仙道經典文庫之整理計劃始於二零零四年，雖已歷五年，然由於諸多原因，公開出版頗費周折，文庫之第一種道言五種僅以自印本保存，流通之願難以得償。香港心一堂出版社社長陳劍聰先生，雅好道學，嘗以傳播中華固有之傳統文化爲己任。在得知存眞書齋仙道經典文庫出版之困難後，遂致電於愚，願將文庫公開出版，以廣流通。善莫大焉。

存眞書齋仙道經典文庫之整理出版，意在保留仙道文化之優秀資料，故而其所入选者，以歷代具有代表性的仙道典籍或瀕於失傳之佳作为主，内容皆須合乎正統仙道之原則，不涉邪僞。凡不合乎於此者，縱爲珍本，亦不在整理之列。

本文庫之整理出版，得到了胡海牙老師的大力支持，及存眞書齋諸同仁的通力協助，在此謹致以衷心的謝意。另外，還要特別感謝心一堂出版社陳劍聰先生對文庫出版所提供的方便，及張莉瓊女士、王磊龍靈老弟、劉坤明先生爲文庫的整理、出版所付出的努力與關心。

願文庫之出版，能爲仙道文化資料之保存小有裨益，則愚等之願遂矣。

己丑夏日蒲團子於存眞書齋

編輯大意

一　參悟集註，係存眞書齋仙道經典文庫第七種，收錄清康熙年間知幾子仇兆鰲先生所著古本周易參同契集註和悟眞篇集註兩種。

二　仇兆鰲先生，康熙年間進士，字滄柱，號知幾子，浙江鄞縣人。早年從學於大儒黃宗羲先生，後與會稽存存子陶素耜共同研究修養之道。所著杜詩詳註爲當時所流行之本，集補之參同契、悟眞篇則爲修道者所稱頌。其他著作尚有四書約註等。

三　參同契，又名周易參同契，漢魏伯陽著，爲歷代丹家之所必讀。仇氏以世本經、傳混淆，長短句法參錯成文，非當時原本，遂依明代正德年間杜一誠所定四言爲經、五言爲傳與三相類共爲三册之體例，定經一卷，傳一卷，三相類一卷，以與仙傳舊目相符。

參同契集註，仇氏冠名爲古本周易參同契集註，又標題「萬古丹經王」諸字。仇氏集註以四言經文爲魏伯陽原著，五言傳文爲徐從事所著，三相類爲淳于叔通所作，輯參同契註本十六家，併仇氏集補共爲十七家，內容豐富，理論精妙，爲丹家之所必備。本次整理，所採用版本爲清同治間廣州三元宮藏板，「學院前合成齋」承印本。原題「漢魏伯陽眞人著，甬江知機子集註，古吳後學栖鶴山人梓，安山後學悟虛山人校」。「知機子」誤，今改作「知幾子」。原書題署有「仇滄柱先生著」諸字，今僅署「知幾子」。另，參同集註圖錄缺河圖三五之數與洛書四象之數二圖，今據綿竹同塵兄所提供者署作修改後補入。

四　悟眞篇係宋紫陽眞人張伯端所著，係參同契後又一丹家必讀經典，後人將其與參同並稱。自此書問世以來，歷代註家甚眾。悟眞集註，仇氏集宋、元、明、清註本九種，併仇氏集補，共計十種，對研究悟眞者，頗有價值。

陳攖寧先生在其藏本悟眞篇集註一書前記云：「此書乃同治年間廣州重刻版，在今已甚難得，當保存之。康熙時初刻本極精，全部無一錯字，乙亥歲贈與杭縣馬一浮君，歸其收藏，兵燹之後，恐已化爲劫灰矣。」後又增記云：「馬君所收藏知幾子悟眞集註原刻本幸未失落，丙戌歲馬君由蜀回杭後余已將原書取來轉交張竹銘君。馬君尚有康熙年間原刻本知幾子參同契集註，不知仍在否？」

另，陳攖寧先生藏本悟眞篇集註橫頭尚有七段悟眞子註解，攖寧先生批云：「橫頭上所寫七段，並無意味，而辭句亦甚粗劣，不知何人手筆。」後考某兄家藏鈔本悟眞子汪啟賢所著悟眞指南一書，方知此七段乃汪氏手筆，爲後世藏家所鈔錄耳。特說明。

五　原書排版體例，相關註釋文字，以夾註形式穿插於正文之中，今爲方便讀者計，凡參悟原文中之夾註一概置文後，並根據原文內容做相應的文字改編；　註文夾註皆置相應位置，以使本文、夾註、引註、章註，清晰明白。

六　陳攖寧先生曾云：「康熙年間，知幾子自刻參同契集註、悟眞篇集註，全部無一錯字。此二書已歸杭州馬一浮君收藏，兵燹之後，不知遺失否？廣東翻版悟眞集註，舛誤迭見，遠不及原版之精美，然今翻版亦不易得矣。」今整理此書，因無法覓得康熙原版，亦惟有根據同治間廣東之翻版而編訂。

七　今世所流傳之參悟集註影印本，皆同治刻版，二書末均有「赤城洪熙撰參較」等字。此版誤刻之處頗多，整理中，凡明顯之刻誤，皆改正之；　尚有明知有誤，或疑其有誤，而無法改正者，姑仍其舊。

八　書末附陳攖寧先生早年刊登於仙道月報的讀知幾子悟眞篇集註隨筆和論白虎首經二文，以供閱讀本書者參考。

九　本書編訂過程中，老師胡海牙先生不僅提供了相關的資料，還對編訂提出了很多建議；寧波蔣門馬兄、綿竹同塵子周全彬兄，對此書進行了認眞細緻地審校，並提出不少修改意見；張莉瓊女士於此書之整理，提供不少方便。在此謹致以謝意。

十　參悟集註原於丙戌夏季由存眞書齋自印流布，當時所印數量較少，並由於資金等原因，印製、裝訂質量均不理想。此次心一堂出版社陳劍聰先生提出將此書歸入存眞書齋仙道經典文庫，重新印製，故愚又對全書進行重新整理，修正了上次印製的一些錯漏，並對版式進行了修改，以期更便於閱讀。在此，對心一堂及陳劍聰先生的幫助，謹表謝意，並感謝龍靈老弟爲本書收集版本及編訂做出的辛苦。

庚寅年中秋前一日蒲團子於存眞書齋

目錄

存眞書齋仙道經典文庫緣起……蒲團子（一）
編輯大意……蒲團子（一）

古本周易參同契集註

知幾子　集註
蒲團子　編訂

卷首序記……（三）
集註姓氏……（三）
陸長庚參同悟眞總論……（四）
彭氏周易參同契通眞義序……（五）
周易參同契集註序……（七）
周易參同契集註例言二十條……（九）
古本周易參同契集註卷上
魏眞人自序……（二〇）
四言經文……（二六）
乾坤坎離章第一……（二六）
君臣御政章第二……（三二）
發號施令章第三……（三九）

坎離戊己章第四……（四六）
晦朔合符章第五……（五一）
卦律終始章第六……（六一）
性命根宗章第七……（七九）
養己守母章第八……（九〇）
日月含吐章第九……（一〇二）
流珠金華章第十……（一〇七）
三五至精章第十一……（一一〇）
四象歸土章第十二……（一一五）
陰陽反覆章第十三……（一一八）
以類相況章第十四……（一二二）
父母滋稟章第十五……（一二三）
姹女黃芽章第十六……（一二五）
牝牡相須章第十七……（一三〇）
後序孔竅章第十八……（一三三）

古本周易參同契集註卷下

徐從事傳文序……（一三九）

五言傳文……（一四二）
牝牡四卦章第一……（一四二）
乾坤二用章第二……（一五一）
日月神化章第三……（一五四）
發號順時章第四……（一五六）
朔受震符章第五……（一六〇）
藥生象月章第六……（一六八）
八卦列曜章第七……（一七五）
上下有無章第八……（一七八）
二八弦氣章第九……（一八四）
金火含受章第十……（一八六）
三性會合章第十一……（一八九）
金水銖兩章第十二……（一九二）
水火情性章第十三……（二〇一）
二氣感化章第十四……（二〇四）
關鍵三寶章第十五……（二〇六）
同類伏食章第十六……（二一三）

背道迷眞章第十七……（二二〇）
三聖制作章第十八……（二二五）
三相類……（二二九）
序……（二二九）
大丹賦……（二三一）
鼎器歌……（二四三）
參同契附錄
張紫陽眞人讀參同契文……（二五〇）
蕭元瑞讀參同契作……（二五二）
參同契集註後跋……（二五六）
玄妙觀碑記……（二五七）
附：觀中題詠……（二五八）
附：軼事二條……（二五九）
圖說
周身三關六脈圖……（二六一）
十二雷門測候圖……（二六二）
河圖三五之數……（二六三）

洛書四象之數……（二六四）
先天八卦對待圖……（二六五）
後天八卦流行圖……（二六六）
一月六候圖……（二六七）
六候納甲圖……（二六八）
十二月卦律圖……（二六九）
六十卦火候圖……（二七〇）
淳于氏三相類圖……（二七一）
太極順生圖……（二七三）
丹道逆生圖……（二七四）
二十八宿玄溝圖……（二七五）
斗建月將天罡圖……（二七六）

悟眞篇集註

知幾子　集補　蒲團子　編訂

卷首序記

悟眞篇原序……（二八一）
張紫陽事蹟本末……（二八三）

張眞人傳道源流……（二八五）
陸彦孚記……（二八六）
翁淵明序……（二八八）
陸子野序……（二八九）
陳觀吾序……（二九〇）
悟眞篇集註序……（二九二）
悟眞篇集註例言二十條……（二九四）
悟眞篇提要七條……（三〇四）
集註姓氏……（三〇八）
悟眞篇集註上卷
七言律詩一十六首……（三一〇）
悟眞篇集註中卷
七言絕句六十四首……（三五四）
悟眞篇集註下卷
五言一首……（四四六）
西江月十三首……（四四八）
絕句五首……（四六九）

悟眞法語……（四七七）
絕句……（四七八）
性地頌……（四七八）
生滅頌……（四七九）
三界唯心頌……（四七九）
見物便見心頌……（四七九）
齊物頌……（四八〇）
卽心是佛頌……（四八〇）
無心頌……（四八一）
心經頌……（四八三）
無罪福頌……（四八三）
圓通頌……（四八四）
隨他頌……（四八四）
寶月頌……（四八四）
採珠歌……（四八五）
禪定指迷歌……（四八六）
讀雪竇禪師祖英集……（四八九）

西江月十二首……………………………………………（四九一）
戒定慧解……………………………………………（四九七）

悟眞篇增錄

張眞人金丹四百字……………………………………（四九九）
金丹四百字序……………………………………………（五一五）
讀周易參同契……………………………………………（五二一）
贈白龍洞劉道人歌………………………………………（五二二）
石橋歌……………………………………………………（五二六）
浮黎鼻祖經序……………………………………………（五三〇）

附篇

讀知幾子悟眞篇集註隨筆……………………陳攖寧（五三七）
論白虎首經……………………………………陳攖寧（五四四）

甬江知幾子　集註
蒲團子　編訂

古本周易參同契集註

卷首序記

集註姓氏

彭　曉　眞一子，後五代孟蜀永康人，作通眞義三卷。

朱文公　宋儒，名熹，記名鄒訢，著參同契考異，約畧作註。

陳顯微　抱一子，南宋人，作參同契解三卷。

俞　琰　字玉吾，全陽子，元林屋山人，作參同契發揮三卷。

陳致虛　上陽子，元盧陵道士，作參同契分章註三卷。

杜一誠　字通復，蘇州人，明正德間編四言爲經、五言爲傳，此書復古本之始。

徐　渭　號天池，山陰人，明隆慶間著參同契分釋，以陳抱一本爲據。

陸西星　字長庚，潛虛子，揚州興化人，明隆萬間作參同契測疏、口義二種。

李文燭　字晦卿，別號夢覺道人，鎭江人，萬曆時作參同契句解三卷。

王九靈　永嘉人，萬曆時依楊氏古本分傳以附經，有註三卷。

蔣一彪　餘姚人，萬曆間輯參同契集解，依楊氏古本，附眞一、抱一、上陽、全陽四註於下。

彭好古　一壑居士，西陵人，萬曆間註古本參同契三卷。

甄　淑　九暎道人，湖廣人，崇禎間著參同契繹註、悟眞篇翼註。

陶素耜　存存子，近時越中人，作參同契脈望三卷。

姜中眞　得一子，會稽人，作參同契註解三卷。

尹太鉉　高陽子，東魯人，有參同契補天石。

補　註　知幾子增輯，自記云：「十治數，陽老先；千年實，摘樹邊；龍伯國人把釣竿，海不揚波註斯篇」。

陸長庚參同悟眞總論　出就正篇。

金丹之道，煉己爲先，己煉則神定，神定則氣住，氣住則精凝，民安國富，一戰而天下定矣。

昔師示我曰：「人能清修百日，皆可作胎仙。」夫百日清修，片晌得藥，十月行火，脱胎神化，改形而仙，顧不易易哉！而世卒難其人，何也？根淺者，聞道不信；學疎者，證道不眞。盲師妄引，莫辨越燕，焉分蒼素？間或質以參同、悟眞，輒云陳言易得，口訣難逢，別有開關展竅之秘，離形交氣之方。初學之士，一聆其言，意在速成，焚香誓天，深藏肺腑，而參同、悟眞東之高閣矣。

夫陰陽同類感應相與之道，順之則人，逆之則仙，是皆自然而然，非有巧僞。參同契云「自然之所爲兮，非有邪僞道」，悟眞篇云「藥逢氣類方成象，道在希夷合自然」。古仙垂語示人，曷嘗隱秘？然皆絕口不言開關展竅、離形交氣之術。而今乃有之，是大道之厄，斯人爲之也。嗟乎！世人好小術，不審道淺深。獨奈何哉？

昔師示我云：「參同、悟眞，乃入道之階梯。」顧言微旨遠，未易剖析。沉潛廿載，始覺豁然。且僕非能心領神悟也，賴覃索之功深，而師言之可證耳。

予既微有所見，不敢自私，輒成是編，以就正於有道。然此其大畧耳。若夫入室細微之旨，內外火候之詳，自有二書者在，安敢贅哉！

潛虛生述

彭氏周易參同契通眞義序

按神仙傳，眞人魏伯陽者，會稽上虞人也。世襲簪裾，惟公不仕，修眞潛默，養志虛無，博贍文辭，通諸緯候，恬澹守素，惟道是從，每視軒裳，如糠粃焉。不知師授誰氏，得古文龍虎經，盡獲妙旨，乃約周易，譔參同契三篇，演丹經之元奥，多以寓言借事，隱顯異文。密示青州徐從事，徐乃隱名而註之。至後漢孝桓帝時，公復傳授與同郡淳于叔通，遂行於世。

公譔參同契者，謂修丹與天地造化同途，故託易象而論之，莫不假借君臣以彰内外，叙其坎離直指汞鉛。以乾坤爲鼎器，以陰陽爲隄防，以水火爲化機，以五行爲輔助，以眞鉛爲藥祖，以元精爲丹基，以天地爲父母，以坎離爲夫妻。互施八卦，驅役四時，分三百八十四爻，循行火候；運周天二十八宿，環列鼎中。乃得水虎潛形，寄庚辛而西轉；火龍伏體，逐甲乙而東旋。從此天關在手，地軸由心，天地不能匿造化之機，陰陽不能藏亭毒之本。故能體變純陽，神生眞宅。非天下之至精，其孰能與於此哉！

第文泛而旨奥，事顯而言微，後世各取所見，或則分字而釋，或則合句而箋。既首尾之議論不同，在取捨而是非無的。今乃分章定句，合義正文，故以四篇，統分三卷，名曰分章通眞義。内有鼎器歌一篇，爲其辭理鈎連，字句零碎，分章不得，故獨存焉。丹道陰陽之理備矣。

曉因師傳授，歲久留心，不敢隱蔽玄文，課成眞義，庶希萬一貽及後人也。

昌利化飛鶴山眞一子彭曉序

（此序有關經、傳原委，故摘錄於前。）

考彭氏後序，係孟蜀廣政十年丁未歲九月八日作，其爲前序，亦應在此時。按廣政十年，乃五代劉漢即位之初年；昌利山，在成都府金堂縣東北十里。

據楊慎參同契序，彭曉蜀永康人也。

盧陵黄瑞節曰：「參同契註本，凡一十九部，三十一卷，其目載夾漈鄭氏藝文畧。彭曉本最傳，然分三卷，爲九十章，以應陽九之數；鼎器歌一篇，以應水一之數。其傳會類如此，蓋效河上公，分老子爲上經、下經，八十一章，而其實非也。鮑氏云彭本爲近世淺學妄更，秘館所藏，民間所録，差誤衍説，莫知適從，朱子考辨正文，引證依據，其本始定。今不敢贅，附諸説云。」

謹按 此書經朱子參定，黄氏推爲善本。後來抱一、上陽，皆據斯作註，但錯簡紛紜，文氣斷續，先後顛倒，段落混蒙，讀之猶未慊心。再經俞、陸兩家更移歸併，脈理差見清楚，然經、傳莫辨，章句難分，終非本來面目。抽鑰啟關，拭塵開鑑，兹幸古文之復見云。

知幾子附記

周易參同契集註序

參同契一書，魏眞人爲養性延命而作也。書名參同契者何？言與大易、黄、老三者，同符而合契也。後之註家謂：「參者，參天地造化之體；同者，資同類生成之用；契者，合造化生成之功。」失其旨矣。

或據原序，以大易、黃老、伏食三者爲相合相契，亦非也。伏食與養性相配，不與黃老相對。黃老之道，包舉內外，養性伏食，皆在其中。觀陰符、道德兩經，俱言性命之理，與大易之盡性至命有以異乎？此則三者之所以同而契也。

序言養性，卽內以養己。其以伏食爲延命，何也？伏者，伏此先天眞一之氣，氣自外至，杳冥恍惚，非養性於虛無不能致也。內經有云：「根於中者，命曰神機；根於外者，命曰氣立。」古之眞人，知神由中主而氣自外來，故必以神馭氣而保厥長生。

夫人之一身，常以元神爲主宰，而取坎塡離，氣始復焉。坎離者，一水一火，迭用柔剛，坎中之水乘其爻動而以意招之，離中之火靜極能應而以意運之。坎中之鉛，卽陽氣也；離中之汞，卽陰精也。精氣會合，皆以眞意攝之。意不專一，則神散而不凝；神不凝聚，則大用現前而俄頃失之。是故安靜虛無，以養其神也；閉塞三竇，以斂其神也。神無爲而無不爲，故曰「一故神，兩故化」。

河圖之四象，各寓變化生成，而五獨居中以默運。丹法之九還七返八歸六居，皆以眞土主造化。五居中而制四方，猶心居中而應萬事。契言「辰極處正」「執衡定紀」，皆藉神以統之矣。黃帝之「無搖精」「無勞形」，老聖之「致虛極，守靜篤」，皆所以凝神而候氣。神凝則氣應，始可從事伏食，而行還返之道。

易曰：「神也者，妙萬物而爲言者也。」神御六子，變化行焉。山澤通氣者，其柔上而剛下乎；坎離對射者，其水火之既濟乎；雷風相薄者，其乘震符而鼓橐籥乎。準諸抱神以靜，而盜機莫見；谷神若存，而虛心實腹：孰非善用其神者乎？

爰據古文，釐定經、傳，又集諸家註疏，於採藥還丹，煉己溫養，亦既詳言無隱矣。惟神爲丹君，而氣爲丹母，尚須陳述簡端，以推用功之綱要。兹者，沉潛討論，無間暑寒。所幸生際昇平，聖人首出，得優游化日光天之下，以講求盡性至命之書，尚冀衰邁餘年，良緣可俟，從此咸登仁壽，而不徒託之空言，則素心庶幾其一遂也夫。

旹康熙四十三年三月朔旦甬江後學仇兆鰲薰沐拜手譔

周易參同契集註例言二十條

一　參同卷次　葛稚川著神仙傳謂魏伯陽作參同契三卷，彭眞一又謂約周易譔參同契三篇。考世本流布，經、傳混淆，其所謂三篇者，皆長短句法，參錯成文，非復當時原本。今定爲經一卷，傳一卷，三相類一卷，與仙傳舊目相符。此據姑蘇杜一誠本，而酌定其章次耳。

杜本經文三篇，各冠標題，謂「乾坤剛柔」以下，乃三聖乘龍御天，大易之道；「將欲養性」以下，乃黃老延命養性，長生之道；「惟昔聖賢」以下，乃聖賢伏食飛昇，金丹之道。此皆强分條例，未合經旨。其所分傳文三篇，却無標題，亦未見條理矣。須知傳乃會經意而成篇，逐章各有照應，絕不混蒙也。

二　古本源流　元時林屋山人俞玉吾，用十年苦心，偶一夕於靜定之中，忽若有附耳語云：「魏伯陽作參同契，徐從事箋註，簡編散亂，故有四言、五言、散文之不同。」既而驚悟，尋省其說，欲各從其類，分而爲三。因註解已成，不能復改。

前代正德間，杜一誠始定四言作經，五言作傳，與三相類，共爲三册，每册各附以原序。杜自謂得之精思豁悟者。嘉靖間，楊用修所刻參同古本，與杜本相同，又謂出於石函中，乃樵夫掘地而得之。豈有埋地之書，經千五百年而簡編尚不朽壞者？大抵杜氏則因玉吾之說，而釐其錯簡；楊氏則據杜氏所編，而託名石函耳。然古本復見，實藉二公啟之。而俞氏之神相告語，乃契中所云「千周萬遍，神明來告」者。精誠所感，信可通古今於一息矣。

杜序在正德丁丑仲秋，楊序在嘉靖丙午仲冬，先後相去凡三十年，明是楊襲杜書，非杜竊楊本。山陰徐渭亦嘗辨之。

三　古本易讀　彭一壑謂經、傳淆亂，始於眞一子。考通眞兩序，皆洞明丹理，不應移竄簡編。大抵俗本沿訛，其來已久，致後之讀契者，如亂絲無緒，徒然目眩心煩。自杜氏追復古本，有功契文。此後王、彭兩家，亦知崇古，但於章法之起結，段落之接連，尚未分明。今重定章句，加以疏箋，逐章還其次第，逐節尋其條理，逐句明其意義，令文從字順，舉目了然，從此參同易讀矣。然只依文貫穿，不敢增減隻字片言開罪作者。若遇字句互異，則附見本句之下，多據朱子考異及俞氏釋疑。間有酌以鄙見者，註云當作某字，或上下文句顚倒。須互調諧韻者，亦註明於下，以質所疑。

四　章數異同　此書傳世已久，南宋以前，註家凡十九種，惟五代彭曉本最先，但分爲九十一章，頗嫌割裂支離；宋儒朱子分爲上中下三卷，又畧編章次，間附註釋；嗣後抱一、全陽，皆依朱子本微加更定；上陽則分爲三十三章，潛虛則分爲四十九章，陶素耜又分爲四十四章。然而經、傳混淆，三序顚倒，終鮮指歸。今定經文一十八章，傳文一十八章，合易卦三十六宮之數； 末卷殿以賦、歌兩章，兼應周易二篇之意。 庶部位脈絡，各見分明耳！

五　古本諧韻　古人文字，多用韻語，易、詩二經，其最著者。 外如道德、南華、荀、列、淮南，莫不有韻存焉。 第古韻通協，不若沈約之拘。 宋時鄭庠作古音辨，分古韻六部： 東冬江陽庚青蒸七韻，皆叶陽音； 支微齊佳灰五韻，皆叶支音； 眞文元寒刪先六韻，皆叶先音； 魚虞歌麻四韻，皆叶虞音； 蕭爻豪尤四韻，皆叶尤音； 侵覃鹽咸四韻，皆叶覃音。 契中經、傳，各叶古韻，有全篇一韻者，有一篇數韻者，有兩句叶韻者，有數句疊韻者，有隔二句三句用韻者，變化錯綜，並非率意偶拈。 今特參考，知古人韻學之詳覈也。

契文支魚通叶，鄭氏尚未詳。

六　參同體製　朱子晚年，喜讀此書，嘗云文章極好，蓋後漢之能文者爲之，其用字皆根據古書。 今翫契文，本周易以立言，則道尊； 託風人之比義，則辭婉。 故語特雅馴，能垂世而行遠。 且三人各爲一體，四言倣毛詩，五言倣蘇李，丹賦倣楚、騷，鼎歌倣古銘，意本貫通，而語無沿襲。此歷代道家著述之淵源也。如許眞君石函記，崔氏入藥鏡，呂祖敲爻歌、三字訣，張公悟眞篇、金丹四百字，三丰節要篇、證道歌，皆從此出。

七　諸家採錄　註解行世者，如眞一、抱一，互有發明，但多所脱畧耳；全陽子解作清淨，偏於專内；惟上陽子證明丹法，獨露眞詮，但徵引泛濫，未見翦裁；陸潛虛發揮丹訣，疎暢條理，得之呂祖親傳，今引各註，惟陸説最多；彭一壑間雜以外丹，李晦卿言兩副乾坤，皆未純一，但李指晦前朔後，每月之首尾爲鉛汞二藥，其法傳自南嶽魏夫人，實丹家秘法，但與他註言龍汞鉛虎兩家分屬者不同。

八　三五精義　契言「三五與一，天地至精」，此乃金丹之綱領。何謂三五？火二木三爲一五，此在我之汞；水一金四爲一五，此在彼之鉛；戊己又合爲一五，此則兩家交會之處。三家合爲一家，所謂「三家相見結嬰兒」也。契又稱爲龍虎者，蓋離中有火，所謂「龍從火裏出」；坎中有金，所謂「虎向水中生」。契文或言金火，或言水火，要而言之，只是兩家之精氣耳。

九　契中金水　丹家言金水者，約有兩種：　先天之金水，五千四十八日，金氣足而水潮生，所謂「天應星，地應潮」是也；　後天之金水，一月六候，前三候爲金，後三候爲水，從日光之明晦，分出陰陽是也。先天之金水，取爲丹母，所謂「白者金精，黑者水基」也；後天之金水，資爲爐藥，所謂「金計十有五，水數亦如之」也。晦朔合符，專論六候之象，他註猶以兩弦兌艮爲男女相當。太上火候歌云：「日月本是乾坤精，卦象周迴自著明；前三五兮後三五，五六三十復還生。」讀此可曉然無疑矣。

十　契中火符　經文言火符者，三章疊見。發號施令章言逐日之火符，晦朔合符章言一月之火符，卦律終始章言一歲之火符。其法歲疎而月密，月疎而日密。於一日中，推測十二時；　於一時中，又細分三符六候，使之神氣相投而出入有度。其攢簇火候之功，在時尤加精密矣。

十一　契中藥火　丹書所言火候，亦有數種。有鉛中之火，虎之初弦氣是也；　有汞中之火，龍之初弦氣是也；　有二七之火，白虎首經是也；　有周天之火，十月抽添是也；有首尾之武火，煉己温養用之，後天陰火是也；　有中間之文火，一符得丹用之，先天陽火是也； 有丁壬妙合之火，運汞迎鉛，前二候煉藥用之； 有舉水滅火之火，鉛來制汞，餘四候得藥用之； 有未濟卦之火，火上而水下，常道順行之法； 有既濟卦之火，水上而火下，丹道逆行之法。 所謂二候四候，乃臨時採藥之六候，與每月藥生之六候，却又不同。

十二 抽添沐浴 子午抽添，卯酉沐浴，此丹家之成法。 丹賦取子午寅申，蓋水生於申，旺於子； 火生於寅，旺於午。 生旺之時，宜抽鉛添汞。 經文兼言戌而不及午者，子可該午，戌可推辰，六時俱可行功矣。 傳文言「內體外用」，併舉十二時辰，誠恐藥候不齊，須參求二六時中，覓得金水兩度，以當屯蒙二卦，不必剖析十二爻分值十二時也。

所謂沐浴者，卯月又逢卯時，恐木火旺而傷金； 酉月又逢酉時，恐金氣盛而傷木。 故時上各宜沐浴，非謂卯酉兩月及餘月卯酉時概須停火也。

十三 有無要訣 契言「以無制有，器用者空」； 傳言「上閉稱有，下閉稱無」。「有」「無」兩字，出道德經，乃丹經心訣。

無則靜定之功，修性於離宮； 有乃動爻之候，延命於水府。 契言「推情合性」，全在存無守有也； 契又言「內以養己，安靜虛無，三寶固塞，爲己樞轄」，正見煉己工夫爲臨爐基本也。

十四　丹學津梁　古今丹書萬卷，必推陰符、道德爲丹經鼻祖。參同約兩經而著書，詞簡義該，又後世丹學之津梁。契文往往散漫鋪陳，不欲會歸一處，誠恐洩天機而受冥譴也。然詳者不歸於約，如滿屋散錢，無索貫串，終難下手。淳于氏作大丹賦，將全部經髓，括在一篇之中，於採藥行火，還丹結胎，朗然披示，眞足輔翼契文，堪熟誦而潛思者。

十五　契修金丹　仙傳謂魏公丹法傳自陰、徐二眞人。考陰君長生在東漢之季，與魏公先後同時；徐眞人則不可考。彭氏謂魏公授於青州徐從事，則徐乃魏徒，非魏師矣。兩書必有一誤。

據仙傳云，陰眞人煉上清金液神丹，大作黃金數萬斤，以濟貧乏，前後各服半劑，白日昇天。陰公蓋以神丹成道者。

仙傳併謂魏公作神丹，丹成入口，絕而復起，遂得仙去。又謂其書假借爻象，以論神丹之事，世儒不知，而以陰陽註之，殊失其旨。

今據本序，蓋言養性爲主，而配以伏食。所謂伏食，不出雌雄同類，此係人元金丹，非天元神丹也。仙傳恐未足憑矣。

十六　鑄鼎佩劍　魏公後序言黃帝伏煉九鼎，諸家以鼎湖煉丹證之。不知煉鼎乃取同類，非用外丹。鼎必須九者，虛無大藥必求先天之鼎，而築基温養皆資後天之鼎，故以九爲率耳。

其云「伏食三載」者，包首尾工夫在内也。但築基之初，須神劍一口，仙家用以降魔伏妖。契言「要道魁柄」，又言「循斗招摇」，非佩身之利器而何？蕭廷芝云「一剛一柔，一文一武，進寸而退尺，前短而後長。分賓主，立君臣，惟使斤兩調勻，法度準確」，皆與參同、悟眞要訣相符。

十七　内外橐籥　契言「牝牡四卦，以爲橐籥」，本於道德經「天地之間，其猶橐籥乎」。蓋天氣下降，地氣上升，一闔一闢，以爲生生化化之機，此造化之大橐籥也。人身中橐籥有内有外：内呼吸往來，此在内者；陰陽交感，此在外者。下云「谷神不死，是謂玄牝」，此橐籥之本也；又云「玄牝之門，爲天地根」，此橐籥之用也。又云「綿綿若存，用之不勤」，此言橐籥之功，兼乎内外也。内則調息歸根，外則輕運默舉。凡平時養氣，按候求鉛，皆用綿綿不勤。此二句，乃千年丹訣，言簡而意盡矣。

十八　修眞功德　契言：「道成德就，功滿上昇。」道德與功，如何分別？曰：「性命雙修，此玄門之大道。盡性立命，實得於己者，德也；三年九載，工夫完足者，功也。」但「功德」二字，又須推廣言之。從來修眞成道，非上等根器人積德累功者，不足以與此。太上感應篇云：「欲求天仙者，須行一千三百善。」所謂善者，兼內外，包物我，而爲言也。學者必體忠以行恕，庶德功可以兩全。

夫忠以盡己，恕以及人，此卽聖門所謂仁也。仁者，以天地萬物爲一體，主宰流行，初無間斷。西銘云「不愧屋漏爲無忝，存心養性爲匪懈」，言主宰也；又云「尊高年以長其長，字孤弱以幼其幼」，常懷「民胞物與」之意，卽流行也。果能時時省察擴充，畏天而憫人，則德自我修，功自我立，而善亦自我積矣。和氣所感，造化可通，將有助以世緣，遂其初願者。倘或靈臺不淨，自欺幽獨，利己而妨人，恐造化至靈，必有物焉以敗之，欲望引年輕舉，豈可得乎？

十九　黃氏附錄　廬陵黃瑞節云：「朱子解易，言邵子得於希夷，希夷源流出自參同契。又曰：『眼中見得了了，但無下手處。』又曰：『今始識得頭緒，未得其作料孔穴。』寧宗慶元丁巳，蔡季通編置道州，留别寒泉精舍，相與訂正參同契，竟夕不寐。明年，季通卒，又得策數之法，恨不得與之辯證。越二年而朱子亦逝世矣。」

今按：朱夫子博極羣書，獨於此卷尚多未徹，蓋眞詮必須口訣也。幸生諸賢之後，得以參互考證，集成兹編，豈敢自矜管見爲得哉！

二十　圖末發明　契言「著爲圖籍，開示後昆」，知上眞列仙，必有圖書簡籍，以啟悟後人。今歷考諸家，自河圖、洛書、先天後天易卦而外，及日月星宿、十支火候諸圖，皆採附卷末，好學者當觀象而會意，不在泥文而索象。

契集始於癸未季冬，成於甲申仲春。是年入京，遂攜作長途涵泳。抵京後，復考定章句，增删註解。及至庚寅冬月，酌定以圖授梓。首尾凡九易星霜始就。歎大藥之難逢，惜流光之易度，聊贅筆於此。

古本周易參同契集註卷上

漢魏伯陽眞人著　甬江知幾子集註

魏眞人自序

神仙傳　魏伯陽，號雲牙子，上虞人，師事陰、徐二眞人，約周易作參同契三篇。

鄶國鄙夫，幽谷朽生；挾懷樸素，不樂權榮；棲遲僻陋，忽畧利名；執守恬淡，希時安寧；宴然閒居，乃撰斯文。　樂，音洛；寧，已上庚音同叶；文，無延切，與下文叶。

補註　此總叙著書之大意也。

宋儒朱子曰：「周易參同契，後漢魏伯陽所作，篇題蓋仿緯書之目，辭韻皆古，奥雅難通。」

按：鄶國在河南，會稽在浙東，借鄶國以寓會稽，隱身匿跡，不求人知也。世人皆羨權榮、逐利名，公獨甘樸陋、守恬淡，内重而外輕，所以能超凡入聖。生當東漢之季，故願世運太平，得以修道而著書。

歌叙大易，三聖遺言；察其旨趣，一統其倫；務在順理，宣耀精神；施化流通，四海和平；表以爲曆，萬世可循；叙以御政，行之不繁。

言，正韻入先韻；旨，一作所；趣，去聲；倫，閭員切；神，時連切；施，一作神；平，蒲眠切；繁，符筠切，鄭庠古韻眞文元寒删先皆可通叶。

此言大易之道，可以入世出世，乃作契之本原。三聖謂伏羲、文王、孔子。旨趣一統，先後天易，總一陰陽之道，順理以修己，施化以治人，此易之本義。推諸丹道，則按曆行功，循周天以運符火；乘時御政，握斗柄而採還丹。此易道所以廣大悉備也。

易傳云「昔者聖人之作易也，將以順性命之理」，又云「聖人感人心而天下和平」，又云「君子以治曆明時」；契云「按曆法令」，又云「御政之首」：皆言丹法也。

引內養性，黃老自然；含德之厚，歸根返元。近在我心，不離己身；抱一毋舍，可以長存。然，而隣切；元，虞云切；舍，上聲。

此言養性之學本於黃老也。

黃帝著陰符，老聖傳道德，皆以自然爲宗，故曰「自然之道靜」，又曰「道法自然」。以自然者養性，虛靜之中，含德深厚，使本來神氣常歸根而返元。何謂含德？以心攝身者是。時時內顧丹田，抱一不離，此卽久視長生之道也。

虛靈有覺之謂心，天理渾全之謂性，惟性在心中，故存心所以養性。靈臺湛寂，純任天眞，則性體呈露而無人欲之憧擾矣，故以此爲修道之根基。

道德經云「含德之厚，比於赤子」，又云「歸根曰靜，靜曰復命」，又云「載魂魄抱一，能無離乎」。

配以伏食，雌雄設陳；四物念護，五行旋循。挺除武都，八石棄捐；審用成物，世俗所珍。挺除，猶云排却；捐，余倫切。

此言伏食延命亦本黃老也。

欲行伏食之法，先修定於離宮，方求鉛於水府，須內外相配焉。

伏食者，食其時而食其母也； 雌雄設陳，卽一陰一陽之道，陰符之「盜機逆用」，道德之「觀妙」「觀竅」，皆其事也； 四物，謂木火金水，加以戊己二土，謂之五行； 念護者，知己知彼； 旋循者，周而復始； 除武都，捐八石，見先天妙藥，不待爐火外丹也； 審用成物，謂用陰陽以配成藥物，便是金丹異珍，如辨庚甲而知水源之清濁，察屯蒙以定火候之消息，此須審而用之。

煉藥封口，用武都山紫泥。 三砂朱、硼、硇、三黃雌、雄、硫、砒霜、膽礬謂八石。

註中「食時」，本陰符經； 「食母」，本道德經。

羅列三條，枝莖相連； 同出異名，皆由一門。 非徒累句，諧偶斯文； 殆有其眞，礫硌可觀； 使予敷僞，却被贅愆。 命參同契，微覽其端； 辭寡道大，後嗣宜遵。 門，民堅切； 累，上聲； 文，無鉛切； 礫，音力； 硌，音洛； 觀，俱員切； 端，都年切； 道，一作意； 遵，祖全切。

此總承上文，言道不二門，後世宜知取法也。三條之中，舉大易以準黄老，猶根本之貫枝莖。蓋所著之書，稱名雖異，究其入道之門則一耳。一者何？乾坤其易之門，卽所謂「爰有奇器，是生萬象」「玄牝之門，爲天地根」也。得其一，以譔契文，與大易、黄、老三者同符而合契，此參同契所由名也。契中有眞理而無贅辭，故自誓以勉人焉。

「同出而異名」，本道德經；礫硌，明白貌。

註中「奇器」二句，本陰符；「玄牝」二句，本道德。

委時去害，依託丘山；循游寥廓，與鬼爲隣。倫寂無聲，化形而仙；百世一下，遨遊人間。敷陳羽翮，東西南傾；湯遭阨際，水旱隔併。柯葉萎黄，失其華榮；各相乘負，安穩長生。

山，叶先；隣，叶連；「倫寂無聲」「化形而仙」，兩句上下互調；而，一作爲；一，或作而；湯遭，一作堯湯；併，平聲；各相乘負，一作吉人相乘負；安穩長生，一作安穩可長生，四韻仍叶庚青。

此應前「幽谷」「棲遲」之意，以隱寓姓名。

俞琰註　「委時」四句，藏「魏」字；「化形」四句，藏「伯」字；「敷陳」四句，藏「陽」字。「委」隣於「鬼」，「魏」也；「百」去其「一」，下乃「白」字，「白」合於「人」，「伯」也；「湯」與「阸」遭，隔去其水，而併以阸傍，「陽」也。

陶註　「柯葉」四句，藏「歌」字。「柯」失其榮，去「木」成「可」；乘者加也，兩「可」相乘爲「哥」；負者欠也，「哥」傍附「欠」爲「歌」。有韻之文謂之歌，卽所謂「歌叙大易」也。

補註　末段文義，亦可順解。委棄時俗，以避物害，身居寥廓之境，幾與山鬼爲隣矣，意在韜聲學仙。百世重遊，如丁令威之化鶴歸來也。敷陳羽翮者，羽化之後，四方任其翺翔矣；東西南傾者，缺北方之水，則火木旺而銷金，故喻湯年大旱；柯葉萎黃，水枯不能生木也；神仙則身外有身，乘鸞跨鶴，不受侵陵生滅矣，故曰「各相乘負，安穩長生」。

漢人喜作離合隱語，如蔡邕題曹娥廟碑，寓「絕妙好辭」四字。魏公存姓名於末節，以自留蹤跡，亦此意也。昔朱子註參同契，託名空同道人鄒訢。蓋鄒本春秋邾子國；樂記「天地訢合」，鄭註「訢當作熹」；空同乃黄帝訪道之處，朱子本新安人，亦託名空同者，謂未知其孔穴，而空慕參同也。

四言經文

杜一誠分經文爲三篇，段落未清，今參酌諸家，冠以序文，定爲一十八章。

分四言以定經，則無長短句語之混淆；按古韻以分章，則無前後錯簡之倒置。古本所以可貴也。

經文古奥，耐人深思；傳文疎爽，讀之醒目。判然兩人手筆，安得比而同之？具眼者自知耳。

乾坤坎離章第一

舊標爲陰陽精氣，意未該舉，今更定標題。**朱子曰** 先天卦位，乾坤定上下之位，坎離列左右之門。參同契首，四卦鋪排，理只一般。**補註** 此借卦象以明鼎器、藥物、火候也。藥物生於鼎中，各有天然火候，故採藥必須按候。六十卦火符，丹法始終用之，不專指十月温養。

乾剛坤柔，配合相包；　陽稟陰受，雌雄相須；　偕以造化，精氣乃舒。　包，廣雅包讀如孚；　須，意所欲也，一作胥；　偕，一作須；　舒，兼舒暢、舒布二義，必和暢而後能布種也。

補註　乾坤二卦，爲易道之門户，卽丹家之鼎器。乾剛坤柔，援易傳以發端。乾坤相配，天地一夫婦也；　陰陽相須，男女一夫婦也。人身各具造化，精氣合而成胎，夫婦又遞生男女也。開章直從大化源頭，發明順以生人者如此。

易曰「天地絪緼，萬物化醇；　男女媾精，萬物化生」，又曰「乾知大始，坤作成物」，又曰「一陰一陽之謂道」，又曰「精氣爲物」。精氣卽陰陽也，陰陽卽乾坤也，乾坤卽天地也。

魏公本周易而作參同，這條已約舉大意矣。

乾剛坤柔，兩相配合，上覆下載，而萬物包括於其中，此陰陽精氣之根也。

李文燭晦卿註　雌雄相須，乃物性之自然，但坤中造化未到，雖合不成胎，必待先天造化將至，然後元精流布，因氣託初，而胎始凝焉。

補註　癸水到後，六十時辰，坎宮機動，卽其造化也。布種結胎在此時，採藥成丹亦在此時。

陸西星長庚曰　朱子謂：「陰精陽氣，聚而成物。」蓋精者，陽中之陰；氣者，陰中之陽。精先至而氣後來，則陽包陰而成女；氣先倡而精後隨，則陰裹陽而成男。

易林「配合成就」，又云「雌雄相從」。

坎離冠首，光耀垂敷；玄冥難測，不可畫圖；聖人揆度，參序立基。

冠，去聲；度，音鐸；立基，一作元基，一作元模，今從朱本。

補註　坎離二卦，得乾坤之中畫，卽丹家之藥物。

陸長庚測疏云　以精氣之互藏者而言，則不外於坎離。坎象爲月，離象爲日，日月冠萬物之首，而光耀垂敷於其下，形形色色，從此化生，卽造化之丹法也。修丹者於其互藏之宅，而求所謂坎離精氣者以爲藥物，亦與造物者無以異矣。

蒲團子按　此段文字見於口

義，非測疏文。

又曰　坎外陰而内陽，中有眞氣；　離外陽而内陰，中有至精：　所謂「互藏之宅」也。聖人洞曉陰陽，深達造化，故能揆度其配合交光之理，參序其往來消息之次，以立爲丹基。

陳顯微抱一子註　陰陽相交而成造化，自當以乾坤爲始，何云坎離冠首？　蓋乾坤爲天地，坎離爲日月，天地定位，不能合一，其合而爲一者，日月也。　乾坤爲生藥之體，坎離爲煉藥之用，故特言冠首，以明大藥之用全在坎離也。

補註　水火爲天地大用，故先天卦位，以離東坎西，見陰陽相濟之功。　丹家取坎塡離，逆行之法，實藉於此。　玄冥屬坎宮水位，此指先天眞一之氣。

李註　玄冥内藏，有氣無質，恍惚杳冥，烏從摹寫其形似哉！

朱子曰　坎離水火，龍虎鉛汞之屬，皆是互換其名，實則精氣二者而已。　其法以神運精氣，結而爲丹也。

四者混沌，徑入虛無；　餘六十卦，張布爲輿；　龍馬就駕，明君御時。

餘六十卦，此句舊在第三章，今定在此；　時，契文支魚二韻多通叶。

補註　鼎器具，藥物生，而火候行於其間矣。

陸註　四者，卽乾坤坎離。丹法以此陰陽精氣，交媾於混沌之初，運入於虛無之室，常依六十卦火行之。易以乾爲龍馬，坤爲大輿，乾就坤馭，正欲取坎以塡離也。

李註　六十卦火符，張布於丹房之內，一日用兩卦，一月六十卦，如輿輪旋轉，逐月循環。煉士入室，心君泰然，一點汞火，調養馴熟，如萬乘之主，御龍馬以駕車，其進火退符，各典所部而不亂矣。

補註　混沌者，杳冥恍惚，會合於片時，所謂「混沌相交接」也；　虛無谷，乃藏藥之所；　六十卦，乃採藥之候，當兼築基、温養言。

李云　龍馬指汞火，明君卽心君也。

和則隨從，路平不陂；　邪道險阻，傾危國家。可不愼乎？　陂，一作斜，音佘；　家，叶音姑；　可不愼乎，此句舊在下章之首，細翫文義，當在此章結語。

補註　此言臨爐得失之防。

李註　御鼎以和爲貴，和則上下之情得以相通，上隨下之所好，下從上之所命，斯得心而應手矣。

補註　和有二義：　一是情意協和，一是水火調和。協情意，須養鼎有恩；　調水火，須煉己純熟。此平易中正之大道也。捨正道而涉傍門，佳兵輕敵，小人得之傾命矣。毫髮之差，可不愼乎？

傾危矣。

彭曉眞一子註　路平不陂，無往不復，若或運火參差，取時無準，則路生險阻，而立見

陸註　國家喻身。

謹按　此章舉乾坤坎離以當鼎器藥物，又拈六十卦以當屯蒙火符，作契綱領，朗然提清。諸家未見古本，以致經、傳混淆，前後顚錯。自前代杜、楊二氏，參究古文，釐定四言爲經，五言爲傳，而以此章冠全經，如升皎日於中天，陰霾爲之頓豁矣。

君臣御政章第二

題用陸氏。**補註**　前以御政始，後以布政終。政者，政也，見修丹之事，實爲性命正宗，而其間選鼎得伴，於煉丹入室之事，最爲完密，故宜列在上章之次。

鼎新革故，御政之首；管括微密，開舒布寶；要道魁柄，統化綱紐。

上陽本「鼎新」句在「御政」之下，依韻當上下互調；開，一作闓；寶，彼口切；柄，一作杓。

補註　此言調鼎採藥之方。丹房藥火，出自鼎中，故以革故鼎新爲御政先務。既得新鼎，仍須管括微密，防其破眞而察其隱疾；又須開舒布寶，待以誠心而施以恩惠。如是則藥眞意投，可以有求必獲。而臨爐交接，又有要道，全在握斗魁之柄，以統攝化機。煉士亦有柄焉，飛靈一劍，追過崑崙，其爲彼此鈐轄，猶網之有綱、衣之有紐也。

鼎用二七、三五、二八者，方爲聖靈，一過四七，則鼎舊而藥虧矣。陸註以固持三寶爲管括微密，混涉養己之事，今從李氏；李註以開舒布種爲開舒布寶，未見調鼎之功，今從陸氏。舊解魁柄作辰極，按斗柄乃外指者，辰極乃居中者，有上下表裏之辨。

易傳　革，去故也；鼎，取新也。

爻象內動，吉凶外起。五緯錯順，感動應時；四七乖戾，誃離仰俯。

起，口舉切；感動應時，舊作應時感動；時，叶音士；誃，音侈，尺氏切；仰俯，朱子作仰俯，舊作俯仰。

補註 「爻象」二句，乃通章筋脈。此一條乃丹道逆用，知爻動而吉者。第三條乃常道妄作，不知爻動而凶者。

陸註 爻動之時，盜機逆用，能使五緯錯順，感動於應時之頃，四七乖戾，誃離於仰俯之度，所謂人發殺機，陰陽反覆，豈細故哉！

五緯，五行緯星也； 四七，二十八宿經星也。五緯錯順者，丹法舉水以滅火，以金而伐木，皆用逆道，故曰錯順； 四七乖戾者，子南午北，龍西虎東，一時璇璣，皆爲逆轉，故曰乖戾。誃，改移也。誃離仰俯者，陰陽易位，柔上而剛下，是皆丹法逆用也。

李註 爻象指鼎氣言。眞氣內動，一與交接，卽分吉凶。藥鏡云「受氣吉，防成凶」，悟眞云「受氣之初容易得，抽添運用却防危」。

易傳 爻象動乎內，吉凶見乎外。

補註　五星時有遷移，而經星亘古不易，故有經緯之分。經星環列周天，四方各繫以七宿，故有四七之名。五緯錯順，猶破迷歌「五行不順行」；四七乖戾，即石函記「四七運神功」也。

按　王九靈云「五行不守界，鉛汞奔騰，則五緯錯矣；四七金火數，彼此間隔，則四七乖矣」，此主凶咎言，與下文「驕佞」犯重；或云「經水失調，爽五日之候，五緯錯順也；年踰廿八，虧眞一之氣，四七乖戾也」，此承上章「鼎新革故」言，另是一說，總不如陸註之精確耳。

文昌統錄，詰責台輔；百官有司，各典所部；原始要終，存亡之緒。

統，一作總；要，平聲。

補註　此言同事貴乎得人。丹室之內，既有鼎器，又須羣力護持，方能成事。文昌，指煉士；台輔，指道侶；百官有司，指供應任使之人；統錄者，但總持大綱，意在得藥也；詰責者，以糾察之權，屬之輔佐也；其餘官司執事，皆須同心効力。蓋入室用功，動經三年五載，自始至終，實性命存亡之緒，故修己用人，皆宜詳愼。

五緯魁柄，文昌台輔，執法辰極，取天星爲喻； 帝王君臣，百官有司，明堂各部，借朝爵爲喻。

彭好古註 斗魁戴筐六星，是曰文昌宮，一上將、二次將、三貴相、四司命、五司錄、六司災，號南宮統星，錄人長生之籍。其下六星，兩兩相比者，曰三台。統錄之星，爲三台之領袖。輔弼，卽尊帝二星，左輔右弼也。

易傳 原始要終，故知死生之說。

或君驕溢，充滿違道； 或臣邪佞，行不順軌。弦望盈縮，乖變凶咎。

道，動五切； 軌，果許切； 咎，跪許切。

補註 此戒其安作招凶也。

易以乾象爲君，坤象爲臣。驕溢者，不能富國安民，而恣行野戰也； 邪佞者，不能幽閒貞靜，而攪動丹心也。

陸註　弦望盈縮，謂二八不相當；　乖變凶咎，則鉛飛而汞走。

補註　自上弦而望，謂之盈；　自下弦而晦，謂之縮。鼎中一月六候，全在弦望盈縮之間。其前三度爲金，朝屯用之；　後三度爲水，暮蒙用之。而金氣首度在朔後，水氣末度在晦前，此尤其緊要者。若金水先後之期，或致乖舛，則凶咎立見矣。

陸註指虎鉛爲君，龍汞爲臣，引悟眞他主我賓作證。但據前後「文昌」「辰極」，明將煉士當主君，如何忽指爲臣？　故依九靈爲當。

執法譏刺，詰過貽主。辰極處正，優游任下；　明堂布政，國無害道。

詰，作結，非；　貽主，一作移主，非；　處，上聲；　處正，一作受政；　下，後五切；　明堂，一作明君；　布政，一作布德；　道，動五切。

補註　此以主輔交勉，定臨爐要訣。

陸註　凶咎之生，由於持心不定，煉己無功，故須執法譏刺，詰過於其主。

補註　執法，指輔弼之人；　貽主，卽統錄之士；　極正，則君不驕；　優游，則臣不佞；　無害道，則不失之乖變凶咎矣。以丹法證之，辰極處正，卽所謂「應物要不迷」也百字碑；　優游任下，卽所謂「陰在上，陽下奔」也鼎器歌；　明堂布政，卽所謂「補助河車，運入明堂」也石函記；　國無害道，卽所謂「大小無傷兩國全」也悟眞篇。辰極比心，國比一身，明堂指眉心穴。蓋外藥入身，先從尾閭透夾脊而上升泥丸，又自玉堂降重樓而下歸土釜。任下，則由下鵲橋而渡；　明堂，則由上鵲橋而轉也。

晉天文志：　左執法，廷尉之象；　右執法，御史大夫之象。

朱子曰「北辰北極，天之樞也」，顧夢麟曰「北辰有五星，其第五星爲極，卽天樞也」。言北極者，兼上五星；　言北辰者，專主天樞一星。天樞左右，別有四星，謂之四輔，後狹前長，畧似箕斗，而樞在其內。自第一星至於四輔，旋轉不同，而天樞昏旦如一，其不動者，惟此一星也。

發號施令章第三

更定標題。陸註　此章備言入室休咎。

發號施令，順陰陽節；　藏器待時，勿違卦月。　施，一作出；待，一作俟；月，朱本作日，非。

補註　此言入室行火之事。

前章以革故鼎新爲御政之首，故此章以發號施令爲臨爐之始。陸云：「以起火比號令，欲其慎重謹密而不敢輕忽也。」

起火煉藥，要順陰陽節度，如前半月爲陽金，後半月爲陰水是也。而金水氣動，各有其時，故必蓄藏鼎器，待其爻動而取之，以爲築基溫養。

陶素耜註　待時者，不先不後之謂也。

眞一子註　卦月者，朝暮各受一卦，以六十卦數按一月之候也。

易傳　君子藏器於身，待時而動。每鼎月凡六候，欲行火六十卦，恐軒轅九鼎猶未爲數，況有潮汐同期者。朝暮兩度，未必金水適均，則藏器非大有力者不能也。

屯以子申，蒙用寅戌；六十卦用，各自有日；聊陳兩象，未能究悉。蒙用寅戌，用，一作以；「申」「寅」二字，疑上下顛錯；六十卦用，一作餘六十卦，用，一作周。

李註　此言逐月澆培之事。

補註　卦月之法，始屯蒙而終既未。六十卦火符，皆取兩卦反對，以屯蒙兩象爲例，餘可類推矣。

丹家火符，朝屯暮蒙。屯用子申，子在朝而申却涉暮；蒙用寅戌，戌在暮而寅却涉朝：界限未清。傳以「自子至辰巳」爲進火之時，「從午訖戌亥」爲退符之候，當作「屯以子寅，蒙用申戌」，脈理方明。且屯言子，蒙用午可知；蒙言戌，屯用辰可知：互文見意也。考堪輿三合法，水生於申，旺於子，歸庫於辰；火生於寅，旺於午，歸庫於戌。陸註云「屯用子申，水有生而有旺也；蒙用寅戌，火有生而有庫也」，其說雖亦可通，究於屯蒙之界未盡相合耳。

屯蒙之外，尚餘五十八卦，其進火退符，卦名雖異，而子午寅申辰戌六時皆不易者。兩卦顛倒，日日如此，故不必逐一究悉。悟眞云「屯蒙二卦稟生成」，又云「若究羣爻漫役情」，能善會此意矣。

朱子釋朝屯暮蒙，從八卦納甲上推出內體外用，以當一日之火候，謂重卦之法。乾，下三爻納甲子寅辰，上三爻納壬午申戌；坤，下三爻納乙未巳卯，上三爻納癸丑亥酉；震，下三爻納庚子寅辰，上三爻納庚午申戌；巽，下三爻納辛丑亥酉，上三爻納辛未巳卯；坎，下三爻納戊寅辰午，上三爻納戊申戌子；離，下三爻納己卯丑亥，上三爻納己酉未巳；艮，下三爻納丙辰午申，上三爻納丙戌子寅；兌，下三爻納丁巳卯丑，上三爻納丁亥酉未。而內體從子至辰巳，外用從午訖戌亥。故朝屯，則初九庚子之爻當子時，六四戊申之爻當卯時；暮蒙，則初六戊寅之爻當午時，六四戊戌之爻當酉時。餘六十卦，各以此法推之。

按 此說繁瑣，未合丹法。俞氏依此列爲屯蒙二圖，以十二爻輪流十二時，俱屬支離牽合。

在義設刑，當仁施德；逆之者凶，順之者吉。按曆法令，至誠專密；謹候日辰，審察消息。在，一作立；曆，一作立。

補註　此以仁義配火符，推屯蒙妙用也。六時退符，此「在義」也；六時進火，此「當仁」也。進火用陽金，以發生爲德；退符用陰水，以收歛爲刑。金水得宜，則順而成吉；金水誤用，則逆而成凶。故當按曆法令，至誠專密，以候爻動之日辰，以察火符之消息。

按曆者，按曆數以排火候；法令者，法時令以運抽添。曆中以五日當一候，一月凡六候，鼎中晦朔弦望，亦準五日爲度。

至誠者，不以情慾動念；專密者，不以雜務營心：其精神全在得藥也。黃庭經云「積功成煉非自然，是由精誠亦由專」，亦卽此意。

陸註　「至誠專密」四字，最爲肯綮。藥鏡云「但至誠，法自然」，契云「心專不縱橫」。

纖芥不正，悔吝爲賊。二至改度，乖錯爲曲；隆冬大暑，盛夏霰雪。二分縱横，不應漏刻；風雨不節，水旱相伐。蝗蟲湧沸，山崩地裂；天見其怪，羣異傍出。芥，一作介；霰，音線，一作霜；不節，不，當作失；伐，叶音歇；見，音現；後四句，陳抱一作「蝗蟲湧沸，羣異旁出；天見其怪，山崩地裂」。

補註 此不能至誠專密，以致咎徵疊見也。

陶註 心不誠專，則煉己不熟，調鼎無功，爽日辰而差消息，種種悔吝，在所不免。

補註 纖芥不正，卽指分至之差殊。不必如李氏說到：「道侶生心，鼎爐異志。」蓋二至爲陰陽始氣，剛柔誤用，如夏雪冬暑之錯行；二分爲陰陽中氣，刑德失調，如水旱風雨之過度。「蝗蟲」二句，象地變忽生；「天見」二句，象天災乍起：甚言人事乖而沴氣應也。

蒲團子按 沴，音麗，意爲因氣不和而生的災害。

李註 金水錯投，卽二至改度；情性不合，卽二分縱横。火盛則傷於旱，如蝗蟲湧沸；水盛則傷於濫，如山崩地裂；水火不調，則災害交作，如日星雷雹之怪異。

補註　二至二分，乃丹家火候，有一年之分至，亦有一日之分至。蕭廷芝曰：「子時象冬至，陰極而陽生；午時象夏至，陽極而陰生；卯時象春分，陽中含陰也；酉時象秋分，陰中含陽也。」人身之中，各有分至，朝暮所需，正宜分別。

絲之一纖，菜之芥子，喻其細微。

孝子用心，感動皇極；近出己口，遠流殊域。或以招禍，或以致福，或興太平，或造兵革，四者之來，由乎胸臆。

補註　此言吉凶轉移，在於丹士持心。不能得藥延年，卽非孝子愛身之道。果如孝子用心，必誠必敬，上足感動天心，何況同類之人？心發爲言，近出己口，外能遠流殊域，何況居室之中？見丹房行火，貴乎心和而言契也。

陸註　喪寶爲禍；得寶爲福；爲而不爲，曰興太平；輕敵强戰，曰造兵革。四者由於心之誠不誠而已。

補註 「孝子」二句，猶云孝悌之至，通於神明。本是借言，或以金水喻子母，大鑿。

陸註 感動，謂感格天心；皇極，指天之中黃八極。

陳致虛上陽子註 泥丸云：「言語不通非眷屬。」必言語相通，方能探藥之眞。

動靜有常，奉其繩墨；四時順宜，與氣相得。剛柔斷矣，不相涉入；五行守界，不妄盈縮。易行周流，屈伸反覆。斷，丁亂切；覆，方服切。

補註 此申言陰陽順節，以詳卦月之功。鼎中氣機，各有動靜，丹家依其常度，當如匠者之奉繩墨。方靜而翕也，先調鼎以養其氣；及動而闢也，則按候以探其眞。按候須乘四時，子寅在朝，宜進陽火，得其金氣，以固內體；申戌在暮，宜退陰符，得其水氣，以培外用。此四時順宜之法也。

剛柔斷矣，指六候火符。朝以剛爲裏，取諸震兑乾，用剛而不涉於柔；暮以柔爲表，取諸巽艮坤，用柔而不涉於剛也。又須五行守界，使兩相配當。金水戊土，爲坎之界，守之於坎，不使此盈彼縮而水至於乾；木火己土，爲離之界，守在於離，不使彼盈此縮而火至於寒也。易行周流，謂準易卦以行火，欲其按月周流，循環而不已也；屈伸者，陰陽消長之機；反覆者，屯蒙顛倒之象。此條專論火符，晦朔合符章復詳明此義。動靜剛柔專在彼，四時五行兼兩家。

易傳　動靜有常，剛柔斷矣。

坎離戊己章第四

舊作乾坤二用章，蓋誤雜「天地設位」九句耳。今應削去，另定標題。**好古曰**　此章明坎離之用，合日月而成易也。**補註**　此承首章坎離，而並及戊己。坎離入水火之交，戊己乃眞土之會，所謂三物一家。此作丹要領，後面經、傳，多是推明此義。

言不苟造，論不虛生；引驗見效，校度神明。推類結字，原理爲徵；日月爲易，剛柔相當。生，叶音桑；度，音鐸；明，叶音芒；徵，叶音莊，一作證。

補註　此中前「坎離冠首」之意。魏公道成而作參同，皆親詣實得之語。身經效驗，而又神明其意，則論不虛生矣；推類字義，而又原本易理，則言不苟造矣。嘗觀古人制字，合日月而成易，其剛柔相當，爲二體之交光者，卽交易、變易之理也。神明，如易所謂「神而明之」；推類者，如「日」「月」並列爲「明」，「月」中含「日」爲「丹」，推之則上「日」下「月」爲「易」矣。日月不同度，以對照而成含吐，其一剛一柔，往來上下，乃兩體互根之妙。按朱子云：「此以坎離爲鼎器，餘六卦爲火候。」

坎戊月精，離己日光；土王四季，羅絡始終。青赤白黑，各居一方；皆禀中宮，戊己之功。王，去聲；終，陟弓切；功，姑黃切。

補註　此言造化之坎離。日月爲易，坎離是也。易中卦象，坎爲月，離爲日。且納甲之法，坎納六戊爲陽土，離納六己爲陰土。此何以故？蓋日月兩象，發散精光，晝夜運行而不息，從此四時序，五氣布，造化遂成眞土焉。是故，有流行之土，分旺四季，合辰戌丑未，以羅絡一歲之始終；又有主宰之土，青赤白黑，居東南西北，而皆稟中宮之戊己。土之功用大矣！丹家流戊就己，而和合四象，攢簇五行，孰非此二土之運用哉！

朱子曰　坎戊離己，皆虛中宮土位，而四方四行，皆稟其氣。

陸註　土無定位，分旺於四季之中，故木得之以榮，火得之以藏，金得之以生，水得之以止，所謂「四象五行全藉土」也。悟眞篇云「離坎若還無戊己，雖含四象不成丹；只緣彼此懷眞土，遂使金丹有返還」，意蓋本此。然眞土更是何物？古仙以意當之，精矣。

補註　戊己二土，有內有外。眞意相投，內戊己也；龍虎吞啗，外戊己也。

李註云　戊土司坎之門，己土掌離之户。

幽潛淪匿，變化於中；包裹萬物，爲道紀綱。以無制有，器用者空；故推消息，坎離没亡。中，陟弓切；包裹，見淮南子，一作包裹者，非；空，枯郎切；「故推消息，坎離没亡」，此條舊在章首，非是。

補註　此言丹法之坎離。

坎宮眞一之氣，藏伏無形，本幽潛而難見，淪匿而難尋，及其時至而氣動，六候變化，皆出其中，丹法得藥行符，俱藉乎此。眞氣包含萬物，爲大道之紀綱。若離家盜機逆用，在以無制有。譬之於器，實者不能爲用，而空者可用，同一理也。故推月候之消息，雖大用現前，而臨時交接，必須對景忘情，一空坎離色相，方能以我眞無而制彼妙有。朱子解艮象云「内不見己，外不見人」，此「坎離没亡」之謂也。

坎中變化，戊土可推。離體虛無，己土何在？不知常靜常應，非含德之厚者，不能如此大定，斯乃己土之妙用。

此條「有」「無」二字，直綰通章。離中虛，無也；坎中實，有也。坎之戊土，外無而中有也；離之己土，外有而中無也。潛匿，無也，變化，有也，在彼爲無中生有；消息，有也，没亡，無也，在此則視有如無。平時煉己，臨時採藥，皆在無中得力。

心印經曰「存無守有，頃刻而成」，所謂「以無制有」也；道德經曰「埏埴以爲器，當其無，有器之用」，所謂「器用者空」也；清靜經曰「内觀其心，心無其心；外觀其形，形無其形」，所謂「坎離没亡」也。此皆臨爐心訣。

或問：坎中何以有萬物？曰：得其一，萬事畢，非萬物乎？又問：變化紀綱，其概言乎？曰：三候屬金，是卽陽變；三候屬水，是卽陰化；先天大藥，爲道之綱；逐月火符，爲道之紀。

彭好古註　息者，進火之候；消者，退火之候。朔旦震卦用事，歷艮至乾而成望，皆陽火也；望後巽卦用事，歷巽至坤而成晦，皆陰符也。

一說震兑六卦分值六候之消息，獨離坎不在其内，有似没亡者。然兩卦雖無定體，而陰陽進退，皆由坎離之中畫，往來升降於其間，是無者却能制有，猶器之適用在空處也。按：此說本於朱子，朱子謂「震兑六卦，各有所納之方位，而坎納戊、離納己，獨無定位」，此指無位爲没亡，蓋兼舉下章納甲之說耳。

謹按　古參同契，經文皆四言成句，體裁莊雅而結構謹嚴。自世本沿訛，各章參入長短句，而經、傳遂不分明矣。如上章之首，舊有「君子居其室」三句，此章之首亦有「天地設位」九句，俱非經文語氣，今截去引端數語，歸於傳文，方爲簡淨。且諸本於此章次序，亦頗顛錯，特重加更定，庶幾語脈聯貫耳。

晦朔合符章第五

題用陸氏。**朱子曰**　此以納甲言一月之火候也。又以乾六爻納於其間，以明陽氣之消息。**好古註**　此以先天八卦及乾卦六爻，合月之晦朔弦望；又雜以二十八宿月所臨之位，明煉丹之火符。**補註**　乾爻本爲純陽，從消息中分，乃有陽火陰符之別，故配諸震兑六卦。

晦朔之間，合符行中。混沌鴻濛，牝牡相從；滋液潤澤，施化流通。天地神明，不可度量；可用安身，隱形而藏。

中，陟弓切；從，徐工切；通，他東切；明，朱作靈；度，音鐸；量，音良；可用，可，宜也。

陸註　此章以天象、卦爻，雙明藥火。

補註　此論鼎上火符，先從晦朔序起者，合璧之後，方有震兌諸候也。蓋晦朔之間，日月並行於天中，是謂「合符行中」。合符，卽合璧也。此時月爲日掩，不露其光，自朔以後，方得生明，鼎中癸盡鉛生，而藥苗新茁，候亦如之。混沌鴻濛，乃先天眞一之氣，乘此牝牡交接，其氣之滋液潤澤者，能施化於吾身，而遍體爲之流通矣。

混沌鴻濛，應指首經元氣，下文「始於東北」，方指每月初鉛。若以此一條就當六候之震庚，在下文爲重複。且後天鉛生，焉能混混濛濛，常如先天氣之淳厚哉？

陸註　混沌鴻濛，鼎中絪縕之炁也。其時天機已動，陰陽有相求之情，故牝牡相從，而雄陽播施，雌陰統化，滋液潤澤，自相流通，卽所謂「混沌相交接，權輿樹根基」者。夫混沌鴻濛之氣，乃人身活子時，難以窺測，雖天地鬼神，亦不能度量，故丹士只宜靜以密俟之。

安身者，安靜虛無，煉己待時也；　隱藏者，閉塞三寶，韜光養晦也。如是則可以得夫至靜之原，而不失乎爻動之機矣。

上陽子註　晦朔弦望，一年十二度。天上太陰與太陽合璧，常在晦朔之間。人間少陰，亦有十二度，以隱形看經，故混沌鴻濛之時，經罷而符至。

補註　陸氏解晦朔之間爲貞元之會、亥子之交，意亦未嘗不是。又謂「合晦朔之符而行火於其中」，晦朔豈行火之時乎？

陸註　滋液潤澤，乃陰陽交會之眞景象。一氣流通，無所不屆，如煙如霧，如露如電也。

始於東北，箕斗之鄉；旋而右轉，嘔輪吐萌。潛潭見象，發散精光；昴畢之上，震出爲徵。陽氣造端，初九潛龍。萌，謨郎切；見，音現；徵，叶音莊；造，七到切；龍，叶莫江切；震☳，一陽爲震。

姜中眞註　右旋昴畢，象第一候。

補註　自晦朔以後，新月初出於東北，正值箕斗之鄉，但月升在日間，故人不見其景色耳。及旋而右轉，至黃昏之候，則見吐萌散光，移在西方昴畢之上矣，所謂「初三月出庚」也。

陸註　卦象震雷出地，一陽起於重陰之下也；　爻應乾之初九，如龍之潛伏於淵下也。此時陽火起緒，藥則可用，而火宜微調者也。

又曰　「嘔輪吐萌」四字，要有分曉。　嘔者，盡出；　吐者，微出；　輪者，全月之水輪；　萌者，輪下之微光，如草之萌蘖然。

補註　潛潭見象於水輪中，微見金光也。

陽以三立，陰以八通；　三日震動，八日兑行；　九二見龍，和平有明。　通，他王切；　三日震動，一作「故三日震動」；　行，寒江切；　見，音現；　明，謨郎切；　兑☱，二陽爲兑。

姜註　八日兑行，象第二候。

陸註　陽以三立，「初三月出庚」也；　陰以八通，「初八月出丁」，上弦如繩也。三乃陽數，八乃陰數，至此則陽與陰相和通矣。八日於卦象兑，二陽漸長也，爻應乾之九二，「龍德正中」也，喻人身陽火用功之半也。和平有明，言火力均調之意。

易傳　見龍在田，天下文明。

三五德就，乾體乃成；　九三夕惕，虧折神符。　成，他王切；　符，與下條相叶，古韻支魚本通；　乾☰，三陽爲乾。

姜註　三五成乾，象第三候。

陸註　三五十五之夕，月在甲上，與日相望，其卦象乾，乃三陽全盛，爻應乾之九三，爲「乾乾」「惕若」。此時陽升已極，屈指當降，喻人身陽火已滿，倏忽將變爲陰符也。

上陽子註　太陰映日而生精魄，人身象月而生金丹，正在望滿之候。

補註　神火有符信，故曰神符，亦見銅符鐵券中。

盛衰漸革，終還其初；巽繼其統，固際操持；九四或躍，進退道危。

巽繼其統，其，一作陰；固際，一作固濟，非是，傳言「固塞其際會」；危，叶音怡；巽☴，一陰爲巽。

姜註　巽繼乾統，象第四候。

陸註　十六以後，則盛極必衰，以漸而革，終當返晦，故曰還初。於時，陽退而陰進，其卦象巽，一陰始生於下也，爻應乾之九四「或躍在淵」，可以進而不遽進也，喻人身陰符繼統之始，鼎內有丹，法當固濟操持，徐用陰符，包裹陽氣也。

又曰　或問：陰符何物？答曰：凡人一身中，皆後天陰氣，陽退一分則陰自進一分，正如月廓之虧，陽自虧耳。白者豈別有物？即其本體也。可類推矣。

易傳　或躍在淵，乾道乃革。又進退無恒，非離羣也。

艮主進止，不得踰時；　二十三日，典守弦期；　九五飛龍，天位加喜。

喜，叶音稀；　艮☶，二陰爲艮。

姜註　艮守弦期，象第五候。

陸註　二十三日，又當下弦之期，二陰一陽，於卦象艮。艮者，進而止之之義。於時，陰陽各半，金水又平，正宜守此下弦之期。曰不得踰時者，候不可過也。爻應乾之九五，乃「飛龍在天」之象，位乎天位，以正中也。丹藥至此，陰符得中矣。

補註　於卦爲二五相應，於候爲兩弦相當，故云加喜。

此章但言六候火符，初無卯酉沐浴之說。觀「九二見龍，和平有明」「九五飛龍，天位加喜」，知上下二弦各得金水之平，卽悟眞所云「藥物平平氣象全，正好用功修二八」也。

此時豈宜停爐息火乎？

陸註將兑艮作沐浴，非是。且丹法火符，始終皆須用之，豈一月之廿三遂能圓成乎？陸註下弦之艮，而曰「懷胎於内，可慶圓成」，亦屬可疑。

六五坤承，結括終始；韞養眾子，世爲類母；上九亢龍，戰德於野。

韞，一作韜；母，姥罪切；野，叶音渚；坤☷，三陰爲坤。

姜註　六五坤承，象第六候。前候之終，卽下候之始，仍還合璧矣。

陸註　六五，三十日也，陽盡陰純，於卦象坤。承者，坤承艮後也。此時火功已罷，神氣歸根，寂然不動，少焉，則晦去朔來，復生庚月，又爲藥火更始之端，故曰結括終始。積陰之下，能韞養諸陽，爲眾子之母。蓋陽不生於陽，而生於陰，古人稱十月爲陽月，亦取此義。眾子，指震兑諸卦；類母者，同類眾子之母也。爻應乾之上九，乾爲龍亢，坤爲龍戰，陰陽相敵，有戰象焉。太陰太陽，於斯合璧，其諸均敵者乎？

補註　太上火候歌云「前三五兮後三五」，卽一月六候之說也。李晦卿謂朔後晦前二候尤爲要緊，故知三十之前仍有作用存焉。

坤致養萬物，故曰韞養眾子；又坤象爲母，故云世爲類母。戰德者，龍德與陰相戰也。坤卦上爻：「龍戰於野。」

用九翩翩，爲道規矩；陽數已訖，訖則復起。推情合性，轉而相與；循據璇璣，升降上下。周流六爻，難以察覩；故無常位，爲易宗祖。

復，扶又切；起，口舉切；下，叶音虎；覩，上聲。

補註　此總結上文，以乾卦六爻準六候之消息也。

陸註　丹家法象，皆用乾九之爻者，以其翩翩而升，翩翩而降，足爲丹道之規矩。故觀「陽數已訖，訖而復起」，則丹道之「推情合性，轉而相與」者，亦若是而已。

補註　木性金情，本相契合，自陽訖復起，其推情合性者，又輾轉而相與矣。就其輾轉循環，擬之璇璣，則有升降上下；準諸易卦，則爲周流六爻。

六爻，比鼎中六候，其周流默運者，難以目覩焉；無常位，承「升降」「周流」言。蓋卦中自初至上，六位本虛，以陽爻乘之，方有「潛」「見」「惕」「躍」諸象。從此九六迭乘，升降周流，乾坤定焉，六子生焉，六十四卦成焉。其變易無常者，實易道之宗祖也。

丹法據爻測候，於金水六度升降周流者，藉以築基，資爲温養，三年十月之功出焉。丹道之與易道，適相符合耳。

陶註　此章言火符，乃陰陽升降自然之理。喻以月魄，象以易卦，配以乾爻，咸相脗合。修丹之士，能於不刻時中分子午，無爻卦裏別乾坤，始爲精於用易也。

補註　用九，見乾爻；　翩翩，見泰爻；　相與，謂坎能與離；　璇璣，指渾天儀器。

謹按　此論一月六候之火，從先天小圓數圖取義，除坎離二卦爲陰陽對待之象，其餘六卦乃陰陽消長之機。自震至乾，左旋而上，陽長之卦，進火用之；自巽至坤，右旋而下，陰長之卦，退符用之。其實六卦周流，皆坎離妙用。蓋藥生於坎，取之在離，坎離卽戊己，宜位於中宮矣。且細推丹火，本五日一候，而上下二弦去望夕各八日，長短不同，欲探眞火眞符，須考雷門測候圖，右旋逆推，以六十時辰定爲一候。

納甲之說，起自京房，演於虞翻。此借以明逐月火符，特其大概耳。蓋月中之晦朔弦望，可憑曆法推排；鼎中之晦朔弦望，須從潮信起算，若泥於月象，幾乎刻舟求劍矣。

卦律終始章第六

另定標題。**陳抱一註** 上章言一月晦朔弦望，採煉成丹之象；此章比一年十二箇月，按時行功之象。**陶註** 此章以易之十二卦，天之十二辰，樂之十二律，配丹道一年之火候，築基温養之功，俱在此。

朔旦爲復，陽氣始通；出入無疾，立表微剛。黃鐘建子，兆乃滋彰；播施柔暖，黎蒸得常。

通，他王切。

彭好古註　此以卦律紀一歲火候也。

一陽五陰，於卦爲復䷗，斗杓建子，律應黃鐘。

抱一子註　復之爲卦，一陽初生，火候方動，能爲萬物發生之主。修煉之士，乘此以起火候，出入往來，取其微剛，以立爲標法，從玆漸漸增修，以俟卦氣完滿。其在初九，尤宜加謹。

陸註　十一月建子，律始於黃鐘。鐘者，踵也，又種也。言中黃之氣，踵踵而生，以種萬物。天地生物之朕兆，至此乃復可見，故曰兆乃滋彰。丹家認此朕兆，藉微剛入身，而柔暖之氣，播施於營衛，遍體得以常温矣。黎蒸猶言衆庶，丹法以身爲國，以精氣爲民。

補註　「朔旦」二句，陽起復卦也；「出入」二句，乃運火之始；「黃鐘」二句，陽生子月也；「播施」二句，乃得藥之效。卦律雙提，於月令中寓言丹法，最見分明。陽氣始通，卦辭言「復，亨也」。

李註　一陽始生之頃，乾坤一合，乾宮一點陰火精光射入坤腹，卽是「朔旦爲復，陽氣始通」。煉士下手追攝，不疾不徐，自然出坎無滯，入離無礙，何疾之有？ 此時陽氣始生，藥苗正新，有氣無質，有象無形，故謂之微。

上陽子註　復者，一陽伏於五陰之下，先復而後能伏也。 卦辭曰「出入無疾」，言陽之始氣，出入往來，大小無傷也； 曰「朋來无咎」，言得同類之朋，有益無損也； 曰「反覆其道」，丹道用逆，顛倒而行也； 曰「七日來復」，得藥大醉，七日復蘇也舊本云：「經動七日陽氣生。」按：丹家以經淨後兩日半爲期，故舊說可疑； 曰「利有攸往」，逐月陽生，皆可往取也。傳曰「復其見天地之心」，心在何處？ 老聖號此心爲元牝之門是也邵子指一陽初動爲天地之心，不必引元牝之門。 傳又曰「先主以至日閉關」，牢閉三門，專心致志，以待藥生也。 **蒲團子按**　此二處所謂傳，指易傳。 先主，當作先王。

臨爐施條，開路生光； 光燿漸進，日以益長； 丑之大呂，結正低昂。 生，一作正； 漸，一作寖。

彭註　二陽四陰，於卦爲臨☷☱，斗杓建丑，律應大呂。

陸註　此卦爲臨，借作臨爐之意，如易於履卦，直言「履虎尾」。

補註　北方爐用煤火，以鐵爲通條，插入爐口，下穿灰土，火氣方得上升，此「臨爐施條，開路生光」之象也。若煉士臨爐，其施條而開路者，可以意會矣。光進日長，就二陽寖長言；結正低昂，此卦剛居柔下也。

陸註　十二月建丑，於律爲大呂。呂者，侶也；大者，陽也。陽得陰助，是爲眞侶，得此眞侶，方可臨爐施條。而結正低昂，又臨爐施條之要訣。

補註　結正低昂，謂兩相交結，須正低昂之位，陸云「子南午北，柔上而剛下」是也。

陸又云：「結者，關鍵三寶，閉塞勿通；正者，辰極處正，至誠專密。」其解「結正」二字，於丹法雖可通，於句義却難合矣。

仰以成泰，剛柔並隆；陰陽交接，小往大來；輻輳於寅，運而趨時。成，一作承；隆，盧王切，與上「昂」字相叶；來，叶音釐；運，一作移。

彭註　三陽三陰，於卦爲泰䷊，斗杓建寅，律應大簇。

陸註　仰以成泰，承上「低昂」之義。法用顛倒坎離，乾下坤上，而成泰卦。煉己時順逆皆可爲，採藥則用地天之泰。泰者，交泰之義，言陰陽相交接也。於時龍虎相當，正如此卦之剛柔並隆；汞迎鉛入，正如此卦之小往大來。大既來矣，則如一身之神氣，自翕然歸之，如輻湊轂者然。

正月律逢太簇。簇者，湊也。言萬物至此，輻湊而生也。乘此輻湊之時，是宜進火，與時偕行。運而趨時者，河車不敢暫停留，運入崑崙峯頂此指下峯。

陶註　陰陽之氣，兩相交接，小往則前行須短，大來則後行正長，乃汞迎鉛入之意。

補註　前行須短，是二候採藥；後行須長，是四候合丹。二候臨爐，運火求鉛也；

四候臨爐，調和己汞也。就四候之中，還有分別。吳思萊云：「逆轉河車，後升前降，運歸土釜，此中二候作法；閉塞三寶，凝神定息，內視丹田，此末二候作法。」

上陽註　學者究心丹訣，須曉三關三候。出入無疾，柔暖布施，此爲初關第一候；臨馭丹爐，施條接意，是爲中關第二候；仰以成泰，地上於天，是爲下關第三候。

按　陳氏三關說，蓋取三陽之月，爲百日立基耳。在經文，只概論一年氣候，逐月均排，以見陰陽消息之機，非專重子丑寅月。其云「出入無疾」「播施柔暖」「臨爐施條」「仰以成泰」，各指陳丹法，乃入室採藥時所兼用者，並無初中下之可分也。

漸歷大壯，俠列卯門；楡莢墮落，還歸本根；刑德相負，晝夜始分。　俠，音夾；分，古韻文元通用。

彭註　四陽二陰，卦爲大壯䷡，斗杓建卯，律應夾鐘。

陸註　夾者，俠也。俠列卯門，則生門之中已含殺氣，故二月楡落，葉歸本根。夫春主生物，而榆莢反落者，德中有刑故也。於時陰陽氣平，故刑德之氣互相勝負。晝夜始分者，陰陽氣平之驗也。氣平加火，則有偏重之虞，故作丹者立爲卯酉沐浴之法。

補註　卯酉沐浴，參同契所未言，其說始於悟眞篇。自後諸家，紛紜異同，約有三說。有以灌溉爲沐浴者，卯酉皆可行功，仙家指迷詩曰「沐浴之功不在他，全憑乳母養無差」，此說全與悟眞相左。有以休息爲沐浴者，卯酉徑宜住火，龍眉子詩云「兔遇上元時便止，雞逢七月半爲終」，此說與悟眞亦不甚相符。據悟眞詩云「兔雞之月及其時，到此金丹宜沐浴」，蓋謂卯月木氣太旺，故卯時暫宜停火；酉月金氣太盛，故酉時亦宜罷功。若非兔雞之月，則十二時中，一遇爻動，便可抽添，何必拘於沐浴乎？故金丹四百字云「火候不用時，冬至不在子；及其沐浴法，卯酉亦虛比」，此說正須善參。

或疑：契言丹法，始終具陳，何獨脱遺沐浴，以待後人之補綴耶？曰：契中握定樞要，全在審金水之的期，以定火符之進退；看時至機動，而按度求鉛。其推詳六候丹訣，工夫初無闕畧也。悟眞既舉沐浴之條，而又存「虛比」之語，卽其一操一縱，固已會通契文之意矣。

春秋元命苞　三月榆莢落。陳註以榆莢墮落爲丹落黃庭之象，尚非本文正旨。

夬陰以退，陽升而前；　洗濯羽翮，振索宿塵。 前，慈隣切；索，蘇各切，一作掠。

彭註　五陽一陰，於卦爲夬䷪，斗杓建辰，律應姑洗。

陸註　夬以五陽決一陰，是陰將退避，陽升而前矣。三月姑洗司律，洗者，洗也，有洗濯之義焉。斗杓建辰，辰者，振也，有振索宿塵之義焉。洗濯謂沐浴，振索則前升。蓋丹經沐浴，更宜加火。宿塵指一陰而言，振索盡，則爲純陽矣。

李註　餘陰被陽燒退，如大鵬之在天河，洗濯去塵，又欲飛舉而上。振索，猶云擺落。

乾健盛明，廣被四隣；　陽終於巳，中而相干。 隣，叶音連；中，一作終。

彭註　全體六陽，於卦爲乾䷀，斗杓建巳，律應仲呂。

陸註　六陽成乾，陽火盛明，一身之中，圓滿周匝，故曰廣被四隣。日中則昃，陰進干陽，陽將退避也。

補註　初時播施柔暖，温和在一身；久之乾健盛明，暖氣能四達矣。卦逢四月，故云四隣。隣指同類之人，亦取仲呂爲侶也。六陽居歲功之半，陰將起而用事，是謂「中而相干」。

姤始紀緒，履霜最先，井底寒泉；午爲蕤賓，賓服於陰，陰爲主人。

午爲，一作午主。

彭註　一陰五陽，於卦爲姤䷫，斗杓建午，律應蕤賓。

陸註　姤始紀緒者，陽極而陰生也。陰生漸長，正如堅冰之兆履霜，寒泉之生井底。五月蕤賓司律。賓，賓服也。陽本爲主，今退而賓服於陰，則陰爲主人矣。

補註　霜降，乃積陰所凝；　井寒，爲一陰初伏。「履霜」二句連讀，言寒泉在履霜之先也。姤卦初陰在下，故云井底。易傳：「姤，遇也，柔遇剛也。」

各章用韻，皆兩句一拈，亦有三句相叶者。如「姤始紀緒，履霜最先，井底寒泉」，泉乃先泉連叶；「午爲蕤賓，賓服於陰，陰爲主人」，乃賓人間音見叶；　又如「剛柔迭興，更曆分部，龍西虎東音登」，興與東間音見叶也；「建緯卯酉音以，刑德並會，相見歡喜」，酉與喜間音見叶也。章法亦本於毛詩。

蒲團子按　叶，通協，卽叶韻，又稱協句。南北朝時學者因讀詩經許多詩句韻不和諧，便認爲作品某些字須臨時改讀某音，稱爲叶韻。後人並以此應用於其他古韻文。明陳第認爲，叶韻的音是古代本音，讀古韻卽能諧韻，不應隨意改讀。

又按　毛詩，詩古文學派，西漢初毛亨和毛萇所傳，據稱其學出於孔子的弟子子夏。廣韻云：「毛，周武王弟毛公後以爲氏，本居鉅鹿，避難滎陽，漢毛亨治詩作詁訓傳，以授從子萇，時稱亨爲大毛公，萇爲小毛公。」

遯世去位，收斂其精；　懷德俟時，棲遲昧冥。　遯世去位，一作遯去世位；

其，一作眞。

彭註　二陰四陽，於卦爲遯☶☰，斗杓建未，律應林鐘。

陸註　遯卦二陰寖長，陽當遯去矣。斂精懷德，棲遲昧冥，皆取退藏之意。六月爲未，律協林鐘，契乃不言。昧卽未也，棲有林意，射覆之語，漢人多用之。

否塞不通，萌者不生；陰信陽詘，没陽姓名。否，音鄙；塞，色；信，音伸；詘，同屈；没陽，一作毀傷，非。

彭註　三陰三陽，於卦爲否☷☰，斗杓建申，律應夷則。

陸註　否卦，乾上坤下，二氣相隔，閉塞不通之象也，萬物至此，不生萌蘖。七月建申，申者，陰之伸也，陰伸則陽屈。律應夷則，夷者，傷也，陽屈則没其姓名。遯否概言逐月卦氣，不及丹法者，朝暮火符自在也。

觀其權量，察仲秋情；　任蓄微稚，老枯復榮；　薺麥芽蘖，因冒以生。

復，扶又切。

彭註　四陰二陽，於卦爲觀䷓，斗杓建酉，律應南呂。

陸註　觀卦四陰。觀者，觀也，觀其權量，以察仲秋之情。陰陽之氣，至此又平。八月南呂司令，南者，任也，萬物至此有妊娠之義焉。任蓄微稚，則老枯得以復榮。觀夫薺麥芽蘖，可見刑中有德也。

李註　觀有省方觀民之義；　權者，權爻銖之觔兩；　量者，量藥材之老嫩；　秋殺之時，而薺麥芽蘖，卽老枯復榮之象。

補註　王者省方所至，則審律度量衡，故云觀其權量。八月金精壯盛，故察仲秋之情。任蓄，謂倚任而畜養之。藉此少稺，以濟老枯，猶易言「枯楊生稊，老夫得其女妻」。

冒生者，因蒙秋氣，而薺麥發生也。細翫本文，初無沐浴停火之說。

淮南子　麥秋生而夏死，薺冬生而仲夏死。**註**　麥，金王而生，火王而死；薺，水王而生，土王而死。

剥爛肢體，消滅其形；化氣既竭，亡失至神。至，一作其；形神，叶上下文。

彭註　五陰一陽，於卦爲剥䷖，斗杓建戌，律應亡射。

陸註　五陰剥一陽，陽氣受剥，枝頭之果熟爛而墮，形體消滅，造化之氣於此竭窮。且時當九月，火庫歸戌，物皆内斂不露精。亡失至神，或曰失當作佚，亡佚即亡射也。

補註　凡物形毁則神離，故煉士須神馭氣而氣留形。

易傳　剥，爛也。

道窮則反，歸乎坤元；　恒順地理，承天布宣。　玄幽遠渺，隔閡相連；　應度育種，陰陽之原。　寥廓恍惚，莫知其端；　先迷失軌，後爲主君。　元，虞云切；　宣，蘇艮切；　閡，音礙；　種，上聲；　原，一作先；　坤，卦文言「乃順承天」。

彭註　全體六陰，於卦爲坤䷁，斗杓建亥，律應應鐘。

陸註　道窮，謂陽道已窮，歸坤卦純陰用事矣，此時丹乃歸根；　靜者，坤道之常，老子所謂「歸根曰靜，靜曰復命」也。當此歸靜之時，恒順地理，凝然寂然。迨夫一陽來復，然後承天而布宣之。布宣，言用火，此復表明歲起緒之端。

十月建亥，亥有隔閡相連之義焉；　律合應鐘，又有應度育種之義焉。相連則隔而不隔，育種則絕而復生，是爲陰陽之原。夫此二氣之始，本寥廓而恍惚，孰知其端倪朕兆哉？　載觀坤之卦辭，曰「先迷後得主」，即此「先」「後」二語，乃造化始終存亡之緒。蓋返乎坤元，則軌道已終，故爲失軌。朔旦爲復，則陽氣又通，而主人將復興矣，故後爲主君。

失軌，則先迷也；　爲主，則後得也。歸坤之妙，有如此者。

補註　天道玄幽，去地遠渺，似乎高下間隔。然一氣貫通，地虛能受，何隔閡之有？此申明「承天」也。六陰下伏，應亥之度，一陽將生，從此言種，可見亥子之交，實爲陰陽之原，此申明「布宣」也。推之丹法，隔閡相連，卽坎離交媾之義；　應度育種，卽慈母養育之功。

李註　陰符陽火，隱在坎離匡郭之中，杳冥恍惚，若有若無，孰能知其端倪？只因少陰少陽，情欲先動，一點陰火精光，迷失故路，流落北方，人欲修煉金丹，因卽此物爲主，始用之以築丹基，繼藉之以行符火。

朱子曰：　後爲主君，蓋讀易文「先迷後得主」爲一句，其誤久矣。陸云：「此斷章取義以立言耳。」

無平不陂，道之自然；　變易更盛，消息相因。終坤始復，如循連環；帝王乘御，千載常存。然，時隣切；因，一作應；載，上聲；存，先真元文山寒古韻相叶。

陸註　此總結上文，提出「自然」二字，以見造化消息相因之妙，乃無心而成化者。易曰「無平不陂，無往不復」，此天道之自然也。丹家觀天運之變易盛衰，而知消息之相因；按卦圖之終坤始復，而識火候之循環。能法此以乘時御天，則立命在我，可以千載長存矣。

補註　若論十月火符，自復至坤盡之矣。此云終坤始復，如循連環，蓋包築基溫養而言也。

上陽註　「帝王乘御，千載常存」者，黄帝煉九還大丹，丹成之後，乘龍上昇也；無平不陂地卑蓄水爲陂，見泰三爻。

補註　此章所排月令，但言陰陽消息，非論進退火符。蓋每月六候，乃金水定期；

一日兩卦，爲屯蒙作用。一年十二月中，各有金水屯蒙，不當指自復至乾爲陽火，自姤至坤爲陰符。陸註未合經旨。又經文引證鐘律，間有遷就之詞，若論律呂正義，須考史記註文，方見明白。

史記 十一月律中黃鐘，言陽氣踵黃泉而出也； 十二月律中大呂，索隱曰「呂者，旅助陽氣也」（補註「二陽寖長，故爲大呂」）； 正月律中太簇（音湊），白虎通云「泰者，大也； 簇者，湊也，言萬物始大，湊地而出也」； 二月律中夾鐘，白虎通云「言萬物孚甲，種類分也」； 三月律中姑洗（音蘚），白虎通云「姑者，故也； 洗者，鮮也。言萬物去故就新，莫不鮮明也」； 四月律中仲呂，言萬物盡旅而西行也； 五月律中蕤賓，言陽氣幼少故曰蕤，痿陽不用事故曰賓； 六月律中林鐘，白虎通云「林者，眾也，言萬物成熟種類多也」； 七月律中夷則，白虎通云「夷，傷也； 則，法也。言萬物始傷被刑法也」； 八月律中南呂，言陽氣之旅入藏也，白虎通云「南，任也。言陽氣尚任包，大生薺麥也」； 九月律中無射（音亦），白虎通云「射，終也。言萬物隨陽而終，當復隨陰而起，無有終極也」； 十月律中應鐘，言陽氣之應不用事也。

陳致虛曰 此書譔作，深有法度。或序冒頭，或括結尾。無冒頭者，結尾括之； 無結尾者，冒頭總之。此章是無冒頭而以結尾括之。其首句云「朔旦爲復」，周歷十二卦，而曰「歸乎坤元」。尾却結之曰「玄幽遠渺，隔閡相連」，只此兩語，足該全意。玄幽遠渺者，陰陽二物彼此間隔也；隔閡相連者，得黃婆以媒合之，則相合無間。是以兩物應度育種，爲陰陽之元。

陸西星曰 此章語奥旨深，所云卦律之類，有直指示人者，有借字用意者，有借義用意者，或隱或顯，各隨其文義之所驅。直指而示者，如「朔旦爲復」「仰以成泰」「漸歷大壯」「姤始紀緒」「夬陰以退」與「黃鐘建子」「丑之大呂」「午爲蕤賓」之類也；借字用意者，如「臨爐施條」「乾健盛明」「遯世去位」「否塞不通」「觀其權量」「剥爛肢體」之類也；借義用意者，如「輔轃於寅」「俠列卯門」「洗濯羽翮」「中而相干」「没陽姓名」「任蓄微稚」「亡失至神」「應度育種」「隔閡相連」之類也。非熟讀詳味，不能得其意旨。而諸家之註，率多疎畧，兹故詳而論之，讀者更宜細翫。

又曰 嘗聞先師九還七返之說，曰七乃火數，九乃金數，以火煉金而成丹，卽以神馭氣而成道。由是觀之，作丹之法，始終妙用，一火而已。進則謂火，退則謂符。符者，合也，言升降進退，表裏符合也。

補註 十月火候，陸氏專主呼吸出入、綿綿若存。按章内言「出入無疾」而繼以「臨爐施條」，言「結正低昂」而繼之「仰以成泰」，至於坤而又曰「隔閡相連」，則知火符皆用鼎爐。所云呼吸綿綿者，亦正在此時也。

謹按 參同契談火候者，三章疊見。朝屯暮蒙，以兩經六十卦取上下反對爲逐日火符；　晦朔合符，以先天小圓圖取六卦順轉爲一月火符；　卦律始終，以先天大圓圖取十二卦爲左旋爲一歲火符。其法歲疎而月密，月疎而日密，至於時中用火，則尤密矣。是故簇年於月，簇月於日，簇日於時。而一時中又分三符六候，前二候煉藥，不盡一符之頃，餘四候合丹，乃完二符作用，此採藥工夫也。其屯蒙進退，每日兩番，一金一水，迭運不偏，此又火符妙用也。若知得此中作法，凡卦氣鐘律，特其借象耳。

此章以月辰卦律分配一年十二月，乃本意也。朱子以十二卦細分一月之火候，彭眞一以十二辰配合一日之火符，將誰適從？今按朱子將兩日半當一卦，復、臨、泰、壯、夬、乾值前半月，屬陽長之數；　姤、遯、否、觀、剥、坤值後半月，屬陰消之數。此剖一日之候，分值兩卦，於丹家藥火者却不相符。若彭氏所云，乃以時當月之法，自子至巳六時進火，自午至亥六時退符，於陰陽消長之機，殆彼此胳合矣。

性命根宗章第七

題用陸氏。**陶註**　此論養性延命之學，而推原生身受氣之初。必煉己堅固，方可成丹。而則水定火，乃成丹要訣。末以懷胎產嬰結之，使人知仙道可以修爲致也。

將欲養性，延命却期；審息後末，當慮其先。今所乘軀，體本一無；元精流布，因氣託初。慮，乃思之詳；先，叶音西；流布，一作雲布。

陸註　此章欲人窮取生身受氣之初以修性命也。

補註　人欲養性延命以却去死期，苟思後來之氣盡而終，卽當念初先之氣至而生。蓋以人身所乘之軀，其體原本於一無。一者，先天眞一之氣；無，卽所謂「無極之眞」也。一無從何而起？自乾父元精流布於坤，因合坤宮之元氣，而胚胎遂託始焉。此乃一無之得於生初者也。朱子解易云「陰精陽氣，聚而成物」，此卽命基也；又解中庸云「氣以成形，而理亦賦焉」，命中有性也。各註以精屬命，以氣屬性，非是。

陶註　周子曰：「無極之眞，二五之精，妙合而凝，而生人焉。」二五之精，卽在人爲命者也；無極之眞，卽在人爲性者也。二者妙合，而人始生。神仙之修丹，以陰陽相感，精氣交結，於無中生有，與男女胎孕之理無二，但有順逆之不同耳。

上陽註　古仙云：「修性不修命，如何能入聖；　修命先修性，方入修行徑。」世人不知何者爲養性，洞賓乃以煉己曉之；　不知何者爲立命，張許乃以煉丹喻之。致虛守靜，以觀其復，此養性也；　玄牝之門，爲天地根，此立命也。積精累氣，此養性也；　流戊就己，此立命也。

彭眞一註　神丹因元氣而成，是將以無涯之元氣續有限之形軀。無涯之元氣者，天地陰陽，長生眞精，靈父聖母之氣也；　有限之形軀者，人身陰陽，短促濁亂，凡父凡母之氣也。故以眞父母之氣，變化凡父母之身，爲純陽眞精之形，自然與天地同壽矣。古歌曰：「煉之餌之千日期，身旣無陰那得死？」蓋純陽之精氣，無死壞也。

陰陽爲度，魂魄所居；　陽神日魂，陰神月魄；　魂之與魄，互爲室宅。

補註　此言陰陽互藏之蘊。

精氣合而成人，不過陰陽二體而已。以陰陽爲度，而魂魄卽在其中，是陰陽以魂魄爲體，魂魄以陰陽爲舍也。魂乃人之陽神，如日中之魂；魄乃人之陰神，如月中之魄。

陸註　日魂常居月魄之中，故月借日則明，魄附魂則靈，而魂之與魄，常互爲室宅也。陰陽爲度，直指男女二體，故以陽神陰神分配日魂月魄。若就一身言，則魂爲氣之靈，魄爲精之靈，另是一義矣。

上陽註　離爲日魂，坎爲月魄。魄乃陰中之陽，戊土專之；魂乃陽中之陰，己土直之。魂魄互爲室宅，陰陽兩相交通也。

陶註　互爲室宅者，月中兔，日中烏，陰中有陽，陽中有陰也。然而東方烏精，能招西江之月魄；西方兔髓，能制我家之日魂。又見魂魄相拘，自有吞啗之妙。是互藏其精者，實相交爲用矣。

性主處内，立置鄞鄂；情主營外，築完城郭。城郭完全，人物乃安；爰斯之時，情合乾坤。處，上聲；鄞鄂，或作垠堮，一作齗齶；築完，完一作垣，垣作固；完全，一作全完；安，伊眞切；爰，一作於；坤，區倫切。

補註　此見煉己爲採藥之本。言魂魄而及性情者，魂魄屬兩家，性情在一身，若欲魂往招魄，先要性能攝情，必煉己純熟，常靜常應，斯陰陽可與交會矣。

陸註　惟其魂爲魄之室也，故須內定其性；惟其魄爲魂之宅也，故須外接以情。性處乎內者，安靜虛無，以養元神，立先天也，故曰立置鄞鄂；情營乎外者，關鍵三寶，以裕精氣，修後天也，故曰築完城郭。惟城郭完全，而人物安矣，然後可以配合乾坤，而行採藥之功。

上陽註　性主實精於內，情主伏氣於外。

陶註　此條性情，就初關言。性至靜，立鄞鄂者，養性存神，憑玄牝以立根基也；情主動，築城郭者，保精裕氣，借藥物而固根基也。「城郭完全，人物乃安」者，築基須進氣，採藥煉己，則烹汞成砂，國富民安，身心寂不動也。煉己之要，歸重「情主營外」一邊，故曰情合乾坤。

又云　營外之功，須一剛一柔，三年無間。斯時內藥堅凝，方可交合。所行還丹之術，卽悟眞所云「民安國富方求戰」也。

補註　性情有指兩家言者，推情合性，金水之辨也；有就一身言者，性內情外，動靜之分也。

鄞鄂，經、傳兩見。經言鄞鄂，以元神之主宰爲命脈；傳言鄞鄂，以眞氣之交結爲命根，故陸氏解爲命蒂。但字義須考來歷，「鄂」與「萼」同，承花之蒂，毛詩「鄂不韡韡」可證；「鄞」與「堇」同，乾汞靈草產於鄞邑之赤堇山，魏公上虞人，地接四明，當是親見此草而筆之於書。

一說當作垠堮，出淮南子，許愼註「端崖也」。一說當作齦齶，齒跟肉也。齦有上齶下齶，齦齶在齒內，故爲養內之喻；城郭在國外，故有營外之喻。此則以齦齶比丹田，城郭比身體，人民比精氣也。又一本作銀鍔，乃刀劍之鋒稜，借喻身中劍氣，但與傳文「經營養鄞鄂」句不相符合耳。

乾動而直，炁布精流；坤靜而翕，爲道舍廬。剛施而退，柔化以滋；九還七返，八歸六居。流，凌如切；施，去聲；滋，叶魚韻。

李註　此重宣生身之根，以明造化之妙。

補註　當乾父坤母造命之始，乾處乎上，動而能直，惟直，精氣之路乃開；坤處乎下，靜而能翕，惟翕，受胎之舍乃凝。此時乾剛一施，事畢而退，坤柔承化，漸以滋長，此乾坤之順以生人者也。丹家顛倒逆用，則女反爲剛而主乎施，男反爲柔而主乎化，得藥之後，四象五行攢入中宮，而七八九六一時會合矣。

陸註　剛施而退者，雄陽播玄施也；柔化以滋者，雌陰統黃化也；九八七六者，金木水火之數。得藥歸鼎，則九者還，七者返，八者歸，而六者居矣。

補註　河圖之數，天一生水，而地六成之；地二生火，而天七成之；天三生木，而地八成之；地四生金，而天九成之。專言九七八六者，合丹以後，取其成數，如金來伐木，是九與八合；水能滅火，是六與七合也。

陸又曰：「六獨言居者，北方水位乃眞鉛之本鄉，還者、返者、歸者皆聚於此而丹始凝結。蓋三者共居於六，非謂六獨居也。」今按：結丹在黃庭土釜，不在北方水位，陸氏歸重在六居，乃照下「五行之初」而言，在本條初無此意。

易傳　夫乾，其靜也專，其動也直；夫坤，其靜也翕，其動也闢。

男白女赤，金火相拘，則水定火；五行之初，上善若水，清而無瑕。瑕，洪弧切；道無形象，無，一作之，象，一作相。

道無形象，眞一難圖；變而分布，各自獨居。

陶註　此承上文四象，而歸功於金火也。

補註　金火相拘，言兩家藥物；則水定火，言臨爐分兩。「上善」四句，先天之金水，取爲丹母也；「分布」二句，後天之金水，資爲丹藥也。

陸註　丹道雖稱七八九六，實則九還七返盡之矣。九，金數也；　七，火數也。坎男中白，是曰水金；　離女內赤，是曰汞火。惟此二物，相鈐相制，乃成丹道。故丹法則水定火，常使水銖不乾，火銖不寒，則金水自此相拘，而還返之道在是矣。然而鉛至汞留，汞因鉛結，其功皆歸於水者，蓋水爲五行之初氣，其質至清，老聖所謂「上善若水」也。水惟清而無瑕，乃可用之；　使有滓質，則度於後天，而不可用矣。是水也，乃先天眞一之氣，所謂道也。道無形象，其眞一難以圖度矣。

補註　初出之水，質清而氣純，故稱之爲上善，亦可名爲道樞，實則先天眞一之氣耳。夫道無形象，何從窺其眞一？　曰：　水中之金，外無形象，而內有氣機。道德經曰：　「杳杳冥冥，其中有精，其精甚眞，其中有信。」苟能至誠以待之，專密以伺之，自可探應星應潮之初候，而採白虎首經之至寶矣。從此鴻濛一判，變而涉於後天，則宜辨六候之金水，以給朝暮之火符，所謂「變而分布」也。各自獨居者，按候行功，須金水各居，不使臨時參錯，其六度餘暇，須藏鼎獨居，不可非時交接。如此則爐中得以休養，而爻動乃有定期，故能育胎而結嬰也。

陶註「丹法準水之銖兩，以定火之分數。水以二分爲眞，火二卽與之俱」，此將水火分坎離，是矣。李註謂「則月水之清濁，定神火之老嫩」，專就坎宮言，又混涉於火符，未合。陸氏解「變而分布」，謂「一變生水，二化生火，三變生木，四化生金，南北東西，各居其位，而不相涉。聖人攢簇而和合之，乃成丹道」，此以順生之五行，配河圖之四面，於丹理不符。

類如雞子，黑白相符；縱廣一寸，以爲始初。四支五藏，筋骨乃俱；彌歷十月，脱出其胞；骨弱可卷，肉滑若飴。類，一作狀；符，一作扶；縱，平聲；廣，一作橫；支，同肢；藏，同臟；俱，一作具；胞，讀如孚；飴，舊作鉛，朱子定爲飴，音怡。

陶註　此狀金丹法象，以著養性延命之極功。

陸註　丹之結而成象，類如雞子；黑白相包者，陰陽混合也；「縱橫一寸，以爲始初」者，丹含神室也。四象五行皆聚會於此中，故肢藏筋骨，無不完具。如嬰兒然，周歷十月，火候數足，脱出其胞，而骨軟肉滑，迥異凡軀。此乃無質生質，身外有身，而結成聖體者。至是則宇宙在乎手，萬化生乎身，性命之理得，而聖修之能事畢矣。呂眞人詩云「九年火候俱經過十月之後，尚有九年面壁，忽而天門頂中破；眞人出現大神通，從此天仙可相賀」，正其時也。

抱一子註　狀如雞子，圓而稍長，法身在其中矣。

補註　雞子色本黃白，此言黑白相符者，丹乃金水之所成也。水黑金白之義，下章言之甚詳。

上陽註　丹始黍米之珠，漸成徑寸之大，十月出胎，陽神顯相，乃先天眞一虛無之氣所成，故骨可卷而肉可飴。

補註　依韻當作飴。飴，水煎餳餳，音呈，餹也，出急就篇。**蒲團子按**　餳，音糖，古糖字，亦作餹，後特指用麥芽或穀芽熬成的糖，本草綱目谷部云「飴即軟糖也，北人謂之餳」；急就篇，古字書名，漢代史游譔，其云「梨柹柤桃待露霜，棗杏瓜棣饊飴餳」。**又按**　餳，一音刑。

養己守母章第八

舊本分爲三處，杜氏合作一章，今復更定前後而另拈標題於首。此章申言性命雙修之道。「養己」十句，言性功事；「垣闕」以下，皆命功事。煉己採藥，皆發洩無隱矣。

上德無爲，不以察求；下德爲之，其用不休。 求，强於切；休，勾於切。

補註　此標出清淨、陰陽二門，爲萬古修道之宗。下文「安靜虛無」，亦自「無爲」上來；「知白守黑」數條，皆詳言「有爲」之事，其意則專爲下學設也。

好古註　上德、下德，乃道德經所謂「上德無爲而無以爲，下德爲之而有以爲」也。上德者，虛極靜篤，精自然化氣，氣自然化神，神自然還虛，虛無大道之學也，故不以察求；下德者，虛靜以爲本，火符以爲用，煉精合氣，煉氣合神，煉神合虛，以神馭氣之法也，故其用不休。

陶註　上德者，全眞之士，不藉抽添以築基；　下德，則乾體已破，須用還返以成道。

陸註　察求者，辨庚甲而知水源之清濁，象屯蒙而準火候之消息。　此皆察察之政，不得已而用之者。

補註　舊將此條「上德」「下德」與傳文「上閉」「下閉」併爲一章，致文義難通。　得古本較正，方知經、傳各有脈絡，原不相混也。

內以養己，安靜虛無；　原本隱明，內照形軀。　閉塞其兌，築固靈株；　三光陸沉，温養子珠。　視之不見，近而易求。　舊本此條在章末，今移置於此。　塞，音色；　易，音異；　求，匈于切。

補註　此言養性爲採藥之基。

煉丹之功，有內有外，欲採外藥，先須內煉。　身安靜而心虛無，乃養己眞訣，即所謂「致虛守靜」也；　原本隱明，則心不外馳而得以虛無矣；　內照形軀，則身知收斂而得以安靜矣；塞兌固株，閉口以養元氣也；沉光養珠，返視以養元神也；不見易求，即指神氣而言。

陸註　人生而靜，天之性也；感於物而動，性之欲也。既有欲矣，則耳目口鼻誘於聲色臭味，而眞性迷矣。眞性既迷，則元精元氣因以耗失，而大命隨之。故養己者，以安靜虛無爲本焉。由是閉塞其兌，使氣不上洩，則蒂固而根深；三光陸沉，使神不外馳，則性定而明湛。果能收視返聽，閉口勿談，則心息相依，神氣相守，自然打成一片，可以行臨爐採藥之事矣。

朱子曰　此條言內事，最爲切要。

陸註　己者，離宮己土也。己之爲性，飛走不定，故必煉之養之，使之入於大定，然後臨爐之際，大用現前，保無虞失。而養之與煉，亦當有辨。

上陽子曰　寶精裕氣，養己也；對景忘情，煉己也。養己則主於靜，煉己則兼乎動矣。廣成子曰「無勞爾形，無搖爾精」，老子曰「致虛極，守靜篤，萬物並作，吾以觀其復」，司馬眞人坐忘論云「心安而虛，道自來居」，虛靖天師大道歌云「要得心中神不出，莫向靈臺留一物」。「安靜虛無」四字，乃養己之要訣。

補註　心爲一身之主宰，故曰原本；內照者，此心常在腔子裏也。陸云靈株卽靈根，引黃庭經「玉池清水灌靈根」爲證此指下峯。天有三光，日月衆星；人有三光，兩目一心。三丰云「想見黍米之珠，權作黃庭之主」，陸云「子珠卽性珠，神爲氣之子也」。

旁有垣闕，狀似蓬壺；環匝關閉，四通踟躕。守禦固密，閼絕姦邪；曲閣相連，以戒不虞。此條舊在「巍巍尊高」之下。踟，音池；邪，叶音余；連，一作通。

補註　此言養鼎爲求藥之地。鼎中藥候，按期而至，但恐行不順軌，以致眞氣損虧，故須愼密以防之。丹室之旁，別營垣闕。丹房，調鼎處也，既嚴關鍵，又謹守禦，所以杜同室之情竇；壺室之間，連延曲閤，所以備外侮之生心。李云此卽前章「管括微密」之意。蓬壺乃仙島，喻丹室之屹然中立耳。四通踟蹰，凡隙穴相通處皆須顧慮也。舊指垣闕爲神室，夫神室止一下田，安有旁設者？或將蓬壺垣闕比乾坤門户，與下「曲閤」不符；或以垣闕曲閤比八門九竅，意反涉於懸空。以戒不虞，見萃卦象傳，言當提防心意也。

知白守黑，神明自來；白者金精，黑者水基。來，叶音釐；基，古韻支魚祖叶。

補註　自此以下，皆言求藥爲延命之本。鼎器已具，須明鼎藥。道德經云「知白守黑」，蓋以初鼎之藥，黑中有白也。既知其白，便當常守其黑，以待神明之來助焉。夫神靈妙藥，性屬陽金，是謂「白者金精」；而金精氣候，水旺乃生，是謂「黑者水基」。修丹之士，於蒙泉方遠之初，而求先天眞一之氣，誠貴乎知而守之矣。

陸註　五行之氣，金能生水，而還丹造化，先天白金却生於坎水之中，故當奉坎以求鉛。

上陽註　水之初生，名爲先天，以其至眞，號曰神明。白黑相符，金水汎旺，一遇己土，制水淘金，金水歸爐，故曰神明自來。傳云「上有神德居」，卽「神明」之謂也。

水者道樞，其數名一；陰陽之始，玄含黃芽；五金之主，北方河車。故鉛外黑，內懷金華；被褐懷玉，外爲狂夫。一，叶音衣，與上「基」字叶。

補註　此詳言水金之德也。

天一生水，啟化育之生機，故曰道樞；「陰陽」二句，言水中有金；「五金」二句，言金生於水；鉛色外黑，內蘊金華，申明玄含黃芽之意；狂夫被褐，懷藏美玉，又申外黑內華之意。此段反覆取喻，總是形容金白水黑而已。

水一屬陰，火二屬陽，水在火先，故云陰陽之始；水之色玄，金之色黃，水裏藏金，故云玄含黃芽；黃芽之貴，擬諸黃金，傳云「金性不朽敗，故爲萬物寶」，此五金之主也；然必水氣壯盛，而後金精得以流行，故比之北方河車。北方水位，河車轉運，言爻動而藥可採也。

金銀銅鐵錫，五金各如五行之色，而價莫重於黃金，所謂主也。抱一子云：「鉛爲五金之主。」按：黃金銅鐵錫，不從鉛中出，不如直指黃芽，而留鉛黑於下句。

陰眞人云　北方正氣爲河車。

金爲水母，母隱子胎；水爲金子，子藏母胞。眞人至妙，若有若無；髣髴大淵，乍沉乍浮。進退分布，各守境隅。「母隱子胎，子藏母胞」，卽九要經「魂守於魄，魄守於魂」；胎，盈之切；胞，讀如孚；髣髴，一作恍惚；進退，陳抱一作進退，一作退而。

補註　此言溫養之功，不離金水也。

上文金水白黑，就一體而分表裏，指先天之大藥；此處金水子母，從六候而定火符，指後天之爐藥。

李氏云：「鼎中金水，取象於月。朔後之月光，金含水內，故云母隱子胎；晦前之月光，水韜金內，故云子藏母胞。」今按：水含金者，晦盡朔來，爲前三度之金氣；金韜水者，乾終巽繼，爲後三度之水氣。此皆鼎中眞氣，故名眞人至妙。若有若無者，杳杳冥冥，希微難測也；髣髴，狀氣機發動之端；大淵，指川源產藥之所；沉浮，謂金沉而水浮；乍者，爻動只在俄頃也。前三候爲金沉，如月之隨日而下沉；後三候爲水浮，如月之隨日而上浮。浮沉乃鼎中一定之火候，陸云「沉者激之使浮，則出於人爲造作，而非天機之自然矣」。李註以金水分浮沉，獨闡其微。進退分布者，進火退符，須金水分布。兩者迭用，宜各列境隅，而不相錯雜，猶云「剛柔斷矣，不相涉入」也。

陸註 金之與水，母子互藏。金爲水母，而先天乾金居於坎位，是母隱子胎也；水者金子，而後天兑金能生眞水，是子藏母胞也。蓋此金水，配位於北，而寄體於西，其妙有如此者。眞人乃先天眞一之氣，卽坎中水金也。又云：「乾金，水金也；兑金，鼎金也。」此須意會。

今按陸氏此說，乃概言金水互生之理，不如李註有關於火符作用也。

採之類白，造之則朱；煉爲表衛，白裏眞居。方圓徑寸，混而相拘；先天地生，巍巍尊高。白裏眞居，白，一作日；白裏，一作包裹；眞，一作貞。拘，一作扶。

補註　此言金水相調，育成丹胎也。

陸註　是丹也，採之則金，有取於白；養之以火，有取於朱。蓋神火周遭於外，所以護衛眞氣，而使白裏眞居，可無虞失也。眞人所居，不過方寸之間，元氣混沌，而爲聖胎，乃先天先地巍巍獨尊之體也。此豈凡物之可比哉！

陶註　每日運火，抽鉛添汞，以眞火爲表衛，金丹方得安居於神室。表者，外也；衛者，護也；方圓寸二，在黃庭之中，其空如谷，所謂「玄關一竅」也。

李註　己汞未乾以前，則爲黃庭土釜；一凝之後，則爲金胎神室。黃庭土釜，尚有成毀；金胎神室，永斷生滅。

彭眞一註　眞鉛乃祖氣，在天地混沌之前，故鉛爲天地之父母，陰陽之本原。修丹之始，以天地根爲藥根，以陰陽爲丹母，故不同於常物之造化。

上陽註　杳冥之中有物，卽太極未分之時，故云天地先。內蘊先天眞一之氣，可以超陰陽而脱生死，所以巍巍尊高。

可以無思，難以愁勞。神氣滿室，莫之能留；守之者昌，失之者亡。動靜休息，常與人俱。

此條之上，舊連「旁有垣闕」六句，今移在「知白守黑」之前。勞，與高叶，中間偶然換韻，他章有之；室，一作堂；留，凌如切；亡，音無。

補註　此言養丹工夫須始終敬慎也。

大藥入身，兼有表衛，此時但當捐思慮，釋煩勞，常安靜虛無，以養此神氣。若天君不定，運火參差，則烹爐走鼎，而神氣莫留矣。得失之間，存亡所係，故必動靜休息，常與眞人居於神室，俟其功完而候至耳。

神氣滿室，一語道破契中綱領。蓋元神爲丹君，眞氣爲丹母，必神氣合會，始能結丹於神室。他如龍虎汞鉛，水火日月，特借名耳。卽所云陰陽剛柔，魂魄性情，猶屬概言，不如「神氣」二字之精切也。

李註　動靜休息，卽是「行住坐臥」；常與人俱，卽是「不離這箇」。修眞者入室用功，一刻不要離此陰陽，物無陰陽，違天背元；一時不可離此伴侶，若無同志相窺覺，動有羣魔作障緣；一息不要離此神室，如雞抱卵，如龍養珠。故曰：「動靜休息，常與人俱。」老聖曰「載魂抱一，能無離乎」，意蓋如此。

勤而行之，夙夜不休；伏食三載，輕舉遠遊。跨火不焦，入水不濡；能存能亡，長樂無憂。道成德就，潛伏俟時；太乙乃召，移居中州。功滿上昇，膺籙受圖。陸氏移併於此，與上文同韻相連。休，句于切；載，上聲；遊，羊諸切；樂，音洛；憂，衣虛切；時，叶；州，雖于切；上，上聲。

補註　此申上文「常與人俱」及前章「十月脫胞」之意。

陸註　神氣在室，結之以片晌，養之以三年。功圓之日，身外生身，自能輕舉遠遊，入水火而無患，長生久視，超生死而獨存。道成德就，濟人功滿，膺籙受圖，而身爲帝臣矣。

補註　伏食，謂伏先天眞氣，不指天元神丹。翠虛篇云「百日工夫修便見，老成須是過三年」，此伏食三年之義也。

莊子　入水不濡，入火不熱。

謹按　養性延命，上章已啟其端，此復詳言以悉其蘊。安靜虛無者，修定於離宮，玉液煉己之事，所謂「常無欲以觀其妙」也；知白守黑者，求玄於水府，金液還丹之道，所謂「常有欲以觀其竅」也。性命工夫，內外表裏，初不相離，章內備陳採藥結丹之功，又結之以無思無勞，知「安靜虛無」四字，丹家始終用之。呂祖敲爻歌云：「悟眞常，不達命，此是修行第一病；悟命基，迷祖性，恰似整容無寶鏡。」旨哉斯言！可爲雙修性命之準矣。

日月含吐章第九

題用陸氏。 **補註** 丹法取象日月，日月取其含吐，含吐在乎陰陽相契。如坎宮之金水，離宮之火土，皆於相契時合之。末條魂魄證符，正見含吐妙用。

坎男爲月，離女爲日；日以施德，月以舒光。月受日化，體不虧傷；陽失其契，陰侵其明。晦朔薄蝕，掩冒相傾；陽消其形，陰凌災生。 離女爲日，日，月日相叶；明，音芒；傾，音匡；生，音桑，皆叶陽韻。

陸註 此章法象日月，義取含吐，以準爲丹法。

又曰 坎象中男，而反爲月； 離象中女，而反爲日。 蓋日內陰而外陽，其德主於施化； 月內陽而外陰，常借日以舒光。 夫月受日化，寖明寖長，而體不虧傷者，以陰含陽精，與陽契合故也。 自既望以後，失陽之契，則月光漸消漸缺，陰侵其明而受統於巽，晦朔薄蝕而喪明於坤，皆由陽消陰凌，致匡郭盡亡耳。

夫丹象著明，莫大於日月，仙家取其借光之義。 如庚方月現，吐藥一符，卽陽之契也，此際正可求丹。苟或後時失事，爽此符契，則金逢望遠，藥度後天，而不可用矣。

補註　中四句，前半月之象；　下六句，後半月之象。據西法謂，地大於月，日又大於地，故地不能掩其光而斜映於月，以所映之多寡成月光之圓缺。

上陽註　坎外陰内陽，中有戊土，以儲金水，養其陰魄，爲情爲義，黑中之白也；　離外陽内陰，中有己土，以居砂汞，主其陽魂，爲性爲仁，白中之黑也。月體本黑，受日之化，光彩復舒，兩體不虧，晦朔之間，正對的射，月在日下，暫障日光矣。

男女相須，含吐以滋；　雌雄錯雜，以類相求。錯，一作交；　求，朐於切，支魚叶。

補註　此從日月含吐，明常道之順行者。

陸註　丹法不過日月交光、陰陽得類而已。觀男女之相須，而偕以造化，卽日月之含精吐光，滋生萬物也。此乃坤承天施，陰陽自然之理。彼物之雌雄錯雜，其類不一，然其同氣相求，含吐之情，無不同也。是知孤陰不生，獨陽不成，順而成人，逆而成丹，非有二道，在識其含吐之機而善用之耳。

陶註　含吐者，月含日精而吐其光也。

李註　陰陽相須，結成鉛汞，坎中吐露一線之微陽，滋救衰老之聖藥，十月澆培，無非同類相配。

金化爲水，水性周章；火化爲土，水不得行。行，寒江切。

補註　此從男女含吐，明丹道之逆行者。

陸註　金化爲水者，爻動之時，金初生水也；火化爲土者，離宮己土，火動而生也。丹法以土制水，則水性之周流者，不得濫行，而情來歸性矣。今人但知眞鉛能制眞汞，而不知眞土能擒眞鉛，故章意歸重於此。

補註　眞鉛制眞汞者，得藥之後，坎能塡離；　眞土擒眞鉛者，採藥之時，離能取坎也。

經言水不行，己土能尅坎水；　傳言水不起，戊土能伏離汞。

楚詞　聊遨遊兮周章。**註云**　周章，猶周流也。

男動外施，女靜內藏；　溢度過節，爲女所拘。　魄以鈐魂，不得淫奢；不寒不暑，進退合時。各得其和，俱吐證符。　首句，句首一有「故」字；藏，仍叶陽韻；　奢，商居切；　時，叶；　符，仍叶支魚二韻。

補註　此就陰陽順逆中申明含吐之效。

以常道言之，男動而元精外施，女靜而眞氣內藏，此陰陽生育之機已。但恐慾動情勝，陽施過度，徒爲女所拘攝耳。若知盜機逆用，則陰陽魂魄，實交相爲助。蓋以動而施者，猶日中之魂；　靜而藏者，猶月中之魄。丹法運汞迎鉛，先使魂招乎魄，頃之得鉛伏汞，能使魄來鈐魂。魂爲魄鈐，則神氣互抱，兩相依戀，而陽不至於淫奢矣。是卽「含吐以滋」之義也。

旣知含吐，須明火候。欲使陰寒陽暑，調劑不偏，全在進火退符，採取合時。能合時，則剛柔互濟，藥味和平，而身內之證符，自然吐露焉。

上陽註　周章溢度，淫奢過節，則陰淩而災生。修丹之士，必使一寒一暑得進退之宜，則和合有時，火不熱而符不冷矣。

陸註　藥生曰符，藥成曰證，皆自和氣中來，卽首章所謂「和則隨從」也。「和」之一字，最爲肯綮，而「含吐」二字，又爲一章之大旨。

補註　傳言「五六三十度」，又言「月節有五六」，此乃採藥之定期。溢度過節，生門便成死户；魄以鈐魂，害裏却能藏恩。悟眞所謂「反覆之間災變福」也。

前云「隆冬大暑，盛夏霰雪」，喻陰陽參錯之病，如朝進陽火而誤投陰水，暮退陰符而誤用陽金，是寒暑失時，不得其和矣。故必火符平準，方得寒暑適中。李氏謂陽火性熱，陰符性冷，到中宮而自成和氣，則不傷於寒暑。此但知歸美中宮，却不知進退合時爲作丹妙用耳。

謹按 首章言「乾剛坤柔」而承以「坎離冠首」，前章言「乾動坤靜」而承以「男白女赤」。蓋坎之一陽自乾而來，離之一陰自坤而至，後天運用，全在坎離也。此章之男女魂魄，金水火土，又申明前二章未盡之意。經文脈絡，斷而仍連，可見著書苦心。

月受日光而女承男種，此陰陽正義也；女反施化而男可懷胎，此陰陽翻象也。悟眞篇云：「日居離位反爲女，坎配蟾宮却是男；不會箇中顚倒意，休將管見事高談。」知此，可以讀參同矣。

流珠金華章第十

題用陸氏。**上陽註** 此章指示流珠金華爲陰陽二物，復示煉藥之密旨，最透露詳切矣。

太陽流珠，常欲去人；卒得金華，轉而相因；化爲白液，凝而至堅。　卒，音猝；　堅，姑因切。　此章叶韻，眞文元寒删先通用。

補註　此章申明「魄以鈐魂」之故。

陸註　太陽流珠，離宮眞汞也。眞汞之性，飛走不定，故常欲去人。去人則幻質非堅，故必得此金華，然後足以伏之留之。金華者，金之精華，先天水金是也。得而採之，則轉而相因，化爲白液，而成堅固不壞之寶。傳曰「先液而後凝，號曰黃轝焉」，以其金炁所化，故曰白液，凝而至堅，則不去人矣。

又曰　靈源大道歌云：「此物何嘗有定位，隨時變化因心意：　在體感熱則爲汗，在鼻感風則爲涕；　在腎感合則爲精，在眼感悲則爲淚。」八門九竅，無往而非靈汞遊走之處，凡人之所以有老病死苦者，流珠去人之故也。

金華先倡，有傾之間；　陽乃往和，情性自然；　解化爲水，馬齒闌干。　和，去聲；　「解化爲水，馬齒闌干」，此二句舊在「陽乃往和」之上，細翫文義，爰上下互調；　干，經天切。

補註　此言陰陽倡和之機。

陸註　常道順行，須陽倡而陰和；　丹道逆行，乃陰倡而陽和。　和者，饒他爲主我爲賓也。一倡一和，則木性愛金，金情戀木，歡忻交通，自然感應，而丹道成矣。

又曰　先天水金，先倡於爻動之頃，陽卽往和，以迎其眞一之氣。斯時渡於鵲橋，轉於崑山，解化爲水，乃有醍醐甘露之名。又下於重樓，降於黃宮，結而成丹，則有馬齒闌干之象。馬齒闌干者，借外丹法象而言，非眞有是物也。

迫促時陰，拘畜禁門；　遂相銜燕，咀嚼相呑。慈母育養，孝子報恩；　嚴父施令，教敕子孫。

「銜燕」二句，舊在下章，陸氏移置於此。

李註　此言結丹之後仍有十月火符。

補註　陰爐藥火，生各有時，當迫之促之以感其氣；　依準六候，運火歸來，則拘之畜之於禁密之門。又須朝朝暮暮抽鉛添汞，以乳哺胎嬰，有似乎銜燕而咀嚼者。從此逐月澆培，周遭神火，以養成嬰體。儼如慈母育養，而孝子報恩也。然母氣施養，常須父氣感召。

李云「驅使六子，迭運火符，又似嚴父施令，而教敕子孫者」；上陽云「禁門在兩腎中間」，即指土釜；慈母之恩，見易林；嚴父配天，見孝經。張紫陽眞人云「八卦互爲子孫」，蓋八卦具有五行，輾轉相生，即其子孫也。若金丹四百字所云「年年生箇兒，箇箇會騎鶴」，乃成功之後，嬰兒顯相，變化神通，初無待於教敕矣。

三五至精章第十一

另定標題。陶註　此論五行之理，而及龍虎交併。口訣在子午卯酉四句。

五行錯王，相據以生；火性銷金，金伐木榮。三五與一，天地至精；可以口訣，難以書傳。

王，去聲；與，一作爲；傳，傳旋一先韻與庚青通叶。

補註　此論五行生尅之至理。

陸註　太極判，兩儀分，陰變陽合，而生水火木金土，此五行生出之序也。錯王者，更錯而迭王，如木王於東，火王於南，金王於西，水王於北，土王於中，各乘四時之序，專其氣以成歲功。然錯王之中，又各依據以相生，如木依水以生，火依木以生，土依火以生，金依土以生，水依金以生，此常道之順五行也。若以丹道言，則逆尅而成妙用。丹法以汞求鉛，是火性銷金也；得鉛伏汞，是金來伐木也。火性銷金而金反和融，金來伐木而木反榮盛，是何故哉？蓋以五行一氣而已。分而爲五，則錯王以相生；合而歸一，則相親而相戀。故三五歸一，而金丹斯結焉。然三五如何會歸？此中口訣，書不盡傳。

李註　舉世皆知火能爍金，不知火中含土，坎宮之兑金一得土而益增其生息矣；舉世皆知金能尅木，不知金中含水，離宮之木汞一得水而反受其滋培矣。經云「恩生於害，害生於恩」，此之謂乎？

補註　三箇五合爲一，所謂「三家相見結嬰兒」也。三五何以稱天地？蓋河圖之數，一三五奇數屬天，其二四耦數屬地也。

按甄淑云：「採藥取生數，故舉河圖之三五，右轉東旋，卯酉主客是也；結丹取成數，故舉四象之老少，九還七返，八歸六居是也。」

子當右轉，午乃東旋；卯酉界隔，主客二名。東，一作左。

補註　此以河圖宮位，申明三五口訣也。從子右旋於西，水一金四成五；從午東旋於卯，火二木三成五；卯酉界隔東西，有戊己以聯主客，中宮土又成五。以三五而會歸於一，則火性銷金，金伐木榮，俱歸厚土，其丹由此結。口訣心傳，其在斯乎！白眞人地元眞訣云「東三南二兮，北一西四；戊己數五兮，一十五數」，其闡發參同，與悟眞相合。

陸註　子當右轉，金公寄體於西隣；午乃東旋，離火藏鋒於卯木。丹家所謂黑鉛水虎，赤汞火龍，良有旨也。契賦云：「青龍處房六兮，春華振東卯；白虎在昴七兮，秋芒兌西酉。」如此龍東虎西，界隔卯酉，分爲主客，則西者爲主，東者爲客。道德經云「吾不敢爲主而爲客」，悟眞篇云「饒他爲主我爲賓」，足以相發明矣。

補註　右轉東旋，就方位上取義，不在時辰上用功。所云主客，與常道不同。常道以卯爲主，丹道則以酉爲主。乘坎宮爻動，而離方與之交接，全以在彼者爲主也。若非時妄作，則陽驕陰佞而致凶矣。

龍呼於虎，虎吸龍精；兩相飲食，俱相貪併。併，去聲。

補註　此以震龍兑虎，申明東西主客也。龍呼於虎，卽是火性銷金；虎吸龍精，卽是金伐木榮；飲食吞併，又是卯酉主客合而爲一矣。子轉於酉，虎向水中生也；午旋於卯，龍從火裏出也。龍虎二弦之氣兩相呼吸，卽悟眞所云「西山白虎正猖狂，東海青龍不可當；兩手捉來令死鬬，化成一塊紫金霜」。驅龍就虎而不爲虎所吞噬者，煉己純熟故也。

熒惑守西，太白經天；殺氣所臨，何有不傾。貍犬守鼠，烏雀畏鸇；各得眞性，何敢有聲。鸇，天鸇隔句相叶；得，一作有；性，一作功；聲，傾聲亦隔句叶。

補註　此又旁引曲喻，以證龍虎貪併之意。

陸註　上四句援天象以相方，下四句借物類以相況。熒惑太白，天之金火二星。火入金鄉，則爲熒惑守西；金來伐木，則爲太白經天。凡殺氣所臨之處，則戰無不尅，故以象之。又貍犬守鼠，象汞之求鉛；烏雀畏鸇，象鉛之伏汞。

補註　何敢有聲，所謂「禽之制在氣」也。

李註　「與君說破我家風，太陽移在月明中」，此則「熒惑守西」也；「取將坎位心中實，點化離宮腹内陰」，此卽「太白經天」也。太陽之内，一點陰火精光，入於月明之中，爲水所傾，安得而不凝也；坎水之中，一點眞鉛之氣，入於離宮之內，與汞渾一，安得而不併也。

四象歸土章第十二

題用陸氏。**補註**　此章所云「三物一家」，乃申明「三五爲一」之意。其言金水木火、龍虎戊己，亦自上章而來。

丹砂木精，得金乃併；金水合處，木火爲侶，四者混沌，列爲龍虎；龍陽數奇，虎陰數耦。前二句疊韻。併，平聲；處，上聲；侶，與前句疊韻；列，一作合；奇，音基。

補註　此申上章三五之義。

陸註　此節言「四象不離二體」，下節言「五行全入中央」。

又曰　丹砂者，離宮眞汞也。午乃東旋，藏於木中，則爲木精。必得西方之金以制之，則木性愛金，金情戀木，和合交併，而成還丹。然西方之金，中有眞水，是金水合處也；丹砂木精，砂中含汞，是木火爲侶也。此四象者，分布則各守境隅，混沌則列爲龍虎。列爲龍虎，則龍居東方，木數得三，而龍陽數奇矣；虎居西方，金數得四，而虎陰數耦矣。惟奇耦相配，出於性情之自然，故呼吸貪併，妙合而成丹也。

朱子曰　丹砂木精，得金乃併，卽「姹女」「黃芽」之意。

補註　「四者混沌」，契文兩見。前指乾坤坎離，取先天卦位之四正，此指金水木火，取後天卦位之四正，其實一也。蓋以乾坤爲鼎器，則烏兔乃藥材；以水火爲男女，則龍虎乃弦氣。讀者當善參會耳。

混沌，言陰陽二氣絪緼和合；列，猶配也。

肝青爲父，肺白爲母；腎黑爲子，心赤爲女；脾黃爲祖，子五行始：三物一家，都歸戊己。母，滿補切，與女叶。

補註　此推言五行之理，而歸功於眞土也。上六句，五臟具而身全，言順生之五行；下二句，三五交而丹結，言攢簇之五行。肝青肺白，就一身中取象，木龍金虎也。金生腎水，木生心火，是亦金水合處，木火爲侶。木火歸重水土者，眞水爲丹母，土釜乃神室，所謂「四象五行全藉土，三元八卦豈離壬」也。

好古註　木生火女，陽中之陰，是曰己土；金生水子，陰中之陽，是曰戊土；金木二者俱從土生，故土又爲水火之祖。此後天五行之相生者。若論先天五行生出之序，天一生水，而後二火、三木、四金、五土各得生成變化，是子又爲五行之始。

陶註　金水木火，必歸戊己之宮，方能混沌而結丹，故曰「三物一家，都歸戊己」。猶前章云「皆稟中宮，戊己之功」也。**按**　三物，指金木與土；一家，謂陰陽同類。

補註　戊己之土，有體有用。初時求藥，須用戊己之門；後來得藥，總歸戊己之宮。

陰陽反覆章第十三

題用陸氏。 李註 上節專論鉛龍汞虎之性情，下節直露鉛龍汞虎之底蘊矣。

剛柔迭興，更歷分部； 龍西虎東，建緯卯酉； 刑德並會，相見歡喜。

更，平聲； 分，音問； 部，一作布； 東，音登，與興相叶； 酉，音以，與喜相叶。

補註 此又申明前章卯酉主客之意。

乾剛坤柔，此陰陽定分也。藥取二弦初氣，則剛興之際，求鉛於西； 柔興之際，伏汞於東。更歷分部，而龍西虎東矣。

卯酉界隔，此春秋定分也。火調二分中氣，則建卯主德，刑亦相會； 建酉主刑，德亦相會。是刑德並會，而相見歡喜矣。

「更歷分部，龍西虎東」，見二物互爲主客也； 「刑德並會，相見歡喜」，又見卯酉之月，晝夜平分，温涼適中，主客正可歡喜也。

刑主殺伏，德主生起；二月榆死，魁臨於卯；八月麥生，天罡據酉。

殺伏，一作伏殺；卯，叶米；酉，叶以。

補註　此又推明卯酉刑德之故。夫刑主殺伏，德主生起，性本不同，何以並會？蓋以二月榆死，而河魁臨卯，德中有刑故也；八月麥生，而天罡據酉，刑中有德故也。

陶註　何謂德中有刑？二月建卯，而月將爲河魁，取卯與戌合，戌有辛金，殺氣猶存也。何謂刑中有德？八月建酉，而月將爲天罡，取酉與辰合，辰藏乙木，生氣猶存也。故謂之刑德並會。

李註　二月春分，鉛龍之氣已到天地之正中，是丙火沐浴之時，庚金受胎之處，宜乎榆莢落也；八月秋分，汞虎之氣亦到天地之正中，是壬水沐浴之時，甲木受胎之處，宜乎薺麥生也。

上陽註　世人但聞沐浴爲卯酉，豈能明刑德之故？德與生，即半時得藥之比；刑與殺，即頃刻喪失之喻。德中防刑，害生於恩也；刑中有德，害裏藏恩也。

補註　卯酉沐浴，丹家皆云卯酉兩月停火不用。據參同言「刑德並會，相見歡喜」，此悟眞篇「刑德臨門」所自來也。夫春和秋爽，正當溫養之際，豈可云停爐息火乎？上陽子以半時得藥爲德生，頃刻喪失爲刑殺，其於卯酉沐浴之法，洞然明白，兼可知沐浴在時不在月也。

子南午北，互爲綱紀；一九之數，終而復始；含元虛危，播精於子。復，扶又切。

補註　此復言臨爐交媾之法及乘時採藥之方。

陸註　子者，坎水也，水居北而翻在南；午者，離火也，火居南而翻在北。蓋柔上而剛下，小往而大來也。常道以陽爲綱，陰爲紀，今皆反之，故曰互爲綱紀。

又曰　一九之數，水中金是也。水之生數爲一，金之成數爲九，惟此金水，互相含蓄，遍歷諸辰，循環卦節，莫非眞氣之妙用。故一九之數，終而復始，其交會之際，則含元於虛，而播精於子矣。子者，亥子之間，貞元之會，時至機動，正在於此。上文論丹法，此直指丹母，尤爲肯綮。

上陽註　「含元」「播精」，丹道神功在此二句。蓋虛危之次，乃日月合璧之地，一陽初生之方，龜蛇蟠結之所，先天元氣在焉。其眞精遇子則播施，卽前章「子五行始」之義也。

陶註　虛危二宿，當子位之中。子時，一陽初動處也。含元屬先天寂然不動、杳杳冥冥、太極未判之時，「日月合璧虛危度」是也；播精屬後天感而遂通、恍恍惚惚、太極已判之時，「雪山一味好醍醐」是也。先天惟有一氣，後天始化爲眞精，而雄陽播施，乃居於子。

俞註：「一九之數，取洛書戴九履一，其用在水火也。」按：前章水數名一，及九還七返，皆主河圖言，況下文虛危與子，正指水金所生之處，何必別引洛書耶？

陸西星曰　此章備言丹法顚倒互換之妙。其東入西隣，西歸東舍，女居男位，坎在離鄉，如此顚倒反覆，更易互換，迥異常道，所謂「掀翻斗柄，逆轉璇璣」。非止一端，此條備而言之，不過欲人洞曉深達，遠求近取，得乎先天眞一之氣而已。

以類相況章第十四

另起標題。　**補註**　前章之龍虎，後章之父母，皆是以類相況之意。

不得其理，難以妄言；竭殫家產，妻子饑貧。自古及今，好者億人；訖不諧遇，希有能成。廣求名藥，與道乖殊；如審遭逢，覩其端緒；以類相況，揆物終始。

言，魚巾切；貧，一作寒；好，上聲；成，叶如陳；殊，叶上聲；審，一作有。

補註　此承上一九終始，欲人求丹於同類也。

陶註　世間學者，不明五行正理，不遇眞師傳授，枉費家產，涉入傍門，總與丹道乖殊，終無成理。故必逢明師，以尋端緒。若知同類施功，則藥物之始終在是矣。此乃引起下文語。

父母滋禀章第十五

題用陸氏。　**補註**　丹法男女可以顛倒，父母亦可顛倒，知顛倒爲正道，能成上品仙眞。

五行相尅，更爲父母；母含滋液，父主禀與。凝精流形，金石不朽；審專不洩，得成正道。

更，平聲；　父母，母，滿補切；　朽，眞語切；　成正，一作爲成；　道，動五切。

陸註　前章以五行逆尅而分主客，此又以五行逆尅而配父母，皆發丹道未盡之蘊。

又曰　陰陽男女之道，施者爲父，受者爲母，故母含滋液以統化，父主禀與而播施。若作丹之法，金受火燒，火炎水沸，是木火主施而金水主受也；　及得藥歸鼎，金伐木榮，舉水滅火，是金水主施而木火主受也。受則爲母，施則爲父，盜機逆用，而成還丹，則凝神成軀，而萬劫不壞，如金石之永固矣。然精凝之後，仍須審專不洩，以底於成功。審專者，至誠專一，候其藥符也；　不洩者，蒂固根深，守其命寶也；　所謂正道，不過陰陽得類而已。

李註　乾父身中一點陰火精光，透入坤腹，被坤中壬水一尅一合，化爲一點戊土。煉土能將這點戊土，取送中宮，汞中癸水被其一尅一合，登時仍化爲水，由是之後，汞纔乾也。汞乾卽金丹，此丹乃靈父聖母更相接制而作丹頭。既得金丹，則精凝而流形矣。再加十月火符，審察消息，專心調理，不烹不洩，自成最上一乘之道。

補註　凝精，乃先天大藥；　審專，用逐月火符；　成道，則始終之事畢矣。　稟與，以所稟者與之也。

易傳　品物流形。

立竿見影，呼谷傳響；　豈不靈哉，天地至象。若以野葛一寸，巴豆一兩，入喉輒僵，不能俯仰。當此之時，雖周文揲蓍，孔子占象，扁鵲操鍼，巫咸扣鼓，安能令甦，復起馳走。

見，音現；　至，一作舒；　僵，音姜；　令，平聲；　甦，音蘇；　復，扶又切；　走，子與切。

補註　此言得藥成丹，效可立見也。

陸註　上四句，喻感召之至靈；　下數句，喻伏食之至神。蓋先天一氣，來自虛無，召之自我，其無中生有，實裏造虛，真如立竿呼谷，而影響之隨至。且得此靈藥，則命由我立，天不能奪。觀乎人服毒藥，雖聖哲不能使之復甦；　知人服大藥，雖鬼神不能使之忽殞。今人於殺人之藥，不敢輕試，乃於長生之藥，漫不見信，一何昧哉？

枚乘七發　扁鵲治內，巫咸治外。　史記　扁鵲，姓秦氏，名越人，得長桑君禁方，視疾盡見五臟。　列子　鄭有神巫，自齊來，曰季咸，知人生死存亡、福禍壽夭。

姹女黃芽章第十六

題用陳氏。　陶註　此章極論陰陽配合自然之道。　陸註　乃煉丹初基，後三條總言採藥須求同類也。　蒲團子按　所引陶註，見陸氏測疏，不見於陶氏脈望；　所引陸註，不見於陸氏測疏與口義。

河上姹女，靈而最神；得火則飛，不見埃塵。鬼隱龍匿，若知所存；將欲制之，黃芽爲根。此章亦用古韻通叶。

補註　此言眞鉛制汞，申明流珠得金也。

陸註　姹女，靈汞也，此汞屬於離宮；午之分野爲三河，故云河上。自離火一動，則飛走無蹤，如鬼隱龍匿，而莫知其鄉矣。汞謂之靈又謂之神者，靈則感而遂通，神則無方無體。惟其最靈最神，故難以攝伏，必得坎中黃芽，方能制之。黃者，中黃之氣；芽者，爻動之萌。究其實，則眞鉛而已。以此爲根，則情來歸性，而丹基於斯立矣。

李註　河上姹女，卽砂中木精，卽太陽流珠，卽離中己汞。河者，坎象也。常道交感，離處坎上，故離火稱爲河上。金丹大道，實要性命雙修，陰陽並用。曲士不明此理，執著無爲，避色獨修，希圖汞死，在蒲團之上不見可欲，此心或可强制，及其當境，慾火內燒，莫之能遏。更有傍門，執著有爲，戀色採戰，强閉尾閭，謂汞不可洩。殊不知汞乃神物，慾火內燒，早已飛去。況此物最靈最神，如龍如鬼，合則成體，散則成風。其去也，非塵非埃，無蹤無影，故欲制之，非黃芽不可。黃芽者，卽坎中之戊土，水中之金華。

物無陰陽，違天背元；牝雞自卵，其雛不全。夫何故乎？配合未連。三五不交，剛柔離分。

背，音悖；夫，音扶；分，膚眠切，音篇。

補註　此申明鉛能制汞之故。

眞鉛伏汞，乃陰陽配合自然之道。使物無陰陽，是違造化之天，背生物之元，何以成生育之功乎？嘗觀牝雞自卵，覆雛不成，爲其孤陰無陽也。無陰陽則無配合，無配合則三五不交，而剛柔離分矣。必三五交，剛柔合，而人物乃生生不息，此陰陽之所以不可缺一也。

三五者，水火木金土各有三箇五也，詳見前篇「三五與一」。

上陽註　欲牝卵生雛，當午盛水，曝而温之，假借陽炁，雛亦可成，終非陰陽自然之道。

施化之道，天地自然；火動炎上，水流潤下。非有師導，使其然也；資始統正，不可復改。道，一作精；火動炎上，一作「猶火動而炎上」；水流潤下，一作「水流而潤下」；下，叶音午；也，叶音以，一作者；復，扶又切；改，苟起切。

補註　此以造化水火，明陰陽自然之理。

陸註　雄陽播玄施，雌陰統黃化，其一施一受，乃天地自然之氣機。猶夫火動炎上，水流潤下，稟性如是。孰導之使然哉？自乾坤始生以來，實一定而不可改易者。

補註　丹取坎離相濟，因火上水下，而行顛倒坎離之法，無非順其本性耳。資始者，因氣託初；統正者，賦形有定。

觀夫雌雄，交媾之時，剛柔相結，而不可解。得其節符，非有工巧，以制御之。男生而伏，女偃其軀；稟乎胞胎，受氣元初。非徒生時，著而見之；及其死也，亦復傚之。此非父母，教令其然；本在交媾，定置始先。

夫，音扶；時，上紙切；結，一作糾；解，舉履切；節符，一作符節；制御之，之，叶魚韻；偃，陸云「當作仰」；見，音現；復，扶又切；令，平聲。

補註 此以男女死生，明陰陽配合之理，所謂「揆物終始」也。觀雎雄二者，交媾之時，剛合於柔，遂結胎而不可解。蓋因月中節候，兩相符合，遂以成孕，初無工巧爲之制御也。故男生必伏，女生必仰，自其稟胎之初，陽氣內抱而陰氣外向也；及其溺水而亡，男浮必伏，女浮必仰，亦由俯仰交媾，定氣於始遂肖形於後也。由是觀之，知順以成人者，只此二氣之相感，則知逆而成丹者，亦惟二氣之相通矣。

陸註 丹家配合陰陽，運行日月，使剛柔之氣互相糾結，亦非別有工巧，不過得其符節而已。節謂水火之節，符謂藥生之符。得其符節，則一時半刻之間，可以立就還丹，不可解則凝而至堅矣。其時一得永得，卽所謂定置於先，不可改易者。凡胎聖胎，初無二理。

牝牡相須章第十七

題用陸氏。**陶註** 此章發明一陰一陽之道，亦承上章而申足之。

關關雎鳩，在河之洲；窈窕淑女，君子好逑。雄不獨處，雌不孤居；玄武龜蛇，蟠虯相扶。以明牝牡，意當相須。洲，雖於切；逑，强於切；處，上聲；扶，一作拘；意，上陽作意，諸本作竟。

陸註 此章引詩，以明同類相從之意。蓋金丹大道，不過一陰一陽盜機逆用而已。孤陰不生，獨陽不成，觀之人物，莫不皆然。世人不能洞曉陰陽、深達造化，執著清淨無爲之道，謂一身自有陰陽，實昧於性命雙修之法。眞人作經，既明日月交光之意，又明牝牡相求之理，反覆譬曉，千言一旨，至引「關雎」之始，直指鼎器藥物之所在矣。淑女君子，以聖配聖，若不煉己待時，徒狃於日用之凡情，而妄有作爲，則失好逑之義，而非還丹之旨矣。

玄武，水位，龜蛇所居。子女言人，雌雄言禽，牝牡言獸，龜蛇言蟲介，各從其類也。他章有以雌雄牝牡直指爲人者。

假使二女共室，顏色甚姝。蘇秦通言，張儀合媒；發辯利口，奮舒美辭；推心調諧，合爲夫妻；敝髮腐齒，終不相知。蘇秦通言，一作「令蘇秦通言」；媒，蒙脂切。

陶註　此以人道之失類者證明丹道也。

補註　孤陰不可以結胎，則知獨陽不可以成道矣。李云「丹士但知用坤，而不知用乾，故發此論」，却非本文之意。

若藥物非種，名類不同；分兩參差，失其紀綱。雖太乙執火，黃帝臨爐；八公擣煉，淮南調治。立宇崇壇，玉爲階陛；麟脯鳳腊，把籍長跪。禱祝神祇，請哀諸神；沐浴齋戒，妄有所冀。亦猶和膠補釜，以硇塗瘡；去冷加冰，除熱用湯；飛龜舞蛇，愈見乖張。種，上聲；同，徒黃切；分，音問；兩，一作刻；參，初金切；差，初宜切；「太乙執火，黃帝臨爐」，他本作「黃帝臨爐，太乙執火」，二句上下互調，方可叶韻；治，叶音胎，舊作合，於韻不協；腊，一作臘；妄，一作冀；冀，叶音紀，一作望，叶平聲；硇，音橈，有毒；去，上聲。此段用四轉韻。

陶註　此以外丹之異類者證明金丹也。

李註　同類之藥，乃眞鉛眞汞，捨此同類而燒煉金石，實與生身立命之根天地懸隔。

補註　金丹煉藥，取其同類，又須審其分兩。若離却金丹，煉天元而求神助，徒見其愚妄乖謬而已。

太乙，天之貴神；八公，淮南王丹客。

自「五行相尅」至此，連章設喻，文氣相承，當翫其次第接續。舊本頗失前後之宜。

後序孔竅章第十八

標題另定。 |陶註 此重叙承先啟後之意。 |姜註 此爲全經之亂辭，猶云關雎之亂。

惟昔聖賢，懷玄抱眞；伏煉九鼎，化跡隱淪；含精養神，通德三元；津液腠理，筋骨緻堅；衆邪辟除，正氣常存；累積長久，變形而仙。

元，虞雲切，一作光；津液，一作精溢；堅，姑冝切；辟，音壁；存，從倫切；累積，一作積累，累，上聲；變，一作化；仙，斯人切。

補註 此言先聖煉藥修眞之事。懷玄抱眞，一語包攝内外；伏煉九鼎，外資眞一之氣；含精養神，内修古德之功。此聖人性命雙修之大道也。

|上陽註 煉金丹於九鼎，乃伏先天之氣，非服金石草木之藥。

補註　鼎指同類。鼎器必須九品者，煉己得丹，符火溫養，皆取資於鼎中也。眞者，先天之元氣；精者，吾身之元精；神者，吾身之元神。得其眞一之氣，方可含而養之。含養之至，則沖和完粹，而三元德成矣。

三元，指精氣神。紫陽眞人曰：「煉精者，煉元精，非淫泆所感之精；煉氣者，煉元氣，非口鼻呼吸之氣；煉神者，煉元神，非心意思慮之神。」

上陽註：「化跡隱淪，謂韜光藏形，以俟成功。」陸云「化跡輕舉」，與下「變形」重複矣。

陶註　得藥之後，盡剥羣陰，純陽體乾，始而易氣，次而易血易脈，次而易肉易髓，次而易筋易骨，次而易髮易形。能變形，則成神仙矣。

陸註　丹列三元，謂天元、地元、人元也。天元名神丹，神室之中，無質生質，煉藥成神符，入口生羽翰，乃高聖妙眞，神化莫測之事；人元名大丹，陰陽得類，盜機逆用，含精養神，嬰兒顯相，乃志士大賢，返還歸復之道；地元名靈丹，乃爐火點化之術，其法可以助道，不可以輕身。三元一理，其德相通，參同所言皆人元之事，使人易知易行，非若外鼎神丹，係於天地鬼神，不可必得者。

憂憫後生，好道之倫；　隨傍風采，指畫古文；　著爲圖籍，開示後昆。露見枝條，隱藏本根；託號諸名，覆冒衆文。學者得之，韞櫝終身；子繼父業，孫踵祖先。

好，去聲；　傍，去聲；　古文，一作古今；　爲，一作於；　見，音現；　冒，舊作謬，朱作冒；　櫝，一作匱；　先，斯人切。

補註　言先聖道成之後著書垂教也。

陸註　聖賢既以此道成己，又不忍獨善其身，憂憫後來好道者，不遇眞師，無從印可，於是依傍前人之風采，指畫古人之遺文，著爲圖象簡籍，以開示後昆，其用意深切矣。然文不敢直洩其義，故外露枝條，而隱藏其本意，假託名號，以覆冒乎衆文，皆借象寓意，以留傳此道。學者得之，韞櫝終身，世守勿替可也。

上陽註　陰符而下，列聖相繼，載於經者，文王周易，以乾坤列易卦之門，咸恒著夫婦之道；孔子十翼，明「乾動而直」「坤靜而翕」之義；道德五千，明「有」「無」「玄牝之門」。皆所謂「露現枝條」「託諸名號」者，其所藏本意，必資於口授也。

姜註　丹經所言日月男女、龍虎水火，皆當於寓言中求之。

補註　覆冒衆文，謂用許多文辭覆冒其理。傳云：「覆冒陰陽之道。」舊作「覆謬」，斷誤。

舉世迷惑，竟無見聞；遂使宦者不仕，農夫失耘，商人棄貨，志士家貧。吾甚傷之，定錄此文；字約易思，事省不繁。披列其條，核實可觀；分兩有數，因而相循。故爲亂辭，孔竅其門；智者審思，用意參焉。舉，一作傳；仕，一作遂；易，音異；繁，音文；觀，俱均切；分，音問；參，一作觀；焉，叶於勤切。

補註　此魏公自叙作書本意，所以繼往開來也。自丹道失傳，傍門誤世，遂使四民失業，亡資破家。仙翁傷憫及此，乃復定錄斯文，發明金丹易簡之道。若能據其枝條，以探其核實，知所陳藥物，各有分兩，亦可循此而尋其端緒矣。又於卒章，特示孔竅，是在智者精思熟慮，參求而得其指歸焉。

王九靈曰　首章提出鼎器藥物及諸卦火候，後如「知白守黑」，直揭藥物之所産；「垣闕蓬壺」，備陳鼎器之規模；「晦朔合符」，指示火候之進退。故曰「字約易思，事省不繁」。

李註　魏先生深憫後生迷惑，而作參同契。其文章雖則高古，丹法極其精詳。所設許多名象，分散各篇中者，或披枝條於前章，或列核實於後段，或正論煉丹忽參一段結胎，或正講命根突插幾句性宗，所謂亂辭，大概如此。

補註　故爲亂辭，舊云故意錯亂其辭，非也。眞人作經，豈肯亂語垂世，枉費後人心思？黃瑞節云：「亂辭，如楚辭亂曰之類，篇帙將終，而又微露本旨也。」

何謂孔竅其門？即老聖所云「玄牝之門」，高氏所云「戊己之門」，鍾離所云「生死門户」是也。傳又云「此兩孔穴法，金氣亦相須」，可謂微而顯矣。能得其孔竅，則全書竅會，可一以貫之，此即其口訣心傳也。

陸註　此章「審思」二字，最爲讀契之肯綮。管子曰「思之思之，又重思之，思之不通，神明通之」，契云「千周燦彬彬兮，萬遍將可睹；　神明或告人兮，心靈忽自悟」。今人不能熟思詳味，便謂此書難讀，豈不有負仙翁開示後昆之意哉！

陳致虛上陽子曰　契文既指同類，又明孔竅，見一陰一陽必資交感，一牝一牡方得化生。爲是書者，乃洩天地造化之機，萃乾坤生育之德，煥日月交光之理，漏陰陽逆施之功。易曰：「與天地合其德，日月合其明，四時合其序，鬼神合其吉凶。先天而天弗違，後天而奉天時。」主此道者，聖人也；　行此道者，神人也。此書在處，天地神祇，日月星辰，雷霆萬神，常切扈衛。上賢敬受，誦至萬遍，眞仙降庭，告以上道；　若彼下愚，妄生謗毀，則有鬼神陰錄其過，註於黑籍，永入幽陰之府，長墮苦海之中。福善禍淫，昭然無忽。

古本周易參同契集註卷下

漢徐公從事著　甬江知幾子集註

徐從事傳文序

徐公嘗爲青州從事，得魏公親傳而作註。據楊慎序，徐公，名景休。

參同契者，辭寡而道大，言微而旨深；列五帝以建業，配三皇而立政。

寡，依魏序作寡，抱一子作隱，或訛爲陋；微，淺也，亦作奥，非；皇，當作王；政，音征，與下文「平」字相叶。

補註　此言魏公作契，本前聖以立言，見其信而有徵也。道大，謂理貫天人；旨深，謂學窮性命；五帝，指伏羲、神農、黄帝、堯、舜，伏羲畫八卦，黄帝著陰符，二聖爲道家之祖也；三王，謂夏禹、商湯、周文王，連山首艮，歸藏首坤，周易首乾，三代皆闡明易理也。若以三皇爲三墳，不應先帝而後皇。

若君臣差殊，上下無準；序以御政，不致太平。伏食其法，未能長生；學以養性，又不延年。御，一作爲；致，一作至；平，以上四句拈韻；「伏食其法，未能長生」，一作「配以服食，其法未能」；生，松宜切。

此解魏序「羅列三條」之意，恐學者未明其作法也。差殊，謂藥物不相配；無準，謂地天不交泰；御政而非太平，不用鼎新故耳；伏食而弗長生，不循五行故耳；養性而失延年，不能抱一故耳。故黄老之説，當與大易參觀。

至於剖析陰陽，合其銖兩；日月弦望，八卦成象。男女施化，剛柔動静；米鹽分判，以易爲證。易，一作經；證，以上各四句轉韻。

此言讀契者，準易以用功，始知其道大而旨深也。剖陰陽，謂精氣相須；合銖兩，謂二八相當；日月弦望，知六候之消息；男女動靜，見乾直而坤闢； 米鹽分判，言易中纖悉詳明，如十二月卦律，六十卦火符是也。

史記天官書「凌雜米鹽」，正義云「米鹽，細碎也」。

用意健矣，故爲立法，以傳後賢； 惟曉大象，必得長生，强己益身。爲此道者，重加意焉。

法，朱子作註； 身，斯連切，已上各三句叶韻； 此，一作吾。

上文所言，皆金丹正法，故當奉爲修道之準。用意立法，指魏公經文，後云「作事令可法，爲世定此書」，亦同此義，朱子改「立法」爲「立註」，涉傳者自誇，語氣不相似； 大象，謂牝牡四卦及屯蒙始終，依此採藥行符，則性命雙修，而長年自可致矣。

彭曉註 魏公以書秘授青州徐從事，令其箋註，徐乃隱名而註之。 疑此序爲徐從事所作，註亡而序存耳。

補註 舊傳此序爲魏公贊詞。 按魏原序，詞氣謙雅，必無誇張自贊之理。 彭謂註亡而序存，其實註未嘗亡也。 以四言還經，以五言歸傳，各拈韻語，自爲次第，特因經、傳混淆，彼此重複，遂疑註不可見耳。註以韻語釋經，解意不解字，脱除訓詁舊習，文字最爲古勁。

五言傳文

杜氏亦分爲三卷，今參同諸家，秩其次第，併列序文，定爲一十八章。

前五章援易辭作散文，爲發端引子，以存註疏之體；餘皆五言成句，變經文而自爲傳文也。經文間有五言，傳文間有四言，翫文氣之相連，考音韻之相協，知錯綜處各有部署矣。

牝牡四卦章第一

此章援易卦以明丹道，綱舉目張，乃發揮經文首章之意。此下諸章，皆是分釋經文。陶註　此揔論作丹大旨。前一節言藥物，然採取之時，以火而致藥，藥中有火焉；後四節言火候，然温養之日，得藥而行火，火中有藥焉。

乾坤者，易之門户，衆卦之父母；坎離匡廓，運轂正軸。牝牡四卦，以爲橐籥，覆冒陰陽之道。猶御者之執銜轡，有準繩，正規矩，隨軌轍。母，滿補切；廓，舊本多作廓；以，一作互；猶御，一作猶工御；「執銜轡，有準繩」，一作「準繩墨，執銜轡」，今從陸西星本；轍，叶音鵲，與籥相叶。

補註 傳文首舉四卦，卽經文「乾剛坤柔」「坎離冠首」之意；「御者」四句，卽經文「龍馬就駕」「明君御時」之意。以傳釋經，顯然易見。舊列上卷開章，誤矣。

乾坤二卦，三奇三耦，自奇耦立，而諸卦之交易變易皆出於其中，是乾坤爲易之門户也；乾坤生六子，震坎艮三卦皆本乎乾，巽離兑三卦皆本乎坤，是乾坤又爲衆卦之父母也。

六子皆本乾坤，獨坎離二卦得其中畫。丹家取坎塡離，專藉乎此。故以坎離分言之，坎中實而外包以陰，離中虛而外包以陽，如器之有匡，城之有郭也；以坎離合而言之，坎體外陰而可受陽，離體外陽而能貫陰，如凑輻之有轂，貫轂之有軸也；再揔四卦言之，乾者純陽牡卦，坤者純陰牝卦，坎離者中陽中陰牝牡相交之卦，故謂之牝牡四卦。以此四卦之陰陽，兩相配合，猶冶人之鼓爐，橐籥相須也。乾坤爲橐籥之體，坎離爲橐籥之用，四卦互爲橐籥，則可以運行火符，始終出入，而覆冒乎陰陽之道矣。

然軸能貫轂，而運轂者必有一定之成法，猶御者之執銜轡而奉準繩，正規矩而循軌轍。御馬有法，則可以得心應手，而無覆轍之虞； 御鼎有方，則可以隨心應節，而無烹爐之患。此乃設喻，以起下文「處中制外」之意。

朱子曰　乾坤位乎上下，而坎離升降於其間，所謂「易」也。「覆冒」以下，言人心能統陰陽，運轂軸以成丹也。銜轡，謂所以使陰陽者； 繩墨，謂火候； 軌轍，指升降之所由。

陸註　乾坤者易之門户，便是以乾坤爲鼎器； 坎離匡廓，便是以烏兔爲藥物。

補註　乾坤二卦，純陰純陽； 坎離二卦，中陰中陽。四卦不可以反對，故特尊之爲鼎器藥物，而以餘六十卦運爲火符。

李註　門户者，所以出入往來，有奇耦之象焉。一（音奇）畫爲乾户，卽所往之路； 二（音耦）畫爲坤門，卽所來之路。惟此奇耦相配，上下二竅，爲玄牝之門，天地之根，交易之路。

補註　「轂」「軸」二字，與「門户」「橐籥」例看，亦取牝牡之義。蓋車上軸頭正固，方能運轂，猶人身劍鋒剛健，方能御鼎。軸指下峯崑崙，不指中心主宰，下文「處中制外」纔言及正心。陸氏謂「運轂正軸，見萬事萬物，皆本於心」，説尚未當。

陸註　橐籥者，配合乾坤，運行坎離，其中眞氣，相爲流通。然四卦者，卽六十卦之綱領。四卦運，則六十卦皆在其中。而是藥者，又卽是火矣。覆冒陰陽之道者，丹道不外乎陰陽，陰陽不離乎藥火，藥火不出乎四卦。又借上文運轂之義而喻諸御事，以見御鼎之有法度也。

運轂者，在馬則有銜轡準繩，在行則有規矩，在途則有軌轍，皆一定之成度。善御者，能心閑體正，則六轡在手，而動無覆敗之虞矣。丹法亦猶是也。

上陽子註　橐象坤之門，籥象乾之户。橐籥之道，順之則生人而生物，逆之則超凡而入聖。

補註　經文之末，標出「孔竅其門」。此章言門户，言牝牡，言轂軸，言橐籥，皆所謂

「孔竅」也。

易傳曰「乾坤其易之門耶」，又曰「闔户謂之坤，闢户謂之乾」，又曰「乾爲父，坤爲母」，此「門户」「父母」所本也；道德經曰「三十輻共一轂」輻乃車輪之幹，轂乃凑輻之内圜，軸乃貫轂之横木，又曰「天地之間，其猶橐籥乎」橐籥乃爐冶所用者，橐其鞴囊，籥其氣管也，此「轂」「軸」「橐籥」所本也；列子「泰豆氏學御於造父，正度於胸臆之中，而執節於掌握之間，内得於中心而外合於馬志，是故能進退準繩而旋曲中規矩。得之於銜，應之於轡；得之於轡，應之於手；得之於手，應之於心。然後輿輪之外，可使無餘轍」，此「準繩」四句之所本也。舊註將「繩墨」「規矩」屬「良工」，「銜轡」「軌轍」屬「御者」，未合本文。

處中以制外，數在律曆紀。月節有五六，經緯奉日使；兼并爲六十，剛柔有表裏。處，上聲；使，當讀去聲，叶韻從上聲。

補註　此釋經文「辰極處正，優游任下」「六十卦用，各自有日」也。煉士必先安靜虚無，養性於中，方可按候臨爐，採藥於外。其處中以制外，正如御者之正心以馭馬也。外之所制者何？鼎上火符是也。凡藥火之生，各有時候，必依十二月之曆，十二辰之律，以紀火候之數。若按月而言，五日逢一候，一月凡六候，是「月節有五六」也；又按日而計，一日用兩卦，三十日用六十卦，是「兼并爲六十」矣。

丹家運火之法，則有經有緯，有表有裏。經者，六候之金水，各有定期；緯者，每日之火符，更番迭用也。內體屬屯，得陽金以爲裏；外用屬蒙，得陰水以爲表也。經緯象之於布，取其縱橫之相湊；表裏象之於衣，取其配合之適均。此數語，足該盡金丹要訣矣。

陸註　此條「中」「外」二字，分明露出藥自外來，丹由中結之意。奉日使者，元化之宰，每日必以使者值符。丹法朝屯暮蒙，經緯互用，亦如奉日之使也。經指月節，緯指日辰；緯之所用，皆本於經。一日之中，六時進火，是謂用剛；六時退符，是謂用柔。剛者爲裏，則柔者爲表。此取陰陽符合之意耳。

曆律紀，謂準曆律以紀歲時之火候。陸氏引十二年爲一紀，未合；引參同契「龍西虎東」爲經，又引悟眞篇「前短後長」爲緯，皆於本文不切。

李註　喜怒哀樂未發謂之中，處中卽守中。人到一念不起之際，自有一顆本來清淨心當空顯象，此心卽中也。認得此中，尋常顧諟，謂之守中。能守中，則內煉功純，天君泰定，方可按期採取，所謂「內通外亦須通」。

「律曆」一句，於每日鼎器中，推測金水兩般之火候。且如一年之曆數有十二會，每一會之氣有六候。六候之內，惟晦朔兩候之間，一陽之氣纔有萌動之機，此須律曆以定其紀綱也。李氏尤重在晦前朔後。

朔旦屯直事，至暮蒙當受；晝夜各一卦，用之依次序；既未至晦爽，終則復更始。受，上與切；依，一作如；晦，一作昧，非；復，扶又切；更，去聲。

補註　此釋經文屯蒙火候，以申「兼并六十」之義也。

陸註　此舉一月之火候以準一年。

陶註　朝屯暮蒙，取其卦畫反對；一順一逆，以象藥火之升降。朝則自下而上，暮則自上而下，每日兩卦，一剛一柔，一表一裏，依次而用。自初二日需訟，至三十日既未，各兩卦值事。至次月之昧爽，終而復始，又爲朔旦也。

又曰　此借易卦以明温養火候，非眞逐日換卦，按時分爻。但舉屯蒙二卦，可以該其餘矣。故悟眞云：「此中得意須忘象，若究羣爻漫役情。」

補註　此言逐月澆培之事。築基温養，前後皆須用之。朝乃陽升之事，故當進陽火；暮乃陰降之時，故當退陰符。陽取震兑乾，陰取巽艮坤，引經以入緯，正於此際用之。

日辰爲期度，動靜有早晚。春夏據内體，從子到辰巳；秋冬當外用，自午訖戌亥。

辰，一作月；晚，叶米；巳，叶紀；亥，叶音起。

補註　此釋經文「四時順宜」，以申剛柔表裏之意也。

陸註　此舉一日之火候，而一月一年可知矣。

又曰　上言丹法，既以卦數值日矣，至其温燠涼寒之度，又以日辰準之。蓋火候順時令，乃陰陽進退自然之消息。一日之中，六時進火，自子至巳，卽四時之春夏；六時退符，自午訖亥，卽四時之秋冬。進則陽氣發生，有取於動，用前一卦以應春夏，則屯爲內體；退則陰氣收斂，有取於靜，用後一卦以應秋冬，則蒙爲外用也。內外卽表裏之意。

朱子曰　春夏謂朝，秋冬謂暮。內體謂前卦，外用謂後卦，此六十卦之凡例也。

補註　此從十二時辰，中分火符界限，各尋金水一度，不必拘於子午寅申矣。

賞罰應春秋，昏明順寒暑；爻辭有仁義，隨時發喜怒；如是應四時，五行得其序。怒，暖立切；序，古韻紙與語麌通協，一作理。

陸註　此乃總結，明丹道之與天道、易道，無不相準。蓋賞罰喜怒者，火候文武慘舒之用也。天道春一噓而萬物以生，秋一吸而萬物以肅；易書卦爻，喜而扶陽，怒而抑陰，莫非消息自然之理。丹法進火退符，一準是道，故昏則宜寒，爲罰爲怒；明則宜暑，爲賞爲喜。一日之中，而四時之氣俱備，皆要順其自然，非有所矯揉造作於其間者。如是，則身內之五行，各得其序，而丹道可冀其成矣。

補註　春秋寒暑，天之四時。丹家火候，以文武爲賞罰，而進退於旦昏，此其上合天時者；且當仁施德，在義設刑，其隨時發爲喜怒者，又與易爻之仁義相符。此釋經文「二至」「二分」「仁義」「刑德」也。四時各有土，是即五行。

易傳　立人之道，曰仁與義。

乾坤二用章第二

題用陸氏。**補註**　乾坤二用，即坎離也。四卦只是二物，對待者爲乾坤，交易者爲坎離。陰陽配合，則化機運行矣。周流六虛，正二用之交易以成功者也。

天地設位，而易行乎其中矣。天地者，乾坤之象也；設位者，列陰陽配合之位也。易謂坎離。坎離者，乾坤二用。

補註　此釋經文「日月爲易，剛柔相當」也。

陶註 此章亦引易傳以發端，以「陰陽配合」解「設位」，以「坎離」解「易」。易合日月而成字，故謂坎離也，分明指出乾坤大用全在坎離。蓋先天卦位，乾南坤北，今二老退居不用，而代之以坎離，則後天之用行矣。乾坤其先天之體也，坎離其後天之用也，故曰二用。

陸註 何謂二用？蓋坎離者，乾坤相交而成者也，邵子曰「陰陽之精，互藏其宅」，深得坎離二卦之旨。蓋乾交於坤中乃虛而成離，坤以時行中故動而成坎，乾坤成配合之體，坎離妙運行之用。觀之天地設位，日月交光，而森羅萬象皆由此出。無坎離，是無日月也。天地不能無日月，丹法不能外坎離。其在吾人，則恍恍惚惚，其中有物者，離之精也；杳杳冥冥，其中有精，其精甚眞，其中有信者，坎之精也。如此指示，大煞分明，要在吾人盜其機而逆用之耳。

李註 日月乃天地之水火，坎離乃乾坤之水火。日月行乎天地之間，乃天道之易；坎離行乎乾坤之間，乃人道之易。故曰坎離爲易。

二用無爻位，周流行六虛； 往來既不定，上下亦無常。 虛，叶荒。

補註 此承上章「坎離匡廓」，以釋經文「周流六爻，故無常位」也。乾之用九，坤之用六，本無爻位，然其六爻進退，皆此二用之周流往來上下耳。丹法準此以行火候，亦周流於一月六候之間。

往來者，剛柔相交，小往大來也； 上下者，否泰互用，上升下降也。採藥臨爐，全視坎宮之爻動，而離不能以專主，所謂不定而無常也。此當主一月之火候言，震兌乾三卦當前半月之三候，巽艮坤三卦當後半月之三候。

朱子曰「六卦之陰陽，卽坎離中爻之周流升降也」，又曰「六虛者，卽乾坤之初、二、三、四、五、上六爻虛位也」，言二用雖無爻位，而常周流乎乾坤六爻之間，猶人之精氣，上下周流乎一身，而無定所也。

易傳 變動不居，周流六虛； 上下無常，剛柔相易。

日月神化章第三

題用陸氏。陶註　此論二用，以合丹道。上陽註　此法象日月，以喻陰陽。日月麗天而有朔望對合，陰陽在世而有順逆生成，其理一也。

易者象也，懸象著明，莫大乎日月。

補註　前三句錯舉易傳之文以作引端，仍釋經文「日月爲易」，亦申前章「坎離二用」也。

陶註　此欲指陳身中之陰陽，故引易傳之文以假象寓意。

窮神以知化，陽往則陰來；輻輳而輪轉，出入更卷舒。來，音黎。

補註　日月之懸象著明，人皆知之，而其中神化，未易窺測。若欲窮而知之，有日月代明之義，有日月合璧之機，有日月交光之度。其陽往陰來，是晝夜之代明也；其輻輳輪轉，是晦朔之合璧也。過此以往，各爲出入卷舒，其交光復有盈虧之數矣。以丹法言之，元神大定，内外交接，以立化基，此神化根源也； 運汞迎鉛，陽先小往，陰乃大來，此陽往陰來也； 朔旦受符，每月一逢，水清金旺，時正可採，此卽輻輳輪轉也； 煉己純熟，温養火符，出入有度，操縱由己，是則出入卷舒也。

車輪三十條之輻，皆湊於圓轂，以爲旋轉之機。其象有似乎月輪，月行三十日而合璧，鼎上三十日而藥生，適相符合耳。

窮神知化，引易大傳中語，此句只輕帶說，若究其神化之故，亦當另解。張子曰：「氣有陰陽，推行有漸爲化，合一不測爲神。」又曰：「一故神，兩故化。」一故神者，神爲主宰，兼統陰陽也，故曰合一不測； 兩故化者，化乃氣機，陰陽迭運也，故曰推行有漸。就日月而言，凡往來出入，輻輳輪轉，皆化也； 而其所以然者，則有神以主之矣。陸氏以往來出入爲化，輻輳輪轉爲神，未然。

姚江黄百家曰 據新法，月體在小輪旋轉，中距離地不及八十萬里，日之中距離地一千六百萬餘里。天向西左行，日月向東右行，日高其度大，一日約行一度，月卑其度小，一日約行十三度，故曰日一歲一周天，而月一月一周天。其在晦也，日前而月後，相距止差十三度，日與月相近，月體之受光，在背而成晦；　其在朔也，日上而月下，月之受光，全在背，所謂合朔也。其在弦也，自合朔之後，月過日而東，每日約十二度，至初八日，月過日而東九十度，日光斜照，月體之西，半如弓弦，是名上弦；　至十五日，月去日一百八十度，當周天之半，與日相對，其光正滿，是名爲望；　自望之後，至二十三日，月又行九十度，月反在後，日光斜照，月體之東，半如弓弦，是名下弦。其日月在朔望，有食有不食者。蓋合朔，日與月同經度而不同緯度，則不食；　若同經又同緯，則日爲月掩，光不及下，而日有食之矣。望夕月與日相對，月不近交道，則不食；　望夕月行小輪，而近黃白之交道，則月入地影闇虛之中，日光照不及月，而月爲之食矣。

發號順時章第四

已上四章，各有引端語，此章所引易辭，正合傳文之例，故另定標題。　**補註**　勿失爻動時，乃丹法之肯綮。末節兼言動靜者，示性命雙修之法也。陸註云「動以盜機，靜以觀復」，得其旨矣。

君子居其室，出其言善，則千里之外應之。

此三句舊在經文發號施令章，今移置於此。

補註　此引易辭以起下文。言出則外應，此唱彼和也；爻動而號發，彼唱我和也。易辭於中孚二爻，釋「鶴鳴子和，同氣之相求」，此則借之，以明入室之事，亦取同類之相感也。

謂萬乘之主，處九重之室，發號順時令，勿失爻動時。乘，去聲；處，上聲；重，平聲；室，叶音試；時，叶音逝，一作節。

補註　此釋經文「發號施令，順陰陽節，藏器俟時，勿違卦月」也。

陸註　古之聖人，以煉丹爲第一大事，故尊主爲萬乘，喻室爲九重，比火符爲發號。

補註　煉士入室，外以言語通其消息，內以火力準其配當。發號者，陽爐發火，運汞以迎鉛也；爻動者，陰鼎火至，機動而藥生也；勿失者，煉已純熟，呼之卽應，測候有期，不先不後也。丹法年中簇月，月中簇日，日中簇時，於一時之中又分爲六候，六候之中只以二候煉藥。此二候者，卽「冬至子之半，月出於庚方」，正鼎中爻動之時也。爻動之時，卽爲火候。邵子曰：「一陽初動處，萬物未生時。」五千四十八日，有此一日；逐月輻輳輪轉，亦有此一時。一是先天中之先天，一是後天中之先天。

陶註　玄竅生藥，便須陽爐發火以應之。還源篇云「萬籟風初起，千山月乍圓；急須行政令，從此運周天」，其「發號順時令」之謂歟。

上觀天河文，下序地形流，中稽於人心，參考合三才。觀，一作察；天河，一作河圖；流，凌如切；心，一作情；考合，舊作合考，陸作考合；才，前西切。

補註　此言丹道準乎三才。

陸註　爻動之機，至爲微妙，誠欲知之，必上觀星河而知天之所以應星，下序地流而知地之所以應潮，中稽人心而知情之所以歸性。能參考三才之道，以互相證合，庶可得夫爻動之時，而用之勿失矣。

補註　易傳言：「六爻之動，三極之道也。」故此章亦因爻動，而推及於三才。陸註以一陰一陽，往來消息，爲三才之道，得其旨矣。或以上田、中田、下田爲三才，或以眞鉛、眞汞、眞土爲三才，或以鼎器、藥物、火候爲三才，皆不合本文。

動則循卦節，靜則因象辭；乾坤用施行，天下然後治。

循卦節，「月節有五六」也，一作依卦變；　因，當作觀，一作循；　象，一作爻；　下，一作地；　治，音池，一作望。　一本後有「可得不愼乎」句。

陸註　合道則動靜皆得其宜矣。

補註　動循卦節，乘六候以採藥；　靜觀象辭，明易理以修身。　乾則用九，取其動而能直；　坤則用六，取其動而能闢：　皆於動處見其用行。　乾坤並用而丹道成，猶之剛柔互施而天下治。　二用卽坎離，亦申明前章「乾坤二用」也。

易傳曰「居則觀其象而翫其辭，動則觀其變而翫其占」，此彷彿取其義；　易又曰「乾元用九，天下治也」，此兼言坤者，陽極而變，則成陰矣，九可包六也。

陸註　此章「時」字，最爲肯綮。末條蓋言動靜皆準於易耳。作丹之要，盜機逆用，法其自然而已，究何變之可依，何象之可循乎？

李註　乾坤之用，在於水火。水火交，永不老，則一身之天下治矣。

補註　象辭，邢氏作「爻辭」。蓋指爻銖觔兩，一日十二爻，一月三百六十爻。下章首條，乃申明其義。

朔受震符章第五

題用陸氏。　**補註**　此章震符，乃金丹下手第一事。三四節指出藥材，末一節申明火候。

易有三百八十四爻。據爻摘符，符謂六十四卦。銖有三百八十四，亦應卦爻之數。

末二句，眞一子列在二八弦氣章，今移置於此。

補註　此以易中卦爻準配丹法，亦引端以起下文。進火退符，用卦不用爻。此條舉卦而兼稱爻者，因大藥重一觔，計三百八十四銖，易卦六十四，計三百八十四爻，其數適相當也。

陸註　易有三百八十四爻，除牝牡四卦，則三百六十，其常數也。據爻而摘取其符，則以一爻當一時，一月周而三百六十盡矣。傳又自註曰「符謂六十四卦」，謂卦中起爻，爻中摘符，凡一爻一時，兩卦一日也。此條統論火符，正申首章「兼并爲六十」「終則復更始」之意。

又曰　卦可名而爻不可名，故舉卦以該爻，不能因一爻以見卦。且四卦不用，而仍云六十四者，鼎器藥物四卦，乃六十卦火符之主，故兼舉言之耳。

晦至朔旦，震來受符。當斯之時，天地媾其精，日月相撢持；雄陽播玄施，雌陰統黃化；渾沌相交接，權輿樹根基；經營養鄞鄂，凝神以成軀。衆夫蹈以出，蝡動莫不由。

時，一作際；撢，音探；雄陽，坎中眞陽之

氣；雌陰，離中至陰之精；統黃化，一作化黃包；化，居爲切；蝡，乳元切；由，延如切。

補註　此釋經文「晦朔合符」「震出爲徵」也。合朔後三日，方是月見震庚。晦至朔旦，而震來受符，見震符來自朔後矣。受符者，一月六候，各有符信，而震先受之也。舊指朔旦卽震符，頗混。

陸註　此章專論震符，乃藥生之初候。震以一陽動於二陰之下，所謂爻動之時也。且朝屯值符，下卦起震，震之初爻，一陽來復，正好求鉛。於斯時也，乾坤交泰，顚倒而媾精；烏兔交光，含吐而撢持。其坎播玄施，而離統黃化，混沌之氣，兩相交接，丹基自此權輿矣。惟此一粒根基，爲吾身之命蒂，所謂「鄞鄂」也。鄞鄂已具，便須經營火符以溫養之，又須凝聚元神以育成丹軀，此動靜交養之法也。上數句稍訂。至十月功圓，脫胎神化，自然身外有身，而吾之聖體就矣。是道也，逆之則仙，順之則人，非有二也，故曰「衆夫蹈以出，蝡動莫不由」，但百姓日用而不知耳。知之修煉，謂之聖人。

陶註　雄陽之虎，播其玄施，玄乃天之色，施則天施之意也；雌陰之龍，統其黃化，黃乃地之色，化則地生之意也。一施一化，丹法以之爲權輿，而樹立根基。權輿者，始初之義，詩經言「權輿」是也。古人作衡自權始，造車自輿始。

陸註　混沌交接，而生人生物之根權輿於此。此造化之生機，邵子所謂「天根」是也。陰符所謂「盜機」，盜乎此者也；悟眞所謂「鉛遇癸生」，生於此者也。故作丹者，急於此時，採其動機，而立命基。

此章已直洩天機，讀者不得師指，其於震來之符，輕易看過，一切認爲自己身中，陽生下手，便欲採之以立丹基，豈不誤哉？

補註　丹基已樹，如花之有蕚，從此温養十月，須抽鉛而添汞，故曰經營；凝神者，三寶閉塞，抱一無捨也。此二句兼內外而言。

經云「立置鄞鄂」，繼之「築完城郭」，內資乎外也；傳云「經營養鄞鄂」，繼之「凝神以成軀」，外不離內也。內外交煉，方是性命雙修。陸註此凝神爲神火，但知外用火符，遺却心神內抱矣。

淮南子　蠉飛蝡動。**註**　蝡動，蠢蟲動貌。

於是仲尼讚乾坤，鴻濛德洞虛；稽古稱元皇，關雎建始初；冠婚氣相紐，元年乃芽滋。　舊本「乾坤」二字在「鴻濛」之下，今從陸氏，上下互調；稱，一作當；冠，去聲；年，一作氣；乃芽滋，一作芽乃生；滋，子之切。

陸註　承上文而言，晦至朔旦，震來受符，造化之妙，在此初氣。昔仲尼之讚乾坤曰：「大哉乾元，萬物資始」「至哉坤元，萬物資生」。乾元坤元之德，鴻濛洞虛盡之矣。鴻濛者，以氣而言；洞虛者，以量而言也。蓋非此鴻濛，無以播玄施；非此洞虛，何以統黃化？易首乾坤，良有以也。載稽古之元皇，禮重「關雎」，亦以人道始起於冠婚，生育之原，萌蘖於此，故曰元年乃芽滋。元年者，履端之首，受符之初也。

俞註　此申明朔旦震符之意，歸重始初，因借五經之義以證之。易首「乾」「坤」，兩儀爲萬物之始；書稱「稽古」，堯典爲治道之始；詩詠「關雎」，夫婦人倫之始也；禮重冠婚，男女成立之始也；春秋書元，人君正位之始也。聖人作經，皆有所託始，煉丹而不知其始，可乎？此條大意，本於來子。**蒲團子按** 來子，一本作朱子。

錢氏曰　元年芽滋者，初結一鼎黃芽，可以滋救衰老，乃還丹之本也。

故易統天心，復卦建始初；長子繼父體，因母立兆基。 建始初，上文重見，當作一陽初，別作建始萌，不合音；長，子兩切。

補註　此釋經文「朔旦爲復，陽氣始通」也。

陸註　「天心」二句，統論全體，復卦之正義；「長子」二句，分言二體，復卦之餘意。

又曰　元年即震也，震即復也。易傳曰：「復其見天地之心乎。」故知易統天心，在復卦之建始，是乃元氣之滋芽。且復之爲卦，下體爲震，乃長男也；上體爲坤，有母道焉。長子繼父，必須因母以立兆基，此子母相生之理。丹法中，有子氣，有母氣。母氣者，先天之始氣；子氣者，人身中所生後天之氣。子氣在人，會有奔蹶，必得先天母氣以伏之，然後相親相戀，自然懷胎結嬰，體化純陽，而子繼父體矣。故曰因母立基。老聖謂之「食母」「守母」者，此聖人作丹第一候也。

李註　陰陽相交曰易。天心者，他家活子時也。坤下一陽來復，先天一氣始萌，一點陽氣，即天心也。

補註　先儒以靜爲天地之心，邵子以動爲天地之心，參同於爻動處指天地之心，其知造化之機者乎？　**蒲團子按**　邵子，一本作程子。

聖人不虛生，上觀顯天符；　天符有進退，詘伸以應時；　消息應鐘律，升降據斗樞。「聖人」四句，在上節之前，今依陸氏移此。詘，同屈。

補註　此歸功作丹之聖人也。進退屈伸，足該卦爻火候；而鐘律斗樞，又括經文卦律一章之意。

陸註　聖人繼天立極，不肯虛生於世，故上觀天文，知天地之陰陽升降，日月之晦朔盈虧，歲序之寒暑往來，日辰之昏明早晚，莫非天符之顯然者。於是法天時之進退，而以火符之屈伸應之。

月盈虧，象藥材之老嫩；日早晚，爲火候之温寒。其一消一息，能與鐘律相應；而一升一降，又據斗樞以運之。蓋天以北斗斟酌元氣，而惟觀其斗樞之所指，以爲月建。丹家運火，亦當據此以運行，則内外符合，而眞氣之升降盈虧，與天合度矣。悟眞篇云「晨昏火候合天樞」，意蓋如此。

陶註　符，合也。月行於天，一月一度，與日交合，謂之天符。自初一以後，月光漸進，乃魂長魄消之時，火用震兑乾者，以陽伸陰屈，應時之進也；十六以後，其光漸退，乃魄長魂消之時，符用巽艮坤者，以陰伸陽屈，應時之退也。且鐘律每月换一管，一歲更换十二管；斗樞每時移一位，一日移遍十二時。此見年中用月，月中用日，日中用時，各有層次脈絡也。

補註　聖人不虛生，指作易之聖人及黄老二聖也。前聖作經，所言陰陽造化之理，皆上觀以顯天符者。參同據天符而演丹法，尤爲深切著明矣。

進退，就天運言；屈伸，就火符言；消息者，一年之姤復；升降者，一日之屯蒙。

藥生象月章第六

題用陸氏。**陶註** 此章密示藥候之要。每月前三候，比之月中之金，所謂陽火也；後三候，比之月中之水，所謂陰符也。其定時刻細微，必須師傳口授。

日含五行精，月受六律紀；五六三十度，度竟復更始。 此條舊在經文君臣御政章，陸氏移置此。含，一作合；復，扶又切；更，平聲。

補註 此申首章「月節有五六」，以起下文納甲之說也。

陸註 日者，太陽元精，中含五行，照耀萬物，而成五色。許眞人所謂「分霞逐彩，布氣生靈」，皆五行之精之所託也。月爲太陰，其體白而無光，每借光於日，以去日遠近而爲弦望晦朔。月與日會，一月一度，而六律六呂由之以生，是謂「月受六律紀」。五行皆含於日，故日之數五；六律皆起於月，故月之數六。以五乘六，以六合五，共成三十之度。度竟復更始者，合璧之後，復甦而成朔矣。然此但言其數之適相值耳，非眞有所謂五六相乘也。

補註　五六三十度，天道人身氣候不爽，上觀顯天符，正於此處見之，即所謂「律曆紀」也。

三日出爲爽，震庚受西方；八日兑受丁，上弦平如繩。十五乾體就，盛滿甲東方；蟾蜍與兔魄，日月氣雙明。蟾蜍視卦節，兔者吐生光；七八道已訖，屈折低下降。

西方，方，叶音岡；繩，上四句連句叶韻；氣，一作旡；明，謨郎切；者，一作魄；下，去聲；降，户江切。**蒲團子按**　旡，當作炁。

補註　此申前章朔旦震符，釋經文「震出爲徵，陽氣造端」一章之意也。此一節，言上半月之三候，乃昏見者。

陸註　此指示藥生之候，而以月夕徵之，欲人洞曉陰陽，深達造化也。

夫人身中先天眞乙之氣，是爲火藥之宗，還丹之本，名爲陽火，又曰眞鉛，寄於西南之位，產於偃月之爐，名之玉蕊，又曰金精，悟眞詩云「蟾光終日照西川」。如此名號，種種不一，然不過白虎初弦之氣而已。是氣也，生之有時，採之有日。當其水源至清，有氣無質，得而採之，然後藥嫩而可取，否則金有望遠之嫌，而不適於用矣。故「三日出爲爽，震庚受西方」，象藥之始生也。

何謂三日出爲爽？自月而言之也。月無光，借日之光以爲光，故朔後三日而生明，乃陽之復也。昏見西方，出而爲爽者，言卽此昏見之期，作爲昧爽之意。所謂晦去朔來，其符若此。八日則象兑受丁，而上弦如繩矣。十五則乾體已就，而甲東盛滿矣。夫月之陽光，以漸而長，則人身陽火亦當以漸而生。所謂藥材老嫩，正在此分。石函記云「太陽移在月明中」，呂仙師云「月夕爐中藥」，蓋言此也。

丹書稱名不一，有曰蟾蜍者，曰兔魄者，不知蟾蜍之與兔魄，亦當有辨。蓋蟾蜍者，月之精；而兔魄者，月之體也。夫月本借日光，故必待雙對而明始生。然而陽生以漸，其蟾蜍之生也，惟視乎卦節。卦下之陽漸長，則蟾蜍之精漸生，而後兔者吐之以生光明。若七八之道已訖，則屈折下降，必至於漸虧漸滅而後已。七八者，少陰少陽之數。七八合而成十五，則陽道已終，陰將繼緒矣。

十六轉受統，巽辛見平明；艮直於丙南，下弦二十三。坤乙三十日，東方喪其明；節盡相禪與，繼體復生龍。壬癸配甲乙，乾坤括始終；七八數十五，九六亦相當。受，一作就；統，讀平聲；見，音現；明，鄭庠「古音東冬江陽庚青蒸七韻，皆叶陽音」；二十三，三，南三相叶；方，一作北；喪其明，明音芒，一作朋，非；復，扶又切；龍，莫江切，一作乾；終，諸艮切；相當，當，一作應，不協韻。

補註 此一節，言下半月之三候，乃晨見者。

陸註 十六則轉而受統。統者，統制於陰之義，乃陽消之初候也，於象爲巽，平明現於辛位。二十三則直於丙南，而下弦成艮矣，陽消之中候也。三十日則陽消已盡，於象爲坤，故喪明於東方之乙位。迨夫卦節既周，物極而返，則晦去朔來，復生庚月，所謂「晦朔爲旦，震來受符」，故曰「節盡相禪與，繼體復生龍」。龍者，震也。

又曰「陽生震兑乾，陰生巽艮坤」者，陰陽消長之象也；「震納庚，兑納丁，乾納甲，巽納辛，艮納丙，坤納乙」者，八卦納甲之法也；晦朔弦望者，日月虧盈之理也。三者本不相涉，此章比而同之。若合符節者，蓋道本一原，理無二致，苟能洞曉而深達之，則取之左右，皆逢其源。然非欲一一而合之也，特立象以盡意，使人得意而忘象耳。

且夫月見之方，甦於庚，虧於辛，盛於甲，喪於乙，而上下弦於丙丁。獨不及於壬癸者，其故何哉？蓋納甲之法，壬癸已配甲乙，分納於乾坤之下矣，此乾坤括納甲之始終也。如此，則盛於甲者，未始不盛於壬；而喪於乙者，未始不喪於癸矣。然此特論納甲云耳，無甚關切，而章内必備言之者，言無偏枯，理無滲漏，當如是也。

又舉易之策數而言，少陽得七，少陰得八，七與八合，是十五也；太陽得九，太陰得六，九與六合，亦十五也。夫分爲一月之六候，既有準於卦節，總此一月之日辰，又相準於策數。旁引曲喻，可謂無餘藴矣。易中過揲蓍策，餘三奇之數則爲九，餘三耦之數則爲六，二耦一奇則爲七，二奇一耦則爲八。

四者合三十，易象索滅藏；象彼仲冬節，草木皆摧傷。佐陽詰商旅，人君深自藏；象時順節令，閉口不用談。自「仲冬」句至下條，舊誤在後序中，俞氏移併於此。易象索，一作陽氣合；談，叶徒黃切。

補註　此舉冬令以證月晦，欲人於靜中待動也。

陸註　七八九六，易中之四象，合三十以成晦，而易象已索然滅藏矣，其於卦爲坤。陰極陽生，晦去而朔當復來，契曰「晦朔之間，合符行中」，丹法所謂「冬至」，正在於此。易傳曰「先王以至日閉關，商旅不行，后不省方」，蓋欲安靜以養微陽也。

補註　經言「黃鐘建子，兆乃滋彰」，取子月之動機；傳言「仲冬之節，草木摧傷」，又取子月之靜象。何也？蓋採藥在動，凝神在靜，貞元交會，正造化之根柢，丹法之樞紐。程子有云「不翕聚，則不能發散」，可悟閉口勿談之故矣。

天道甚浩廣，太玄無形容；虛寂不可覩，匡郭以消亡。謬誤失事緒，言還自敗傷；別序斯四象，以曉後生盲。廣，一作曠；玄，一作元；容，于芳切；郭，舊作廓。

補註　又舉天道以明月晦，欲人存無以守有也。天道浩廣，四時運行，至玄冬而歛藏無形，其神功寂若，如月之匡郭消亡，而隱沉滅跡矣。此時正須塞兑忘言，以固神氣，豈可多言取敗，以誤丹事乎？然則嚮晦之日，固宜安靜虛無，卽六候餘日，亦宜隱明内照，此傳者曉示後人之義也。陸云：「後篇以關鍵三寶爲臨爐採藥之訣，丁寧更深切矣。」

經從河圖四象，取七八九六以發還丹之義；傳從策數老少，取七八九六以合三十之數。兩者各有所指，故曰別序斯四象。

謹按　經、傳出於兩手。觀此章詳言六候火符，明是以傳釋經，若云四言五言皆屬魏公自作，豈有一人之書顚倒錯綜、重見疊出之理？今劃然分列，使經、傳各開，而前後首尾，脈絡貫通，節節可以尋討，知聖作賢述，俱不偶然也。參同經、傳，章法最有條理。此章四句開端，中兩段各十二句，後兩段各八句，布置秩然。舊本脱後段他章，得俞玉吾參定，首尾方見完聚。

考納甲之法，以月見方位爲所納之甲，而取象於卦畫，此但彷彿推明丹候耳。趙汝楳辯之云：「晝夜有長短，晝短日没於申，則月合於申，望於寅；晝長日没於戌，則月合於戌，望於辰。十二月間，初三之月未必盡見庚，十五之月未必盡見甲。合朔有先後，則上下弦未必盡在初八、廿三，望晦未必盡在十五、三十。震巽位於西，兑艮位於南，乾坤位於東，與易中卦位不符。兑畫陽過陰，艮畫陰過陽，亦不能均平如上下弦也。」

八卦列曜章第七

舊本連「發號順時令」爲一章，今分而爲兩，另定標題。**補註**　此章雖概言八卦，實則坎離爲主。中乃離宫之無，精乃坎宫之有，觀象立表，乃推度元精，而皆不出中極之所運。

八卦布列曜，運移不失中；元精渺難覩，推度效符徵。　度，音入聲；徵，叶陟隆切，一作證，非。

補註　此申前章「處中制外」之意，以釋經文「辰極處正」及「眞一難圖」也。上章，推震符六卦，當一月之火符，而坎離即其藥物也，故曰八卦。八卦周流終始，如列曜之布天，而其火符運行，必以吾心爲中極，如星宿環列，必以北辰爲天極也。心極正，則可以臨爐採藥。而上藥須用元精，乃先天眞一之氣。氣本虛無，難以目覩，然其效驗符信，却有可推度者。崔云「先天炁，後天氣，得之者，常似醉」，是其效驗也；「天應星，地應潮，窮戊己，定庚甲」，是其符信也。

陸註　此章「中」字，最爲肯綮。辰極者，天之中極也，人亦有之。契云「辰極處正，優游任下」，邵子云「天向一中分造化，人從心上起經綸」，更明切矣。苟或不能立此中極，則運動之際，乖戾舛錯，非輕而失臣，則躁而失君，元神昏佚，而元精愈不可得矣。且元精之爲物也，幽潛淪匿，藏於杳冥恍惚之中，非可視之而見、聽之而聞、摶之而得者所可推度，獨此內效與外符爲可徵據耳。石函記云：「元陽卽元精，發生於玄玄之際者。」

陶註　人身中極，卽玄關也。但此玄關不屬有無，不落方體，聖人只書一箇「中」字示人。然中非四維上下之中，儒曰「喜怒哀樂之未發」，此中也；道曰「念頭不動處爲玄牝」，此中也；釋曰「不思善，不思惡，正恁麼時，那箇是本來面目」，此中也。寂然不動者，中之體；感而遂通者，中之用。苟能於舉心動念處著工夫，虛極靜篤之時，自然見玄關一竅，其大無外，其小無內。既見玄關，則藥物火候之運移，俱由乎中而不失矣。陶註參引陳泥丸之說。

居則觀其象，準擬其形容；立表以爲範，占候定吉凶。

補註　此申前章爻動之時，以釋經文「爻象內動，吉凶外起」也。上二句，計月節之五六；下二句，奉日辰爲期度。

陸註　觀象以擬之，於月盈虧而知藥材之老嫩；立表以候之，於日早晚而尋火候之消息。擬之候之，凡以推度其符徵所在也。

補註　金水得宜則吉，剛柔錯用則凶。以在彼之火候言，常靜常應則吉，輕敵喪寶則凶；以在我之火候言，在彼者當推測元精，在我者當不失其中。擬形容，月有晦朔弦望之象；立表者，曆官推測日影之器也。

易傳「居則觀其象」，又「擬諸其形容」，又「定天下之吉凶」。

上下有無章第八

此章三段，舊本分爲三處，今歸併一章，另拈標題。　補註　上節論先天大藥，中節言得藥成丹，末二節著丹法以傳世也。

上閉則稱有，下閉則稱無；無者以奉上，上有神德居。此兩孔穴法，金氣亦相須。此條舊在經文養己守母章。金氣，一作有無。

補註　此釋經文「以無制有」及「孔竅其門」也。

陸註　上指在上者言，顛倒用之，虎鉛是也；下指在下者言，顛倒用之，龍汞是也。上閉者，先天初產之鉛，朕兆未萌；下閉者，後天久培之汞，固塞勿發也。然雖朕兆未萌，而恍惚有物，窈冥有精，故可稱之曰有；雖固塞勿發，而太虛之中，元神默運，故可稱之曰無。稱無，則「常無欲以觀其妙」矣；稱有，則「常有欲以觀其竅」矣。丹法求鉛，存無守有而已。惟坎中之鉛，來而稱有，故以我虛無之體，愼密以伺之，恭己以迎之，正欲得其神妙之德於上有之中也。若少有差謬，則情不歸性，而吾之大事去矣。故不可不恭敬而奉持也。

夫上之臨下，下之奉上，各有孔穴，以爲藥物往來之交。老聖所謂「玄牝之門」，鍾離所謂「生門死户」，參同所謂「孔竅其門」，皆是一穴兩分，異名而同出者。知此兩孔之穴法，則金氣即相須於其中矣。相須，乃雌雄相須之意。運汞迎鉛，得鉛制汞，皆此穴中妙法。金氣即神德，神德即先天眞一之氣。丹法秘旨，在此二句。

陶註　玄牝之門，乃出入往來之所，陰陽交會之地，金丹化生之處。大修行人，當知一穴兩分之作用。

補註　「此兩孔」三字另讀，上閉者一孔，下閉者一孔也。閉則兩分，開則兩合，其竅竅相湊，如針灸之有穴法也。

黄中漸通理，潤澤達肌膚；　初正則終修，幹立末可持；　一者以掩蔽，世人莫知之。此條舊在〈關鍵三寶章〉之末。持，陳如切；知之，一作之知。

補註　此言神德爲丹基，可以安身立命。自金氣入身，而和順積中，英華外暢，其一得永得之妙，如事之初正而終自修，物之幹立而末可持。但此一點虛無眞氣，希微杳冥，掩蔽無形，世人皆莫之知耳。「初」「幹」承「黃中」，「終」「末」承「潤膚」，「一者」承「神德」，「掩蔽」承「上閉」。句中各有脈絡。

陸註　夫所謂一者何？先天眞一之氣也。坎中一畫，先天乾金，是乃元始祖氣。修丹之士，於其互藏之宅，而求所謂眞一者，以立我之命基，是謂取坎塡離，以氣補氣。長生久視之道，端在於此。世人誤認丹從中結，而獨修孤陰之一物，或者又認藥自外來，而涉於房中採戰之術，皆去丹道遠矣。

李註　坎家戊土，乃陰火所化，名曰黃芽；我家己土，在萬念不有之處，正是中宮。黃芽入我中宮，通於四肢，達於百竅，重嬰臟腑，再孩肌膚，故曰「黃中漸通理，潤澤達肌膚」。

初正幹立，乃得藥還丹事；　終修末持，乃結胎成丹事。

補註　朱子曰「一者以掩蔽，言其造端之處，隱而不彰也」，陳抱一云「一乃真一之一，非數目之一」，經曰「得其一，萬事畢」，能知一之妙理，則丹道無餘蘊矣。故曰一者以掩蔽一者足以蔽盡丹道，猶云覆冒陰陽之道。彭真一以固濟蒙密解之蓋謂真氣納離宫，掩而蔽之，勿使發洩耳，此說大深，上陽猶踵其說。

易傳　黃中通理。言中德在内，通暢而條理。

吾不敢虛說，倣傚古人文；　古記題龍虎，黃帝美金華；　淮南煉秋石，王陽嘉黃芽。古人，一作聖人；　文，叶韻當作書；　題，一作顯；　華，芳無切；　王陽，上陽本作玉陽，誤；　嘉，一作加；　芽，訛乎切。

補註　惟世人莫知，故須作傳以垂世。

自「古記」以下，皆前人明道之文。傳者依據成法，而後敢註書。猶經云「論不虛生，指畫古文」。當時師徒作述，同一愼重之意也。

李註 龍虎卽金木，金木卽性命；金華者，乃黃帝成丹之名，金卽水中之金，華卽木之精華；秋石者，淮南王成丹之名，秋屬金令，石喻堅凝也；黃芽者，王陽成丹之名，黃卽金之色象，芽卽木之初萌。總見丹乃金木所成。世人不知，或收取童便煉成秋石，或烹煉鉛汞採其金華。豈知服秋石者無益於生，服鉛汞者受禍尤慘。韓昌黎歷指丹藥之害，可爲世鑒矣。

補註 龍虎經，世已失傳，卽金華、秋石、黃芽，其法亦不可考矣。劉長生龍虎歌云「淮南法，煉秋石，黃帝金花燒琥珀」，此引參同契金丹大要誤刻陰長生。漢書「王吉，字子陽」，俗傳王陽能作黃金。彭眞一謂魏公得古文龍虎上經而譔參同契，朱子不然其說，謂是後文見伯陽傳有「龍虎上經」一句，遂僞作此經，大概皆是櫽括參同之語而爲之。又謂其間有說錯處，如二用云者，用九用六，卽坎離也，六虛者卽乾坤六爻之虛位也，龍虎經却說作虛危，蓋不得其意，牽合一字來說耳。

黃瑞節曰　參同契中引「古記題龍虎」，又引「火記六百篇」，蓋古有其文，而今失之。鮑氏云此乃三墳書、狐首經之比，未可知也。

賢者能持行，不肖毋與俱；古今道由一，對談吐所謀。學者加勉力，留念深思惟；至要言甚露，昭昭我不欺。毋，一作無；謀，漢悲切；我不欺，一作不我欺。

補註　此言書成之後，在人省悟丹訣也。道戒輕傳，故宜區別賢否，而對談面命。但恐後學無從親授，由望其翫書而領要焉。賢者能持行，君子得之固躬；不肖毋與俱，小人得之輕命。古謂龍虎諸經，今指參同契文，道皆由一，猶經云「同出異名，皆由一門」也。上文兩孔穴法，金氣相須，此即至要心傳。

二八弦氣章第九

題用陸氏。陸註 上節指明藥物，下節準則銖兩也。

偃月作鼎爐，白虎爲熬樞；汞日爲流珠，青龍與之俱；舉東以合西，魂魄自相拘。六句連叶。偃，一作鉛；作，一作法；鼎爐，一作爐鼎；俱，一作居。

補註 此釋經文「太陽流珠」「猝得金華」及「魂之與魄，互爲室宅」也。

陸註 此章分別龍虎弦氣，以定藥材銖兩。偃月爐，陰爐也，中有玉蕊之陽氣，虎之弦氣是也；朱砂鼎，陽鼎也，中有水銀之陰氣，龍之弦氣是也。丹法以此初弦之氣，和合而成玄珠，故曰偃月作爐鼎；白虎爲熬樞，熬樞者，虎鉛陽火也，契云「升熬於甑山兮」是其證也，以其爲眞汞之樞紐，故曰熬樞。汞日爲流珠者，離宮之汞，飛走而不定也；其在東家，配爲青龍之弦氣，而龍從火裏出，故曰青龍與之俱。

夫龍居於東，虎居於西，雖則各守境隅，却有感通之理，故舉東方之魂，以合西方之魄，則龍虎自然交媾，相鈐相制，而大藥成矣。舉東以合西者，驅龍以就虎也；魂魄自相拘者，推情以合性也。復命篇云：「師指青龍汞，配歸白虎鉛；兩般俱會合，水火煉經年。」知此，則藥物在是矣。

又曰　從來註家，皆以日魂屬東，月魄屬西。今欲以日魂屬西，取太陽元精奔入坎中之義；月魄屬東，取借日爲光之義。

補註　日魂月魄分屬東西者，天上之太陰太陽兩相對照，日陽而月陰也；女魂男魄顛倒西東者，丹房之離陰坎陽互相施化，男陰而女陽也。陸註所見良是，但與契文不合。

上弦兑數八，下弦艮亦八；兩弦合其精，乾坤體乃成；二八應一觔，易道正不傾。　舊本此下又云「銖有三百八十四，亦應卦爻之數」，今移在他章。艮亦八，與上句反韻自叶，一作亦如之，與上文相叶；成，與上句平韻自叶。

補註　此釋經文「八日兑行，艮主進止」也。

陸註　既知藥物，當識觔兩。丹家温養，有取於二八兩弦者，用藥貴乎勻平也。蓋上弦直兑，自朔計之，其數得八；下弦直艮，以望計之，其數亦八。此時金水各半，陰陽適均，藥物平平，可以合丹，故兩弦合精，乃成乾坤之體。二八一觔，方得陰陽之正，故曰易道正不傾。

補註　從來談丹法者，多以二八兩弦爲龍虎弦氣，因以艮兑二象當少男少女。竊意初八之兑，廿三之艮，契中明作一月之火符，陽金陰水，兩者均調，而朝屯用金，暮蒙用水，一日之間，兼用二八，夏不寒而冬不暑，此中實有作法，不必以陰陽兩家力量相當爲二八一觔也。悟眞篇云「月纔天際半輪明，正好用功修二八」，此二八正義也；復命篇云「方以類聚物羣分，兩岸同升并一觔」，此二八別義也。

金火含受章第十

題用陸氏。　陶註　此章發明金火含受之道，示人以復性之功也。

金入於猛火，色不奪精光；自開闢以來，日月不虧明。金不失其重，日月形如常；　金本從日生，朔旦受日符。　明，叶謨郎切，一作傷；　日月形如常，月，一作日；　從日生，日，一作月；　受日，一作日受；　符，與下文叶。

補註　此釋經文「月受日光，體不虧傷」「男女相須，含吐以滋」也。

陸註　此章卽日月借光之義，以明金火含受之妙。丹家以汞求鉛，得鉛伏汞，不過金火互用而已。今以金入猛火，人皆謂火能尅金矣，乃其煉而愈堅，不奪其光，不失其重者，以氣相含受故也。猶之日月焉，自開闢以來，其並行而明不見虧者，以月借日光故也。觀夫朔旦之後，禀受日符，自三日而出庚，八日而上弦，十五而望滿，二十三而下弦，三十日而成晦，晦朔弦望皆自日生，故曰金本從日。然不曰月本從日而曰金本從日者，月不從日，月下之金則從日也。知日月，則知金火含受之妙矣；知金火，則知鉛汞相須之故矣。

補註　第五六句，乃承上起下之詞。月受日光，以常道言之，則坤禀乾氣而成孕；以丹道言之，則離納坎氣而結胎。一順一逆，各有借光之道焉。

金返歸其母，月晦日相包；隱藏其匡郭，沉淪於洞虛；金復其故性，威光鼎乃熺。

包，叶音孚；熺，旬于切，一作喜，一作嬉，朱子定作熺，與熹同。

補註　此釋經文「六五坤承，結括始終」也。朔旦受符，此生明之月；金返歸母，此嚮晦之月。言六候之始終也。坤爲土，兑爲金，有母子之義焉。月中金氣，返於純坤，是子藏母胎，晦夜景象也。夫月何以成晦？因日包月上，光不下映，而隱沉無跡矣。迨晦盡朔來，金復故性，自弦而望，威光仍熺然熾盛，此終而復始，六候循環之數也。曰鼎熺者，借月光以喻爐藥，於末句指明本意。

陸註「坎卦外陰內陽，中一畫爲金，上下二畫原屬於坤。坤爲母，故曰返歸其母。歸母則幽潛淪匿而不可見，猶之月晦，爲日所包也」，此就卦畫取子母，於義亦通。又云「卦中一畫，原屬於乾，種入乾家交感之宮，則爲復性」，此却與本文不符。

朱子云：「熺字，後漢文多用之。」

三性會合章第十一

題用陸氏。**補註**　此章以水火土三者論丹法也。坎宮之水，有戊土焉；離宮之火，有己土焉；水火會於土釜，所謂「三家相見結嬰兒」也。末言「共宗祖」，坎離皆從太極而生也。

子午數合三，戊己數居五；三五既和諧，八石正綱紀。　數居，一作號稱；既，一作結。

補註　此釋經文「三物一家，都歸戊己」也。子午數合三，取河圖之南北；戊己數居五，取河圖之中宮。

彭好古註　子爲水，天一生水，其數一；午爲火，地二生火，其數二；一與二合而成三。戊己爲土，天五生土，其數五。三與五併之，則成八。三五既和諧，則相生相尅，而八者之綱紀正矣。

陸註 承上言，金火雖相含受，必得眞土調和，乃克有濟，故此歸功戊己。戊己自居五數，納於水火之中，戊爲鉛情，己爲汞性，金來歸性，則三五和諧，而八石之藥材方爲眞正。八石以象八方之義。丹居中宮，而四面八方之氣皆來歸之，其妙用在一「和」字。契云「和則隨從，路平不陂」，卽此意也。

內丹不用八石，此乃借外以喻內。子北爲鉛，午南爲砂，砂鉛交媾成戊土，戊土乾汞成己土，從此八石任其驅使矣。

土遊於四季，守界定規矩；呼吸相含育，佇思爲夫婦。

「土遊於四季，守界定規矩」，此二句舊在同類伏食章，陸氏移置於此； 育，一作貪； 佇思，金丹大要作停息。

補註 此申明戊己之土。上二言戊土，象符火之周流； 下二言己土，取汞鉛之交媾。土分旺於四季，此坎宮之爻動，界有定所，按候求鉛，無爽節度也。及其臨爐調息，呼吸應乎周天，對景忘情，牝牡自相含育，欲使眞氣入身，結夫婦於中宮耳。修丹者常能思念及此，自不敢非時妄作矣。

佇思爲夫婦，是求丹主意。若作「停息爲夫婦」，乃養己靜功，於採藥時不合。

黃土金之父，流珠水之子；水以土爲鬼，土鎭水不起。子，一作母，非；鬼，五行之理，以尅我者爲鬼；鎭，一作塡。

補註　此言生尅之五行，見金木有藉於土也。上二句乃順以相生，下二句乃逆以相尅。就丹法言之，坎宮眞土能產金華，離宮眞水能生木汞。但陰陽弗交，則木金間隔，不能成丹，必得戊土以鎭伏此水，流珠從此凝固矣。

呼吸相含育，指己土，「眞土擒眞鉛」也；土鎭水不起，指戊土，「眞鉛制眞汞」也；俱死歸厚土，兼指戊己，「鉛汞歸眞土，身心寂不動」也。

朱雀爲火精，執平調勝負；水勝火消滅，俱死歸厚土；三性既會合，本性共宗祖。執，一作氣；負，步眾切；水勝，勝，一作盛；會合，一作合會。

補註　此言相制之五行，見水火終歸於土也。火調勝負，煉汞以迎鉛；水勝火滅，鉛來而汞伏。三性，即三五，必和諧方能會合耳。

陸註　水火互有勝負，火執平衡以調劑，則水得火而激動，其金自隨水而下渡矣。惟金水騰入離宫，則離火爲坎水所滅，從此汞既不走，鉛亦不飛，加以火候温養，則汞日以添，鉛日以抽，二者俱死，歸於厚土，此之謂三性會合。三性會合，還丹之道畢矣。

夫三性之所以能會合者，何哉？以其與己本性，皆自元始祖氣而分，共一宗祖故也。一變而爲水，卽金水也，爲先天之鉛；二化而爲火，卽己汞也，爲後天之汞；五變而成土，卽戊己也，爲水火兩家之性情。是皆同宗共祖，一氣而分，故能同類相從，合一而爲丹也。學者可不知三五之道哉？

厚土，指土釜。

金水銖兩章第十二

題用陸氏。陸註　此章準則金火銖兩，以定臨爐採取之妙用。而始之所發端，與終之所極致，皆遍載於此矣。

以金爲隄防，水入乃優游；入，一作火；金計十有五，水數亦如之。

游，延知切。

補註　此釋經文「金水合處」之意也。鼎中藥候，震兑乾爲陽金，巽艮坤爲陰水。採藥行功，先取金氣以作隄防，然後水氣優游可入，此剛裏柔表，先後一定之次第也。金計十有五，前三度逢金，各五日爲一候；水數亦如之，後三度逢水，亦五日爲一候。屯蒙符火之事，首段舉其大要矣。

契中言金水，有先天後天之辨。經云「白者金精，黑者水基」，此指先天大藥；傳云「金計十五，水數如之」，此指後天爐藥。

經文晦朔合符章，言六候之金水，是乃朝暮火符所用之藥材也。此處金水之數各計十五，正與經文互相發明，諸家皆未見及。陸氏謂：「二七之期」「金精壯盛」，「必有此十五分之金，方能生十五分之水」。此猶踵上陽之說，誤涉先天金水矣。不如姜氏註，直指爲六候火符，能片言扼要。

臨爐定銖兩，五分水有餘；二者以爲眞，金重如本初；其三遂不入，火二與之俱。三，一作土，非；火二，一作二者。

補註　此言金火互用。水二火二，即經文所謂「分兩有數」也。臨爐定銖兩，於鼎中測藥候也。五分水有餘者，潮汎五日而淨，水太泛溢，金氣不足矣，故必以二者爲眞；兩日潮盡，金氣之眞，如其初候，方可用之；若延至三日，則金氣稍虧，亦不可入矣。煉丹要訣，辨鼎須看二日，而採藥須用二候。二日者，坎中之眞信；二候者，離家之作用。以二候之火力，配二日之藥符，則剛柔相當，配合均平，所謂「定銖兩」也。

陸註　二分之火，乃一時半刻之火。上陽子云一時三符，比之求鉛止用一符之速也。如此指示，已太分明，而迷者猶求眞水於三十時辰之後，又烏知有氣無質之妙，非度於後天者所可論哉！

補註　五分水有餘，陸註將十五之水各以五日分之，其在生庚一候，猶嫌五日過餘，惟取庚中之二分以爲的候，此亦主二日之期言。

呂祖三字訣云：「滓質物，自繼紹；二者餘，方絶妙。」滓質物，言癸水初降；二者餘，謂癸盡鉛生。又採金歌云：「三十時辰兩日半，採取只在一時辰。」臨爐火候，直吐心傳矣。

癸水初淨，又有淡黄涓滴，過此便當急採，所謂「二者餘」也。此與白虎首經二點初淨者異。

三物相含受，變化狀若神；下有太陽氣，伏蒸須臾間。先液而後凝，號曰黄轝焉；歲月將欲訖，毀性傷壽年。

相含受，一作既合度；神，叶時連切；間，經天切；轝，同輿。

補註　此承上章金水火三者，以見還丹之妙。

陸註　金中有水，用火迎入，相含相受於戊己之宫，則三物會合，自然龍吟虎嘯，而變化之狀，斯若神矣。

水火何以迎入？蓋以離宫汞火乃太陽之氣，伏蒸於下，則水爲火所蒸，自然騰沸於其上矣。其時貫尾閭，通泥丸，下重樓，入紫庭，周流上下，至其所止之處而休焉。先則爲液而逆流，後則爲丹而凝結，故號黃轝焉。黃轝者，以其隨河車而上行於黃道之中也。歲月者，攢簇之歲月。丹法攢年成月，攢月成日，攢日成時，而一時之中分爲三符，求鉛之候，只用一符。所以如此之速者，知止知足也。使歲月欲訖之時，不能持盈守滿，忽爾奼女逃亡，是謂毁性。丹取金來歸性，性既毁矣，金復何附？所謂「藏鋒之火，禍發必尅；年壽之傷，無足異者」。

此章三物，指金水火，前章以水火土爲三性。要知金火相交處，仍不能離土也。

形體爲灰土，狀若明窗塵；擣治并合之，馳入赤色門；固塞其際會，務令致完堅。 擣，一作鑄；治，平聲；門，眉貧切；塞，音色；會，一作濟；令，平聲；致，一作緻；堅，叶古因切。

陸註　此明用鉛之訣。　**蒲團子按**　「陸註」二字，原作「補註」，查引文均出陸氏測疏，故改。

形體爲灰土，渣滓皆無用也；狀若明窗塵，輕清者始用之。其虛無之氣，微若窗塵，卽二分之水是也。以此二分之水，合以二分之火，藥從赤色門而入，種在乾家交感之宮，則丹基於此結矣。丹基已立，從此固塞其際會，時時關鍵三寶，令精神必完固，而火符可運行。固塞際會，凡採藥養丹，首尾皆當如此。

又曰　明窗塵者，窗外日光，浮動塵影，細微之極也。或者誤認外丹之藥飛結於鼎蓋者，失其旨矣。

又曰　翫「并合」二字，分明「火二與之俱」也。馳入者，馳有道路，入有門户；赤色門，所入之門户也，乾爲大赤，故云赤色門。入藥鏡云「產在坤，種在乾；貫尾閭，通泥丸」，知此，則門與道兩得之矣。

炎火張於下，晝夜聲正勤；始文使可修，終竟武乃陳。候視加謹密，審察調寒温；周旋十二節，節盡更須親。晝夜，一作龍虎；勤，眞文通用；始文使，一作始初文；温，子雲切；須親，一作親觀。

陸註　此言行火之訣。

補註　炎火下張，離宮之汞火；始文終武，坎宮之符火。兩火交媾，須晝夜勤行。而坎中又分一文一武者，蓋朝屯用金，是發生之氣，故屬諸文；暮蒙用水，是收斂之氣，故屬諸武。悟眞薛註云「文火居左爲陽火，武火居右爲陰符」，此可互證。

陸註　候視加謹密者，寤寐神相抱也；　審察調寒温者，昏明順寒暑也；　周旋十二節者，一日十二時也；　節盡更須親者，度竟復更始也。

補註　炎火張下，陽爐運火居在下也；　晝夜聲勤，子午寅申分刻漏也。李註引前哲詩云「周天息數微微數，玉漏寒聲滴滴符」，卽此意也。「周天」二句，本於呂祖。「數息」在離，「滴滴」指坎，此乃臨爐隱訣。　周天數息，前二候作用，地天交泰時，調三百六十息。此章「始文終武」，與鼎器歌所謂「首尾武，中間文」，意各有指。　此章文武，言一日之火候：　當仁施德，始文可修也；　在義設刑，終竟武陳也。　歌中文武，言通體之丹火：首尾武者，後天鼎中築基温養之火；　中間文者，先天鼎中大藥還丹之火。

李註　調寒温者，火不傷於燥，水不傷濫也。

氣索命將絕，休死亡魄魂；　色轉更爲紫，赫然成還丹；　粉提以一丸，刀圭最爲神。休，一作體；魂，胡圈切；丹，都員切；粉提，一作服之；神，时連切。

補註　此言還丹大藥有神妙不測之功。

陸註　如此翕聚精神，調停火候，直待鉛抽已盡，己汞亦乾，魄死魂銷，羣陰剥盡，化爲純陽，故「色轉更爲紫，赫然成還丹」。惟此還丹，有氣無質，其體至微，其用甚大，故曰「粉提以一丸，刀圭最爲神」也。

陶註　金液凝結之際，百脈歸源，呼吸俱泯，日魂月魄一時停輪，如命之將絕者。絕而復甦，則白眞人所謂「這回大死今方活」也。

補註　孫氏金丹眞傳云：「結丹與還丹有異。結丹之法，由我而不由人；還丹之功，在彼而不在己。」李堪疏云：「結丹者，採取外來之藥，擒制吾身之氣，使不散失，聚而成象，結內丹也；還丹者，彼之眞陽方動，卽運一點己汞以迎之，外觸內激而有象，內觸外感而有靈，如磁吸鐵，收入丹田，還外丹也。」據此知還丹之時，乃用先天大藥，可以補諸家之未備。

色紫、粉丸、刀圭，皆借外丹以喻內藥。好古云「於金粉中提出一丸服之，不過刀頭圭角，些子之間，而其出有入無，便神化不測」，上陽云「其少如一提之粉，其小如一丸之藥，其輕如刀圭之匕，言其至微而至靈也」。陸云：「以指甲撮物曰提。」

上陽註　金水與火，三物相合，則既受金炁，復得水制，結成還丹，乃能變化，而狀若神矣。下手臨爐之功，莫此爲要。是以聖人年中取月而置金，月中測日而聽潮，日中擇時而應爻，時中定火而行符。何謂行符？古聖先賢，以煉金丹爲大件事，推度時節，立攢簇法，以一年七十二候簇於一日，以三百六十爻攢於一月，以三十六符計一晝夜分俵十二時中。是一時有六候，比之求丹，止用二候之久；一時有一爻，比之求丹，不要半爻之頃；一時有三符，比之求丹，止用一符之速。所謂單訣者，此也；黃帝言陰符者，此也。修丹者於此一符之頃，蹙三千六百之正氣，迎納胎中。當斯之時，地軸由心，天關在手，黑白交映，剛柔迭興，熒惑守於西極，朱雀炎在空中，促水以運金，催火而入鼎，伏蒸太陽之炁，結就黃輿之丹矣。

謹按 此章備言丹法。始而煉己築基，繼而採藥得丹，終而火符溫養。綱舉目張，足包一部參同。陸長庚云：「神仙丹訣，無過用鉛用火。不知用鉛，則藥物失其銖兩；不知用火，則始終乖其節度。」據此，則章內言水二者，測坎宮之時候；言火二者，記離宮之分兩也。而坎宮生水，又有金水之分；離宮用火，又有文武之別。脈絡最爲詳明。且金防水入，明築基之功；臨爐銖兩，明採藥之事；晝夜寒温，明養火之數；赫然還丹，明聖胎之體。丹家秘藏，幾於罄露無隱矣。

水火情性章第十三

題用陸氏。**補註** 造化雖分五行，大用莫如水火。陰陽者，水火之原；日月者，水火之精；坎離者，水火之象；男女者，水火之質；情性者，水火之靈。造化水火，自一本而分；丹法水火，從兩家而合。合則爲丹，此逆行之道也。

推演五行數，較約而不繁。舉水以激火，奄然滅光明；日月相薄蝕，常在晦朔間。水盛坎侵陽，火衰離晝昏；陰陽相飲食，交感道自然。

較，一作簡；繁，分鉛切，一作煩；明，彌延切，一作榮；薄蝕，一作激薄；朔間，一作朔望；　昏，叶萱。

補註　此章，以水火二物，復申還丹之道，卽經文所謂「則水定火，五行之初」也。五行之數，水火居先；　水火之精，是爲日月。試舉水以激火，而火滅其光，是水火有時相濟矣；　晦朔日月並行，而夜無月色，是日月有時交會矣。水盛侵陽，水能尅火，火衰晝昏，月掩日光也。二句申述上文，以見陰陽交感，乃造化自然之理。修眞者，明乎造化之理，而行交感之法，則可以得藥苗而奪化機矣。

水火喻丹家之鉛汞，日月喻丹家之魂魄。日月晦朔，本經文「晦朔之間，合符行中」；陰陽飲食，本經文「龍呼虎吸，兩相飲食」。

日月薄蝕，謂其行度侵迫，非謂朔望之期日月虧食也。他本作「朔望之間」者，非是。

名者以定情，字者緣性言；　金來歸性初，乃得稱還丹。

補註　此從陰陽交感上見歸還妙用，釋經文「推情合性，轉而相與」也。

陸註　金丹一物而已，乃有鉛汞兩者之名。鉛者，同類有情之物也，故稱之爲情；汞者，所禀以生之靈光也，故稱之爲性。情之與性，正如名之與字，雖則稱號各别，其實只一人也。

在作丹之際，推情合性，則金來歸性矣。歸性則丹道乃成，而謂之曰還。還者，正歸之義也。然既名之曰丹，則不可謂之鉛情，不可謂之汞性，所謂以兩而化者，以一而神矣。「金來歸性」一句，道出作丹神髓。

上陽註　情居西北，性主東南；東南曰我，西北曰彼。金水之情，自外來而尅木火；木火之性，乃内還而結金丹：是之謂「金來歸性初，乃得稱還丹」。

補註　此借名字以喻性情也。以性攝情，猶之因名取字，故曰名者以定情；情返於性，猶之字合於名，故曰字者緣性言。上句自内而外，比陽交於陰；下句自外而内，比陰交於陽。表裏互言，以見兩相交感之意。然不曰情來歸性，而曰金來歸性，兑金乃有情之物，招之來歸，則復乾金之初性矣，所以謂之還丹。一説古人締婚，有納采問名；女子許嫁，則笄而加字。名者以定情，男求婚於女也，此喻以性攝情； 字者以性言，女作配於男也，此喻情來合性。借婚姻之事，以喻陰陽交感之道。名字皆就女家言，與舊說不同。

或問：藥自外來，丹從中結，此本是借丹，何以謂之還丹？曰：人本同類，各稟陰陽，均自二五而來，根源實出一本。當其賦形之初，乾金完具，自知誘物化，以耳目口鼻之欲，而交於聲色臭味之投，日移月化，性體之喪失者多矣。修眞之道，內定心神，外採丹藥，取坎塡離，以復其固有之元陽。此乃內外合一、歸根復命之道，所以謂之還丹。比富人失產，家計蕭條，能借資於人，經營以復舊業，豈不是還其所有耶？若必欲枯修獨煉，以冀還丹，猶之貧人無助，終於空乏而已，又焉望其恢復耶？罕譬而喻，其理自明。

二氣感化章第十四

題用陸氏。 **補註** 此章以造化丹理，仍取水火交合之義。陰陽日用，亦自上章而來。

陽燧以取火，非日不生光； 方諸非星月，安能得水漿。 二氣玄且遠，感化尚相通； 何況近存身，切在於心胸。 陰陽配日月，水火爲效徵。且遠，一作至懸；徵，陟隆切。

陸註　言陰陽二氣，感化自通，以明同類之易於相從，卽契所謂「引驗見效」者也。

補註　易言同氣相求，乃造化自然之理，故陽燧以取火，照日卽生光，方諸以取水，映月便生漿，見眞陰眞陽有感必通。雖日月至遠，尚可以物致之，何況近存人身，切在我心者乎？其含受攝取，尤爲神速。丹法以人類之陰陽，象日月之配合，則其水流火就，實有隔礙潛通之妙。舉水滅火，亦卽水火效徵也。

取日取月，當兼內外言。陽燧方諸，原具陰陽之氣，此在內者；太陽太陰，各含水火之精，此在外者：以內引外，以外投內，故感化如此之速。

陸云：「以陰陽之義，配諸日月，取水取火，此效徵之不爽者，乃知『同類易相親，事乖不成寶』也」「引驗見效，可謂深切而著明矣」。陸又云：「陽燧，木燧也；方諸，大蛤也。或以陽燧爲火珠，方諸爲陰鑑。身心當是同類兩體。紫陽金丹四百字序云：『以身心分上下兩弦。』蓋身屬坎情，心屬離性，情性相感，自會合而成還丹也。」

李註　陽燧、方諸，乃招攝水火之器。當其招攝時，若無日月之光，雖有諸燧，水火奚來？世間方士，止知用坤，不知用乾，此與用諸燧而不用日月者何異？殊不知坤乃空器，實無鉛汞，若有鉛汞，則世間處子，可以不夫而自孕矣。大抵水火原非諸燧所有，乃日月中來者；鉛汞原非坤宮所有，乃乾宮中來者。坤與諸燧，不過招攝之具耳。

按　李氏每言丹室須用乾，不知煉己築基，劍鋒英利，是卽乾剛坤柔、靈父聖母兩相配當也。若云丹房中別用嬰兒姹女，兩相交接，然後乾家乘機而取之，以此爲三家相見，實仙眞所不言者。

關鍵三寶章第十五

題用陸氏。上陽註　此章詳明煉丹入室之密旨，學者得師口訣，須熟誦萬遍，字字分明，方可求丹。此乃參同契着緊合尖處也。陶註　前二節言入室用功，後三節言得藥景象。合尖，是借造橋爲喻。結搆洞橋，自下而上，至頂尖合筍處，乃其巧妙也。

耳目口三寶，閉塞勿發通；眞人潛深淵，浮游守規中。旋曲以視聽，開闔皆合同；爲己之樞轄，動靜不竭窮。閉，一作固；塞，音色；通，一作揚；聽，一作覽。

補註　此章言性命雙修之道，釋經文「引內養性」「配以伏食」也。前二節卽所謂「內以養己，安靜虛無；原本隱明，內照形軀」也。

前章言三物相含受，則眞氣已入於中宮，從此當護持三寶，無使發洩。蓋外之耳目口，實通於內之精神氣，而爲三寶也。閉塞耳關，則精聚於中；閉塞目關，則神斂於中；閉塞口關，則氣會於中。正以規中乃眞人深潛之所，當守其浮游之氣也。旋曲視聽者，抱一無舍，呼吸綿綿，其一開一闔，嘗與眞人合同而居也。能合同，則可爲己之樞轄，而動靜不失其時矣。

動者，行火；靜者，凝神。

經云「眞人至妙」「髣髴大淵」，眞人原在坎宮；傳云「眞人潛深淵，浮游守規中」，眞人迎入離宮矣。

陸註指眞人爲眞一之氣，是也。但以規中爲產藥之處，以浮游爲爻動之時，以旋曲視聽爲守候而偵察之，蓋謂謹持三寶將以臨爐採藥也，說來轉折太多，不如直主得藥之後言。

浮游守規中，守此浮游之氣於規中，卽下文所謂「順鴻濛」也； 旋曲視聽，謂三寶皆內用耳； 樞轄者，如户之有樞，車之有轄，能關束而鈐制之也； 動靜不竭窮者，內煉外交，朝朝暮暮，循環而不已也。

陸註 陰符經云「九竅之邪，在乎三要」，三要卽三寶。 戊土能制己土，故曰樞轄。 己謂己土，而戊土者，卽深淵之眞人。

離氣內營衛，坎乃不用聰； 兑合不以談，希言順鴻濛。 三者既關鍵，緩體處空房； 委志歸虛無，無念以爲常。

內，朱子音納； 營，一作榮； 濛，用東韻； 處，上聲； 無念，無，一作念。

補註 此段申言「耳目口三寶，閉塞勿發通」之故。 其精氣神三者，果能內斂於中，靜篤不散，自然純一翕聚，以順其鴻濛之氣。 鴻濛乃眞一之氣。 蓋自得藥歸鼎，鴻濛施化，便當優游和緩，無勞爾形，委志虛無，無營爾思，庶乎火力均調，而九轉之功可冀。

陸註　無念者，情境兩忘，人法雙遣，不可沉著於有爲事相之中，所謂一念不起，萬緣皆空。以此爲常，功深力到，則證驗推移，如立竿之見影矣。蓋有念者，一時半刻之事；無念者，三年九載之功也，故云以爲常。**蒲團子按**　「陸註」原無，考其爲陸氏測疏語，據本書體例加。

補註　離氣內營衛，離主目光言，卽經言「內照形軀」；營衛者，周身之血氣，醫書謂「營主血，衛主氣」，又云「營行脈中，衛行脈外」。

李註　委志，言用志不分。此段工夫，全以無念爲主。

證驗自推移，心專不縱橫；寢寐神相抱，覺寤候存亡。顏色浸以潤，骨節益堅强；排却衆陰邪，然後立正陽。驗自，一作難以；推，土回切；縱，平聲；橫，姑黃切；覺，古效切；排，一作辟。

補註　此言温養工夫，在心專而氣聚，卽經文所云「津液腠理，筋骨緻堅；衆邪辟除，正氣常存」也。

陸註　證驗推移者，由淺而至深也。證驗非心專不能知，心專不外馳，則寢寐而神與之相抱，覺寤而候氣之存亡，卽所謂「守規中」也。既云無念，而此復言心專者，蓋無念者乃無雜念之謂，非頑空也，心專則無雜念矣。顏色浸潤，骨節堅强，乃證驗之見於外者。

補註　却衆陰而立正陽，抽鉛添汞，使陽氣日長，陰氣日消，而眞一之氣化爲純陽也。蓋陽氣一分不盡則不死，陰氣一分不盡則不仙。立陽之功，常於十月中用之。

陸註　不縱横，心無出入馳鶩也。

修之不輟休，庶氣雲雨行；淫淫若春澤，液液象解冰。從頭流達足，究竟復上升；往來洞無極，拂拂被谷中。淫淫，浸淫也；液液，融液也；復，扶又切；上，上聲；拂，李作拂，一作沸，一作怫；谷，一作容；中，諸仍切。

陸註　此證驗之見於内者。

蓋得藥之後，丹降中宮，於時眾氣自歸，河車自轉，蒸蒸然如山雲之騰於太空，霏霏然如春雨之遍於原野，淫淫然如春水之滿四澤，液液然如河冰之將欲解，往來上下，洞達無窮，百脈沖融，和氣充足，滿懷都是春，而狀如微醉也。此非親造實詣，難以語此。

李註　陰邪排盡，周身脈絡無一不通，五臟六腑之氣盡化爲金液，前降後升，一身流轉，再無窮極，神光瑞氣，鬱鬱濃濃，披拂於空谷而不散。谷中，谷神之所。

反者道之驗，弱者德之柄；芸鋤宿污穢，細微得調暢；濁者清之路，昏久則昭明。柄，叶平聲，逋旁切；暢，當叶初艮切；明，叶謨郎切，鄭庠古韻考「東冬江陽庚青蒸七韻通叶」。

補註　末引道德經語，以明却陰立陽之意。

經云「反者道之動」，謂一陽來復，乃道之動機；又云「弱者道之用」，謂濡弱不爭，乃道之妙用。此以反爲道之驗者，眞氣反還，自有效驗也；以弱爲德之柄者，弱入强出，操柄在我也。反乃得藥之功，弱乃臨爐之法。老聖又言「專氣致柔」「知雄守雌」，皆所謂弱也。芸鋤宿穢，言排陰之功；細微調暢，言陽立之效。

陸云 至此則眞氣充裕，百脈歸源，如所謂「氣索命將絕，體死亡魄魂」者。故昏昏默默，莫知其然。久之則神氣自清明，無更慮其昏濁矣。經又云「孰能濁以靜之徐清」「衆人昭昭，我獨若昏」，意亦若此。

陸又云 「道德」二字，要有分別。無爲者曰道，有爲者曰德；自然者曰道，反還者曰德。

陶註 如醉如癡，有似乎昏濁者然。濁而徐清，昏而復明，如大死方活也。

謹按 此章兼言性命工夫，乃内外合一之道。全陽子專主清靜工夫，將眞人鴻濛，排陰立陽，皆若作一身之元氣，此何異爐内無眞種，而水火沸空鐺乎？豈知清靜陰陽，丹家本不相離。經文内以養己章言「閉塞其兑，三光陸沉」，而下復云「知白守黑，神明自來」；將欲養性章言「性主處内，立置鄞鄂」，而下復云「男白女赤，金火相拘」。原無遺命修性獨煉陰神之理。熟讀契文，知此章能該括經旨，不但與鼎新御政章相爲表裏也。

同類伏食章第十六

舊分四章，今合爲一，另定標題。**補註** 此章斥傍門之非，告之以伏食，引之以同類，而證之以效驗，欲其棄邪從正也。

世人好小術，不審道淺深；棄正從邪徑，欲速閼不通。猶盲不任杖，聾者聽宫商；没水捕雉兔，登山索魚龍；植麥欲穫黍，運規以求方。竭力勞精神，終年不見功。

好，去聲；深，諸容切；閼，音遏；任杖，一作拄杖；没，一作投；索，音色；龍，謨江切；不見功，不，一作無，功音光。

補註 此釋經文「以類相況」之意，見「非種難爲巧」也。

陸註　上數章所言二氣感化，引驗見效，歷如指掌。重憫世人，偏好小術，不審淺深，不辨邪正，妄意作爲，迄無成效。豈知吾道至易至簡之法，不待於遠求乎？

陶註　世人見小欲速，多被盲師引入邪徑，仙翁力言無益，以見金丹大道二氣感應之速也。

易林　上山求魚，入水捕兔。

欲知伏食法，事約而不繁。胡粉投火中，色壞還爲鉛；冰雪得温湯，解釋成太玄。金以砂爲主，禀和於水銀；變化由其眞，始終自相因。

伏食，諸本多作服食；　繁，汾沿切；　銀，魚軒切；　始終，一作終始。

補註　此釋經文所云「配以伏食」者，見「同類易施功」也。

姜註　伏食之法，至易至簡，只在玉液煉己、金液還丹而已，何繁難之有？

陶註　胡粉，鉛所造，以火燒之，還復爲鉛；冰雪，水所凝，以湯沃之，仍解爲水。可見返本還元，理有固然者。況金丹大道，精神與氣，原爲同類之物，於同類之中而得眞一之氣，自然陰變陽化，始終用之而成功也。

補註　外丹借鉛中金氣以伏朱砂，是鉛爲客而砂爲主矣。制砂實死，能乾汞成寶。蓋水銀原從砂出，乃其品質之和同者，此借爐火爲喻耳。若言內丹，眞土擒眞鉛，眞鉛制眞汞，猶之砂金水銀始終相因也。

欲作伏食仙，宜以同類者。植禾當以黍，覆雞用其卵；以類輔自然，物成易陶冶。魚目豈爲珠，蓬蒿不成檟；類同者相從，事乖不成寶。是以燕雀不生鳳，狐兔不乳馬；水流不炎上，火動不潤下。

同類者，者，阻可切；黍，作穀，作粟；卵，叶音裸，一作子；易，音異；冶，鄔果切；檟，古我切；

寶，叶；　馬，母果切；　下，户可切。

補註　此釋經文「以類相求」也。「植禾」四句，申言「同類易施功」；「魚目」以下，申言「非種難爲巧」。

欲作伏食之仙，當求諸同類之中。同類者，眞陰眞陽，牝牡相須，水火相配，而變化從此起也。

陶註　章内所言伏食，非服草木金石也。伏者，伏虛無之氣；　食者，呑黍米之珠也。

上陽註　欲知服食法，古仙語不繁。「伏炁不服氣，服氣須伏炁；　服氣不長生，長生須伏炁。」斯言眞妙訣，以詔高上人。

補註　此章罕譬曲喻，亦與經文河上姹女、關關雎鳩兩章相似。經、傳體格，各相照應如此。

巨勝尚延年，還丹可入口；　金性不敗朽，故爲萬物寶。　術士伏食之，壽命得長久。

寶，彼口切。

補註　此申明伏食之功，卽經文所云「凝精流形，金石不朽」也。　點出金性金砂，直以金丹之道示人矣。

陶註　巨勝、胡麻，草木之物，常服尚可延年，況金液還丹乎？　金性堅剛，歷萬劫而不失其重，誠爲至寶。　以術延命之士，煉此先天乾金之丹，吞入腹中，自然我命不由天矣。

補註　上言伏食可以成仙，此言伏食可以長壽。　先立命而後能飛舉也。

金砂入五內，霧散若風雨；　薰蒸達四肢，顏色悅澤好。　髮白皆變黑，齒落生舊所；　老翁復丁壯，耆嫗成姹女。　改形免世厄，號之曰眞人。

好，叶；　皆變，一作更生；　生，一作由；　人字不叶韻，依上文語氣，似當云「眞人得自主」，或云宜作「眞人俟輕舉」。

補註　此備言伏食之效，即經文所謂「各得其和，俱吐證符」者。「金砂」二句，此效之得於內者；「薰蒸」以下，此效之見於外者。

陶註　金砂者，兌金離砂，眞鉛眞汞也。汞迎鉛入，渡鵲橋之東，由尾閭，導命門，過夾脊，入髓海，注雙目，降金橋，渡銀河，混合於中宮，滃然如雲霧之四塞，冥然如煙嵐之罩山，濛濛兮如晝夢之初覺，洋洋乎如澡浴之方起，此乃得丹眞景象。既得金液還丹，又加晝夜溫養，丹氣薰蒸於四體，自然神清色潤，髮黑齒生，還老返童，血膏骨弱，長生不死而爲仙人也。

漢泰山父老傳　轉老爲少，髮白更黑，齒落更生。　**蒲團子按**　泰山老父傳，見晉葛洪神仙傳卷五所載，其云「轉老爲少，黑髮更生，齒落復生」，仇作泰山父老傳，或誤。

補註　男子得藥，可復丁壯，老嫗何以能還姹女？女功先守乳房，斬除赤龍，而求大藥，但作法微有不同。李氏云：「男子作丹，先鉛而後汞；女子作丹，先汞而後鉛。此是秘傳丹訣。」李註所云鉛汞，即指朔後晦前之金水。

陶註　邵子云：「恍惚陰陽初變化，絪縕天地乍迴旋；中間些子好光景，安得工夫入語言。」此眞身造而實踐者也。**蒲團子按**　「陶註」二字，原作「陸註」，考其文不見於陸氏測疏與口義，而見於陶氏脈望，故改。

補註　金入五內，得初度先天之氣；薰達四肢，乃十月火符之效。過此以往，則道成德就，而潛伏俟時矣。

此章將服食同類反覆申明，而淺深次第，皆託物喻言，即所謂「以類相況，揆物終始」也。

背道迷眞章第十七

題用陸氏。　**補註**　前章「世人好小術」「棄正從邪徑」，只約言大概；此章則盡闢其非，毋使貽誤後人也。

世間多學士，高妙負良才；邂逅不遭遇，耗火亡資財。據按依文說，妄以意爲之；端緒無因緣，度量失操持。擣治羌石膽，雲母及礜磁；硫黃燒豫章，泥汞相鍊治。鼓鑄五石銅，以之爲輔樞；雜性不同類，安肯合體居？千舉必萬敗，欲黠反成癡；僥倖訖不遇，聖人獨知之。稚年至白首，中道生狐疑；背道守迷路，出正入邪蹊。管窺不廣見，難以揆方來。

才，前西切；資財，一作貨財；財，前西切；以意，一作以言；擣治，治，平聲；汞，一作澒；鍊治，治，平聲，一作持；鑄，一作下，非；樞，叶；同類，類，一作種；聖人，一作至人；「僥倖」二句，彭曉本有此二句；生，一作坐；背，音悖。

補註　此憫世之捨金丹而煉爐火者，乃釋經文「好者億人，訖不諧遇」「廣求名藥，與道乖殊」也。

俞全陽註 「饒君聰慧過顏閔，不遇眞師莫强猜；只爲金丹無口訣，教君何處結靈胎？」世間高才好學之士，不爲無人，而求其遇眞師得正傳者，寡矣。彼有燒煉三黄四神之藥，妄意以爲道在於是，殊不知五金八石，乃世間有形有質之物，種類不同，性質各異，安肯合體而共居哉？凡爲此術者，莫不千舉萬敗。何則？端緒無因緣，度量失操持故也。指元篇云：「訪師求友學燒丹，精選朱砂作大還；將謂外丹化内藥，原來金石不相關。」蓋神仙金液大丹，乃無中生有之至藥，而所謂朱砂水銀者，不過設象比喻而已。奈何世人不識眞鉛汞，而孶孶於爐火，冀其開點服食，不亦愚乎？彼懷僥倖之心，終無一遇，而猶望聖人之或助焉。究之聖人，必不可見，至皓首而自疑其謬妄，悔何及矣。之人也，捨大道而習迷途，離正法而趨邪徑，管窺偏見，烏可與談方來之元妙哉！

豫章，大木。燒炭以煉砂，煑硫入汞，養乾使點銅，此惑於外丹之者。俞註謂世有得聖人之正傳，而中道自生狐疑者，語多轉折，今皆爲訂正。

是非歷藏法，内視有所思；履斗步罡宿，六甲次日辰。陰道厭九一，濁亂弄元胞；食氣鳴腸胃，吐正吸外邪。晝夜不臥寐，晦朔未嘗休；身體日疲倦，恍惚狀若癡。百脈鼎沸馳，不得清澄居；累土立壇宇，朝暮敬祭祠。鬼物見形象，夢寐感慨之；心歡意喜悅，自謂必延期。遽以夭命死，腐露其形骸；舉措輒有違，悖道失樞機。諸術甚衆多，千條萬有餘；前却違黃老，曲折戾九都。明者省厥旨，曠然知所由。

藏，同臟；內視，一作內觀；思，叶魚韻；履斗步罡，一作履行步斗；次，一作以；辰，叶如之切；胞，叶音孚；邪，音徐；休，陶于切；日疲倦，日，一作旦；累，上聲；祠，一作祀；見，音現；形象，一作形容；喜悅，一作而意；骸，叶；悖道，一作悖逆；由，詳如切。

補註　此惡世之棄正道而雜傍門者，乃釋經文「不得其理，難以妄言」「舉世迷惑，竟無見聞」也。

陶註　是金丹之道，非種種傍門可比，章末歷舉數條，不使其惑世而誣民。

陸註　道法三千六百，皆屬傍門，窮年皓首，迄於無成。惟此金丹大道，法象天地，準則日月，符合卦爻，逆轉生殺，乃上聖登眞之梯筏。黃帝之陰符，老聖之道德，皆述此意，明者省厥旨趣，可坦然而由之矣。

補註　道家法門，有神丹之法，有清靜之法，有金丹之法，有符籙之法，四者乃其大綱。上文所言燒煉，乃不知神丹而誤者；此係內視食氣，乃不知清靜而誤者；九一弄胞，乃不知金丹而誤者；步罡敬祠，乃不知符籙而誤者；千條萬緒，又該舉其餘矣。

李註　外道之病，約有八種：

周歷五臟者，是專修孤陰之弊。以一身爲爐鼎，以五臟爲五行，如認腎爲眞鉛，心爲眞汞，肝木爲青龍，肺金爲白虎，脾胃爲戊己土，以意爲黃婆。以眼觀鼻，鼻觀心，心注丹田，神思閉息，乃獨修一物轉枯羸也。

履斗步罡者，其法用南宮符咒；仗劍步罡者，煉六甲六丁神，用日時支干將，取身中祖炁，以驅使鬼神。其流弊爲左道。

陰道九一者，乃採陰補陽之術，如三峯採戰，九淺一深，及養龜展縮等法。此如抱薪救火，究竟火焚薪盡而已。

濁亂元胞者，用懸胎鼎以接氣，及嬰兒出胎時，吸母項之氣。又或取女經爲紅鉛，煉男溺爲秋石；或取嬰臍丹，或摘梅子丹；或熬乳粉，或奪胎骨。此皆渣滓穢物，與先天虛無之氣懸隔。其術尤爲傷生害道，不可不禁。

食氣之法，乃導引漱津，一口三嚥，送入丹田，積久而腸胃鳴聲也。

吐吸之法，乃吐故納新，朝起面東，外吸日月五霞之氣也。

晝夜不寐者，乃打坐煉魔，經歲不寐者，以致氣血勞沸，精神悴枯，身倦而識癡也。

立壇祭神者，乃黷祀邀福，結想成形，或眼見鬼神，或夢禮仙佛，自謂修成正果，寧知元氣耗損，反以夭命乎？

惟黃老之術，性命雙修，除此一乘法，餘二卽非眞。修正法，可以陟天庭；從邪道，難免墮地府矣。

陸註　前却者，進退躊躇之意；九都，乃九幽之府；戾，謂自取罪戾，見幽有鬼責也。

補註　此章大意，當與鍾離公正道歌參看。

三聖制作章第十八

另定標題。　**補註**　魏眞人後序云「惟昔聖賢，抱玄懷眞」，蓋指黃帝、老聖；　此章直從三聖序起，以見儒道兩家淵源無異也。　曰因師覺悟，曰畧述綱紀，又見一作一述，授受所自來矣。

若夫至聖，不過伏羲，始畫八卦，傚法天地；　文王帝之宗，循而演爻辭；　夫子庶聖雄，十翼以輔之。　三聖天所挺，迭興更御時；　優劣有步驟，功德不相殊。　制作有所踵，推度審分銖；　有形易忖量，無兆難慮謀。　作事令可法，爲世定斯書；　素無前識資，因師覺悟之。　皓若褰帷帳，瞋目登高臺。

若夫，夫，音扶；　「始畫」二句，一作「畫八卦，傚天圖」；　地，叶音低；　循而，一作結體；　爻，當作象；　三聖，一作三君；　度，音鐸；　易，音異；　量，平聲；　謀，謨杯切；　令，平聲；　瞋，一作瞑；　臺，同都切。

補註　徐公倣經文而作後序也。　前段讀契文而悟丹道，乃上承往聖。

好古註　「至聖」以下，言三聖法天作易；「制作」以下，言魏公準易作契；「前識」以下，自喜得所傳授也。

補註　三聖迭興，卽經文所云「歌敘大易，三聖遺言」也，不過謂後聖不能有加。羲皇爲作易之始祖，文王爲演易之大宗，夫子以十翼輔經，又衆聖中之雄奇傑出者。溯易書源流，創難而述易，似乎先後有優劣。若其發揮大道，以垂教萬世，功德初不殊也。魏公參同之作，根極於性命陰陽，其明卦律火符，分兩爻銖，能探朕兆所未形者，以爲丹道之準繩，此又繼三聖而制作也。徐公自謂因師覺悟，其爲魏公親傳弟子明矣。褰帷登臺，喻心開目朗，洞見契文精意也。

彖辭作於文王，爻辭作於周公，當以彖辭爲正。十翼者，上經彖傳、下經彖傳、上經象傳、下經象傳、繫辭上傳、繫辭下傳、文言傳、說卦傳、序卦傳、雜卦傳也。彭氏謂，秦火之後，亡說卦中、下兩篇，後人以序卦、雜卦湊成十翼耳。

「前識」二字，見莊子，此言無前知之質也。

火記不虛作，演易以明之；火記六百篇，所趣等不殊。文字鄭重說，世人不熟思；尋度其源流，幽明本共居。竊爲賢者談，曷敢輕爲書；結舌欲不語，絕道獲罪誅。寫情著竹帛，又恐洩天符；猶豫增歎息，俛仰輒思慮。陶冶有法度，未可悉陳敷；畧述其綱紀，枝葉見扶疎。

「火記不虛作」二句，舊在二八弦氣章，陸氏移置於此；不殊，一作不迷；度，音鐸；竊爲，爲，去聲，一作待；「結舌」一句，一作「若遂結舌瘖」，於禽切；符，一作機；俛，同俯；輒思慮，一作綴斯愚；慮，平聲；見，音現。

補註　後段約火記而譔契文，乃下開來學。「幽明」以上，前人著書，不厭其詳；「竊爲」以下，自言註經，又恐太盡：皆見作述苦心。

陶註　火記六百篇，皆演易以成書。朝屯暮蒙，一日用兩卦，一月六十卦，十月六百卦。按諸六十卦，卦卦相同；較以六百篇，篇篇相似。故曰所趣等不殊。在古人鄭重其說，往往比喻多般，若究其源流，不過陰陽會合而已。

補註　火記六百，易卦六十盡之；　易卦六十，屯蒙二卦該之；　屯蒙二卦，金水二氣當之：　所謂「事約而不繁」也。

徐公據經演傳，而猶下筆躊躇者，蓋無書不可傳後，直書恐洩天機，故奉傳授之法度，而畧述其綱紀，欲人從枝葉而探根本，卽經云「露見枝條，隱藏本根」也。

陶土冶金，各有模範法度，其巧妙則在乎工人也。

俞註　子華子告鬼谷子曰：　「道惡於不傳也，不傳則妨道；　又惡於不得其所傳也，不得其所傳則病道。」徐公之猶豫歎息，誠欲擇人而授之耳。

補註　參同經、傳，後人莫辨，孰翫序文，自見分別。　魏公前序云「乃譔斯文，歌叙大易」，後序又云「吾甚傷之，定錄此文」，曰譔曰定，皆作契也。　此云畧述綱紀，則傳文乃述而不作矣。

許眞人藥母歌云：　「日合元符火記麻，火合元符記不差。」知晉時火記猶存也。

狐狸、猶豫，皆獸名。　狐性多疑，猶豫緣木上下徬徨顧慮，以比人心之遲疑不決也。

三相類

序

林屋山人俞琰云　此參同賦、鼎器歌之序，皆淳于叔通所作者。王九靈曰　或謂此序乃魏公自作，謬矣。魏序云「殆有其眞，礫硌可觀」，此序則云「不能純一，泛濫而說」，不幾自相矛盾乎？其非一人所作明矣。

參同契者，敷陳梗概；不能純一，泛濫而說。纖微未備，濶畧髣髴；今更撰錄，補塞遺脱。潤色幽深，鉤連相逮；旨意等齊，所趣不悖。故復作此，命三相類；則大易之情性盡矣。

概，叶記，古韻真未御遇通同；說，叶稅；髴，叶沸；塞，音色；脱，叶兑；連，一作援；復，扶又切；三，別作五，非；末句，一作「大易之情性明之盡矣」。

補註　據眞一子謂，魏公契文，初授於徐從事，又授於淳于叔通，則叔通亦魏公親傳弟子也。所著丹賦歌詞二篇，爲補綴原書而作。補塞其遺脫，使纖微者悉備矣；潤色其幽深，使髣髴者彰明矣；鉤援其上下，使凋零者連屬矣；且等齊旨意，使泛濫者歸一矣。此三相類所由作也。

俞註　三相類，卽參同契之表名。「梗概」二字，出東都賦，言粗舉大綱，不纖密也。

大易性情，各如其度；黃老用究，較而可御；爐火之事，眞有所據：三道由一，俱出徑路。枝莖花葉，果實垂布；正在根株，不失其素。誠心所言，審而不誤。

何謂大易性情？一陰一陽是也。而其間升降往來，自有天然度數。傳者倣契作書，各如易中度數，又參究黃老二家，較然明白，因據爲臨爐行火之法。從此大易、黃、老，三道合而爲一，歷有途徑可尋。契云「露見枝條，隱藏本根」，又云「披列其條，核實可觀」，皆言修眞徑路，而其中有次第焉。猶之樹木根株，培養有素，自然枝盛而實繁。就丹道言之，混沌相交接，權輿樹根基，非其株乎？强益己身，潤澤肌膚，非其枝葉乎？還丹結胎，彌歷十月，非其果實乎？要之離却情性，別無根株。契言「性主處内，情主營外」，又言「推情合性，轉而相與」，丹家根本在是矣。

三道由一，謂大易之書，與黃帝陰符，老聖道德，三經同此一理，所謂三相類也。陸註指大易、黃老、爐火爲三道，爐火即黃老丹法，不宜並列而爲三。又以大易爲根株，黃老爲果實，爐火爲枝葉，說皆支離。爐火乃性命雙修，兼三道而成丹，豈可視爲枝葉乎？陸蓋認爐火爲黃白方術耳，不知此處所云爐火，即魏序所云「伏食」，原主金丹大道，特借外丹取喻耳。乾坤爲鼎器，坎離爲藥物，六十卦爲火符，即其事也。觀下歌、賦兩篇，絕不談及燒煉，意可見矣。

聖賢著書垂教，有眞誠而無欺僞。經云「殆有其眞，礫硌可觀」，此云「誠心所言，審而不誤」；經云「使予敷僞，却被贅愆」，傳云「至要言甚露，昭昭我不欺」。眞人覺世仁心，各情見乎辭，後人白首而不識參同，甘自棄於道外，亦可哀也已。

大丹賦

補註 契文經、傳，出自三人，文字亦分三體。四言經文，倣毛詩也；五言傳文，倣西漢也；大丹一賦，倣楚騷也。文不苟同，而意仍通貫，千年之後，猶覺爾雅可風。知稟仙骨者，必具仙才，三賢相遇，洵不偶然也。

陸註　此章備言金丹法象，始終條理，錯落可觀。蓋揔括一經之全旨，所謂小參同契一部是也。

法象莫大乎天地兮，玄溝數萬里。河鼓臨天紀兮，人民皆驚駭。晷影妄前却兮，九年被凶咎。皇上覽視之兮，王者退自改。關鍵有低昂兮，周天遂奔走。江河無枯竭兮，水流注於海。

溝，誤遠；　臨天，天，諸本作星，王氏作天；　駭，叶喜；　咎，叶紀；　改，苟起切，一作後；　鍵，巨展切；　周天，俞氏作周天，朱子作害氣，他本又作周氣；　走，子與切；　江河，河，一作淮；　無，一作之；　海，火五切。

補註　此言煉己採藥之事。

天地法象，領起通節大意。丹家陰陽各處，如玄溝萬里，界隔東西。及其陰陽交合，又如牛女二星會於天紀。丹房之中，忽有牛女兩象，豈不令人驚駭？但須借此爲入道之津筏耳。要知交會自有法度，欲尋坎中壬水，宜煉離家汞火，倘煉己不純，或前而太過，或却而不及，則火爲水傾，如九年洪水，而民被其災矣。夫災變之來，乃皇天垂象，人君當退而修省。煉士改過自新，以圖有濟，亦猶是也。大抵煉己之初，須憑關鍵。關鍵者，拒門木栓，有牝牡相凑之象焉。而關鍵之中，須審低昂。低昂者，迭爲上下，有地天交泰之象焉。能謹關鍵以轉低昂，則藥入離宮，周身元氣自下奔上，會於中宮，其時水氣隨火而運旋，如江河之流注於海，乃氣歸元海之象也。惟氣海火旺，方可採先天大藥以作丹母。

法象莫大乎天地，本易大傳；玄溝河鼓，取諸天象；江河注海，取諸地法。

陸註：「玄溝乃天河，自箕尾之間，至柳星之分，南北斜横，界斷天盤。」按：坎屬玄武，又爲溝瀆，故曰玄溝。彭眞一直指鼎内玄溝，是也。

爾雅「河鼓謂之牽牛」，史記正義「織女三星，在河北天紀東」。世傳牛女七月七日相見，故取男女聚會之象。或引正義「河鼓動摇，占主兵起，故民驚駭」，未切。

丹法尚誠而戒妄。至誠專密，謹候日辰，誠也；煉己無功，非時妄作，妄也。誠者動靜有常，妄則前却無定。

晷影即日影，李氏比之汞火是也。九年凶咎，因堯有九年之水，而借引之。徐註謂河漢之占主水，亦是。不必說到九轉功敗。

皇上覽視，猶云「上帝監觀」；王者退改，猶云「洚水警予」。二句乃承上起下之詞。

徐渭云：「皇上，天帝也；王者，人君也。」按：本文「皇」「王」並稱，須見分別，書言「惟皇上帝」，莊子云「監照下土」，此謂上帝。「關鍵」二字，出道德經。門木橫拒曰關，直拒曰鍵。王九靈云：「周天奔走者，百脈流通，河車運轉也。」江河無枯竭，常資神水以灌靈根。要知此水，上自天漢而來，下從崑崙而入。

天地之雌雄兮，徘徊子與午。寅申陰陽祖兮，出入終復始。循斗而招搖兮，執衡定元紀。終復始，舊作復終始；復，扶又切。

補註　此言按期行火之功。

天地法象，卽於雌雄上見之；二氣之交感，猶男女之交媾也。丹法抽鉛添汞，取諸子午寅申。蓋水生於申、旺於子，火生於寅、旺於午，生旺之時，皆宜行火。且申爲陽之祖者，陽根於陰也；寅爲陰之祖者，陰根於陽也。陳抱一以寅爲男運之始，申爲女運之始。

徘徊者，按候求鉛，從容不迫；出入終始者，進退火符，周而復始也。

契中言屯蒙火候，三說不同。賦云子午寅申，以四時爲正候，但恐鼎候不齊，故經兼子寅申戌子可該午，戌可該辰，求諸六時之中，傳又兼內體外用，求諸十二時中，朝金暮水，各得一用，以當屯蒙兩卦，不必剖析十二爻分值十二時。

史記：「移節度，定諸紀，皆繫於斗。」按：斗爲衆星總紀，故曰元紀。北斗七星，自一樞二璇，至三璣四權，爲斗魁；自五衡至六開陽七瑶光，爲斗杓。斗杓，卽招揺星。招揺與衡，是二是一。招揺乃斗柄，比採藥之劍，取其能招攝也。斗柄起自衡星，有平衡之象焉，喻劍鋒之横指也。臨時交接，凡淺深顛倒，前短後長，順去逆來，皆係此一衡，故執衡所以定丹法之綱紀。

升熬於甑山兮，炎火張於下。白虎唱導前兮，蒼龍和於後。朱雀翱翔戲兮，飛揚色五彩。遭遇網羅施兮，壓之不得舉。嗷嗷聲甚悲兮，嬰兒之慕母。顛倒就湯鑊兮，摧折傷毛羽。張於下，於，一作設；下，後五切；虎，一作礜，誤；唱導，一作導唱；龍，一作液，非；和，去聲；後，後五切；壓之，之，一作止；嬰兒之，一作「如嬰兒之」，一無「之」字；母，滿補切。

好古註　此言藥入身中之象。

陸註　何謂甑山？崑崙峯是也。熬卽白虎熬樞。採藥之際，升虎熬於甑山者，以炎火張於下也。炎火指汞火。自鉛爲火煅，逼出金華，滃然而蒸，升氣於頂，峯迴路轉，降入中宮，則白虎導於前，而蒼龍和於後矣。一唱一和，虎嘯龍吟，鉛爲汞留，汞因鉛伏。汞性飛揚，類朱雀之翔舞；鉛能伏汞，喻羅網之施張。始則嗷嗷聲悲，旣乃羽毛摧折。

陶註　嬰兒領入重幃，有夫唱婦隨之義。以其性情言之，類朱雀之翔戲，而五彩耀目也；以其制伏言之，喻羅網之施張，而壓止不飛也。始則風雲滿鼎，如嗷嗷之聲悲；旣乃煉烹混融，如羽毛之摧折。

王註　外丹之法，謂汞死如蟬鳴，嗷嗷聲悲，借外比內。　**補註**　湯鑊毛羽，因朱雀而形容之，亦汞死之象也。

刻漏未過半兮，龍鱗狎獵起。五色象炫耀兮，變化無常主。潏潏鼎沸馳兮，暴湧不休止。接連重疊累兮，犬牙相錯距。形如仲冬冰兮，瓓玕吐鍾乳。崔嵬而雜厠兮，交積相支拄。　龍，舊作魚；甲鬣、狎獵，刊本互差，今從朱本；接連，一作雜還；重，平聲；累，上聲；形，一作似；瓓玕，周氏云「當作琅玕」；　交，一作兼。

好古註　此中言金丹變化之象。

又云　進火退符，方經刻漏，則龍鱗狎獵，紛紛而起，炫耀如五色之象，暴湧如鼎沸之馳，重疊接連，交相積累，或如犬牙，或如冰結，或如瓓玕，或如鍾乳，崔嵬雜厠，相支相拄，不可名言其狀也。

陸註　以其一時半刻之候而言，震來受符，龍鱗奮起，金華炫耀，五色無常，潏潏鼎馳，上河車而逆轉，接連重累，同錯距之犬牙，漸採漸結，先液後凝，鍾乳闌干，交積支持。丹之成象，盡露斯言，是乃大藥還丹之驗也。

西京賦　披紅葩之狎獵。　**註**　狎獵，重疊貌。

陰陽得其配兮，淡泊而相守。青龍處房六兮，春華震東卯。白虎在昴七兮，秋芒兑西酉。朱雀在張二兮，正陽離南午。三者俱來朝兮，家屬爲親侶。本之但二物兮，末乃爲三五。三五並危一兮，都集歸一所。

而，一作自；處，上聲；華，一作花；秋芒，秋穀垂芒也；正陽，夏令；朝，音潮；末乃，乃，一作而；並危，陳作之與，朱作併與；歸一，一，一作二，非。

補註　此言「五行全入中央」，乃合丹之法。龍虎朱雀，已見上文，此復申明丹法次第也。陰陽得配，須淡泊而守者，無思無爲，靜而待動也。方其靜時，如龍東虎西而雀南，各居房六昴七張二之度，及其動而交合，則離火能銷兑金，兑金能伐震木，三者本同類相親，遂逆尅而成丹藥，故曰「三者皆來朝，家屬爲親侶」；下又兼舉危一者，築基之後，再得先天坎水，以伏離宮之火，乃結還丹於土釜。如此則四象會而五行全，故曰「三五並危一，都集歸一所」。危一，指眞一之氣；一所，指黄庭神室。舊指「危一」爲「一所」，未合。

彭註　一陰一陽，兩相配合，而變化自行，二體能生四象也。觀周天三百六十五度，自北方虚危之間，平分天盤爲兩界，而危初度，正與南方張二度相對。丹道以水爲基，青龍白虎朱雀三方之正氣，皆發源玄武之位，而房六昴七應水火之成數，張二危一應水火之生數，皆一脈生成，並非異類。本之但陰陽二物，末則水一金四而成五，木三火二而成五，金水中戊土、木火中己土又成五，合之爲三五。三家相見，會歸於一處，胎就嬰兒，而丹道無餘事矣。

治之如上科兮，日數亦取甫。先白而後黄兮，赤色達表裏。名曰第一鼎兮，食如大黍米。治，平聲；甫，始也；取甫，一作甫取；色，一作黑；達，一作通。

補註　此又言還丹温養之方。

三者來朝，集歸一所，上文丹法科條甚明。但鼎中藥物，須辨先天後天，如危一眞水，在彼爲首經之寶，在此爲受氣之初，故曰日數亦取甫，崔公所謂「初結丹，看本命」也。還丹大藥，象諸白黄，採先天也；温養火符，象諸赤色，採後天也。三百日工夫始終，備於此矣。

陶註　先白者，採之類白，金液之色；後黄者，凝而至堅，號曰黄轝；赤色達表裏者，造之則朱，火包内外也。

補註　表裏之義，詳傳文「剛柔有表裏」。

陸註　第一鼎，先天之藥；　食黍米，初得之丹。經云「元始有一寶珠，懸於虛空」者，蓋是物也。

自然之所爲兮，非有邪僞道。若山澤氣相通兮，興雲而爲雨。泥竭遂成塵兮，火滅化爲土。若檗染爲黃兮，似藍成綠組。皮革煑成膠兮，麴蘖化爲酒。同類易施功兮，非種難爲巧。

通，一作蒸；　竭，一作結；　檗，音柏，黃水；　藍，卽今靛青；　煑成，成，一作爲；　化爲酒，化，當作釀；　易，音異；　種，上聲；　巧，去九切。

補註　此言丹道出於自然也。

陰陽交感，乃人道之自然，其乘時採取，有爲一若無爲，初非傍門造作者比。「山澤」八句，申明「自然之所爲」，以起「同類易施功」。

陸註將此條配合丹法，以「白雲朝頂上，甘露灑須彌」，證「興雲爲雨」；　以「形體爲灰土，狀若明窗塵」，證「泥竭成塵」；　以「水勝火消滅，俱死歸厚土」，證「火滅爲土」。於下四句，却難牽合。不如概言物理之自然，猶易言同聲相應、同氣相求、水流濕、火就燥，何必拘拘附會丹法乎？

或云：「染黃成綠，於色相中求藥也；皮革煑膠，火候欲其完足也；麯化爲酒，得氣者常似醉也。」此說亦牽强。

惟斯之妙術兮，審諦不妄語。傳於億後世兮，昭然自可考。煥若星經漢兮，昺如水宗海。思之務令熟兮，反覆視上下。千周燦彬彬兮，萬遍將可覩。神明或告人兮，心靈忽自悟。揣端索其緒兮，必得其門户。天道無適莫兮，常傳於賢者。　諦，音帝；　妄，一作誑；　世，一作代；　自可考，自，一作而；　考，口舉切；　海，史五切；　令，平聲；　覆，音福；　下，後五切；　覩，上聲；　或，一作忽；　忽，一作乍；　悟，上聲；　索，音色；　户，上聲；　適，音的；　賢者，能揣端索緒，卽潛心好道之賢者；　者，掌與切。

補註　結言著書明道，待人而傳也。上六句言契文之作，可信今而傳後；　中六句言讀契之人，當心解而神悟； 末四句指丹家隱訣，援天以授人，慎之至矣。審諦不妄語，此作經苦心； 反覆視上下，此讀書要法； 必得其門户，此修丹眞竅。篇中「玄溝」「關鍵」，卽坎離之門户。

陸註 星經漢，經緯有章也； 水宗海，源流合一也。能於契文熟究精研，則精誠所通，自有神告心悟之機。又況天道無親，常與善人，安肯靳而不傳，以絕千年之道脈乎？學人當勉於修德，以爲凝道之基。

謹按 此章舉參同契而約言之。法象天地，是剛柔配合，乾坤爲鼎器也； 河鼓臨紀，是男女相須，坎離爲藥物也。玄溝取象於坎門； 關鍵取象於離户。晷影則離之神火； 江河則坎之神水。王者退改，以中心爲主宰也。雌雄者，人身之天地； 低昂者，顚倒之陰陽。子午寅申，指火符之進退； 循斗執衡，以魁柄爲綱紐。出入終始，築基而温養，首尾運火之功也。白虎唱而蒼龍和者，其金華先唱，陽乃往和乎； 朱雀翔而五彩飛者，其河上姹女，得火則飛乎； 綱羅施而不得舉者，其魄以鈐魂，不得淫奢乎。刻漏未半而龍鱗狎獵，是蓋簇年月於一時，簇時刻於一符，凝精流形，其在斯乎。此條皆借外丹景象以形容外丹之神妙，卽所謂「滋液潤澤，施化流通，各得其和，俱吐證符」耶。震東兌西，乃龍呼而虎吸；正陽離南，殆守西之熒惑耶。分之爲三五，合之皆歸一，斯卽「三五與一，天地至精」「九還七返，八歸六居」耶。白黃與赤，蓋「採之類白，造之則朱」，得黃轝而金丹成矣。象且白赤，爲金火之色，金火相交，不離戊己。戊己者，玄牝之門，天地之根，眞鉛眞汞於此而生，成人成聖由此而出，經云「孔竅其門」，此云「得其門户」，皆此物也。

天地之法象雌雄，篇中頻露意矣，而又云「山澤通氣」，何也？山澤之咸，兌艮合體，易曰「柔上而剛下，止而說，男下女，二氣感應以相與」，其於丹法尤爲顯著。柔上剛下，象其顛倒低昂也；止而說者，艮性欲其專一，兌情欲其和諧，以此男求於女，則有感而必應矣。

夫金丹之學，其術至妙，而其道至大，如日月經天，江河行地，萬古不能移易者。傳云：「上觀天河文，下序地形流，中稽於人心。」當時徐淳二公，同出魏眞人之門，故其發揮經旨，適相符合耳。

鼎器歌

補註　前賦乃倣離騷，此歌則倣古銘，一人又爲兩體，此契文後勁也。　**上陽註**　此章接於法象之下，緣鼎器亦法象耳。　**陸註**　歌中言尺寸、厚薄、長短，皆自身中懸胎、偃月之類而裁定之，有似外爐法象也。

圓三五，徑一分；口四八，兩寸唇；長尺二，厚薄匀；腹齊三，坐垂温。陰在上，陽下奔。圓，一作圍；徑，一作寸；齊，同臍；齊三，一作三齊。

補註　此言臨爐採藥之方，仍是乾坤爲爐鼎，坎離爲藥物。

陸註　「圓三五，徑一分」，言鼎也，謂以寸五爲度，而規圓之，徑得三分之一，是謂陽鼎；「口四八，兩寸唇」，言爐也，謂口分四寸八分，而又有兩寸唇以環口外，是謂陰爐。蓋鼎在爐中，爐包鼎外。「三五」與「一」，陽之數也；「四八」與「兩」，陰之數也；有「圍」有「徑」，奇之象也；有「口」有「唇」，耦之象也。陰陽奇耦，盡露斯言，學人以意參之，可以得諸象數之外矣。

「長尺二，厚薄匀」者，言藥物匀平，二八相當，無偏勝也。以尺二比十有二月，卦氣循環，無參差也。「腹齊三」者，腹臍之下，三分匀停，定其居也；「坐垂温」者，默然垂簾，内視下田，候其温暖之氣。「陰在上，陽下奔」者，採藥之時，地天交泰，下蒸上沸，而陰中之陽奔注於下也。「長尺二」者，十二時中看爻動也；「厚薄勻」者，兩相配當無盈縮也。

首尾武，中間文；始七十，終三旬；二百六，善調勻。陰火白，黄芽鉛；兩七聚，輔翼人。善，去聲。

補註 此言藥火始終之事。

上陽註 首行煉己，武火三年；尾行温養，武火一年；中間煉丹，止用一符文火。

補註 武火壯盛，後天藥符；文火眞純，先天丹母也。

姜註 「始七十，終三旬」，得藥之後，百日而始凝也。又加二百六十日進退火符，以合周天之數。陰眞人云「十月懷胎分六甲，終歲九轉乃成眞」是也。

陶註　陰火白者，白雪也；黃芽鉛者，金華也。白雪乃汞之氣，黃芽乃鉛之精，二物皆混元杳冥之中所產眞一之氣。

眞一註　兩七者，青龍七宿之氣，與白虎七宿之氣。合聚神胎，以輔翼眞人，所謂「眞人潛深淵」也。

陸註　鉛汞一氣，同聚中宮，輔翼人身，以成仙體。

或云：「兩七」者，十四以下之鼎器也，取其氣旺而藥眞。運火須九鼎，故曰「聚」也。

　　贍理腦，定升玄；　子處中，得安存。來去遊，不出門；　漸成大，情性純。却歸一，還本原；　善愛敬，如君臣。至一周，甚辛勤；　密防護，莫迷昏。途路遠，極幽玄；　若達此，會乾坤。

贍，一作瞻；　升玄，一作玄升；處，上聲；　善，去聲；　極，一作復。

補註　此言抱元守一之功。

陸註　丹法移爐換鼎，自下而上，升於泥丸玄宮，故當瞻養調理，使眞人安處於腦中，黃庭經所謂「子欲不死守崑崙」是也。迨安存之久，自然脱胎於頂門。但嬰體微嫩，仍當時時顧提，不可縱其遠遊。及乎漸凝漸大，嬰兒顯相，而情性乃更純熟矣。歸一還原者，虛無恬淡以養沖和也。愛敬眞主，如臣奉君，尊之至也；一載之內，辛勤防護，愼之至也。其路極遥遠，非可猝致，而理最幽玄，難以意窺，若能洞達乎此，則宇宙在手，而乾坤之理得矣。

腦爲諸髓之海，腦實而諸髓皆實；子者，嬰兒也；歸一，抱一也；還原，復命也；一周，一年也。

刀圭霑，淨魄魂；得長生，居仙村。樂道者，尋其根；審五行，定銖分。諦思之，不須論；深藏守，莫傳文。御白鶴，駕龍鱗；遊太虛，謁仙君；受圖籙，號眞人。

樂，音洛；論，平聲；圖籙，一作天圖；虛、籙，一本後各有「兮」字。

蒲團子按　陸西星測疏，「鶴」「虛」「籙」後各有「兮」字。

補註　末言得道成仙之效。

陸註　刀圭一霑，魄魂清淨者，還丹入口而陰氣爲銷鑠也； 既得長生，託居仙村者，煉神還虛而超然塵俗之外也。 夫樂道者，尋大道之根宗，以先天一氣爲之本； 審五行之順逆，使生尅制化得宜； 定藥物之銖分，使鉛汞抽添合度。 此等至理，但可審思密藏，難以口談文述，惟默默行之，三載九年，道成德就，則身外有身，駕鶴參龍而神遊乎寥廓之表，膺籙受圖而天錫以眞人之號，是謂聖修之極功，丈夫之能事畢矣。 仙君者，道祖也。

陸西星曰：「鼎立懸胎，爐安偃月，假名立號，在人得意忘言。 執象泥文，徒爾按圖索驥。 在古聖垂『鼎原無鼎』之訓，似若可憑，而陰符著『爰有奇器』之文，豈終無說？ 此歌劑量尺寸，較定短長，認爲爐火則文義不蒙，求之身心則支紐難合，然諸家註疏亦涉朦朧，非以名不可名，象而罔象耶。 今爲臆說，大義粗陳，或可不悖於聖師，兼以就正夫有道云耳。」（西星，江北興化人。生平雅慕道術，遇呂仙師於拱極臺，嗣後常至其家，傳陰符、道德之秘，因註黃、老、參、悟諸書，名曰方壺外史。 呂師又命兩仙童，受業於陸。 偶與嬉戲，童子飛空而去，仙師仍至，索紙題書，以指代筆，末有云「每一下堦，衆仙爲之側目」，自此仙跡杳然。 陸氏子孫，至今珍藏此卷，書尾猶帶指上羅文。）

東漢仙眞方技，各擅神奇，見子建集中所記。 惟參同契，流傳至今，其書上宗三聖，而下啟列眞，誠丹經之傑出者也。高象先詩：「叔通（淳于氏）從事（徐景休）魏伯陽，相將笑入無何鄉；準連山作參同契，留爲萬古丹經王。」今按：夏易連山，以艮居首；商易歸藏，以坤居首；周易尊天，以乾居首。魏公本周易而作參同契，取乾坤坎離爲鼎器藥物，取屯蒙既未爲晝夜火符，未嘗言及連山。高氏獨謂「準連山做參同契」，初時未得其解，及讀晦朔合符章，見「始於東北，箕斗之鄉」，恍然有會於心。蓋東北屬艮方，艮象卽連山也。考一年之歲功，常起於東北，而一月之生明，亦起於東北。丹法取月象以明藥候，其癸陰盡而鉛始生，正如新月之初出於艮方也。連山之說，意蓋指此乎？或曰連山只概言易書，不必拘於夏易。

神仙傳藥不傳火，誠恐輕洩天符耳。但火候不傳，何以入室行功？契文從卦月上指明動靜剛柔，又從月節中推出經緯表裏，布置周密而脈胳分明，此乃喫緊示人下手心訣也。閱諸眞著述，亦嘗隱約言之，未有如此書之明且盡者，「萬古丹經王」，其言信不誣矣。

朱子理學大儒，尊信參同契，嘗加之以註釋，河東薛氏則目爲方技之書，兩賢所見不同。按人生受胎於父母，稟氣於天地，得是書以養性立命，體受全歸，此卽孝子事親、仁人事天之極功。文清之說，無乃專信儒理，不暇精研道術耶。學者欲知化窮神，與天合德，自當以朱子爲宗。

參同契附錄

張紫陽眞人讀參同契文

依倣契文，括成韻語。

大丹妙用法乾坤，乾坤運兮五行分。五行順兮常道有生有死，五行逆兮丹體常靈常存。一自虛無兆質，兩儀因一開根；四象不離二體，八卦互爲子孫。萬象生乎變動，吉凶悔吝茲分；百姓日用不知，聖人能究本源。顧易道妙盡乾坤之理，遂託象於斯文。否泰交，則陰陽或升或降；屯蒙作，則動靜在朝在昏。坎離爲男女水火，震兑爲龍虎魄魂。守中則黃裳元吉，遇亢則無位而尊。既未愼萬物之終始，復姤昭二氣之歸奔。月盈虧，應精神之衰旺；日出没，合營衛之寒温。本因言以立象，既得象而忘言；猶設象以指意，悟其意則象捐。達者爲簡爲易，迷者愈惑愈繁。故知修眞上士，讀參同契不在乎泥象執文。

遇亢無位，謂火太旺須沐浴也。

陸西星註　金丹之道，象天法地。天地不外乎陰陽，陽變陰合，而生水火木金土，五氣順布，四時行焉。凡在二五陶鑄之中，莫不順之以爲生死，此常道也。丹道則舉水以滅火，以金而伐木，每以逆尅而成妙用。故曰：「五行順兮常道有生有死，五行逆兮丹體常靈常存。」夫丹之所以常靈常存者，得一故也。一者何？先天眞一之氣自虛無來者也。老聖曰「道生一，一生二」，故曰一者虛無所兆之質，而兩儀則因一以開其根。兩儀立矣，四象生焉。四象者何？陰陽老少也。太陽爲火，太陰爲水，少陽爲木，少陰爲金，是皆陰陽變化而成，故曰四象不離二體。

其云八卦互爲子孫，何也？八卦者，四象之所因也。乾生三男震坎艮，坤生三女巽離兑。丹法震兑歸乾，巽艮還坤，則兑屬之乾，而艮屬之坤矣。離東坎西，則離屬之乾，而坎屬之坤矣。故曰互爲子孫。又乾爲金，金生水，則坎爲子而震巽之木爲孫；坤爲土，土生金，則乾爲子而坎水爲孫；離爲火，火生土，則艮坤爲子而乾金爲孫；坎爲水，水生木，則震巽爲子而離火爲孫。推此則八卦可知矣，亦曰「互爲子孫」云耳。

「萬象生乎變動，吉凶悔吝兹分」，何以故？卦爻之吉凶悔吝，皆生乎動。丹法纖芥不正，悔吝爲賊，爻動之時，可不愼乎？

且夫金丹之道，一陰一陽而已。日用而不知者，百姓也；知之而修煉者，聖人也。聖人洞悉陰陽之本原，旣修之以善其身矣，於是作爲丹經，以開來學，以爲盡乾坤之理者，莫過於周易。故參同契擬易，莫不以乾坤爲鼎器，以坎離爲藥物，以屯蒙旣未爲火符。要皆託象於易，以明陰陽消息之理，故其否泰交則陰陽之升降也，屯蒙作則動靜之朝昏也，坎離則男女之水火也，震兌則龍虎之魂魄也。至若採藥行火之際，其言「元吉」者，卽「六五黃裳」，中而且順；其云「有悔」者，卽上九戰德，無位而尊也。愼其終始，則屯蒙旣未，不爽於毫釐；象其歸奔，則復往姤來，一循乎卦節。「月盈虧，應精神之衰旺」，言精神而藥物可知也；「日出沒，合營衛之寒温」，言營衛而火符可準也。

此參同契擬易之大旨也。然其要，不過識陰陽互藏之精，盜其機而逆用之耳。舉其要，則惟簡惟易；迷其宗，則愈繁愈難。學者苟能因文以會其意，指象而不泥其文，則庶乎理與心融，文從義順，而無開卷嚼蠟之患矣。

此篇舊載悟眞篇後，有戴復古註，不如陸說之詳明精確。

謹按　周易參同契，乃儒門而兼通道術者，千載以還，張紫陽眞人復著悟眞篇，以發揮契理，兩書相爲表裏，有功玄學非淺。考南宗一派，首創於上虞，而再振於天台，先後作述，皆能大暢玄風。東浙數百里間，上眞竟兩見，斯亦奇矣。此文蓋張氏親詣實得，舉其綱要而立言，非泛然叙論者比。并採陸註以附終卷，用知大道長垂，端賴源流之可據也。

蕭元瑞讀參同契作

名廷芝，元朝人，倣紫陽而作此篇，以有關契文，故附錄於後。

氣含太極，道立玄門。日摶月，而易行其中；月持日，而易藏其用。水騰浮作離中汞，火降沉爲坎裏鉛。坎納戊兮月魄烏飛，離納己兮日魂兔走。戊己爲爐，而烹煎日月；坎離爲藥，而點化魄魂。日合五行，月隨六律；門通子午，數運寅申。復臨泰壯夬乾兮，六陽左旋；姤遯否觀剥坤兮，六陰右轉。百八十陽兮，日宫春色；百八十陰兮，月殿秋光。月不自明，因日以呈其彩；日之有耀，遇月而發其光。互爲宅室，交顯精神。長教玉樹氣回根，不使金華精脱蒂。姹女捉烏吞玉兔，嬰兒驅兔吸金烏。自震庚兑丁，而乾納甲壬；由巽辛艮丙，而坤藏乙癸。上弦數八兮，砂中取汞；下弦數八兮，水内淘金。青龍是木，木產火中；白虎是金，金生水内。七八十五兮坎離交，九六十五兮乾坤合。自子至巳，先進陽火；自午至亥，復退陰符。七八者，少陽少陰之數存；九六者，老陰老陽之數寓。二八十六兩兮，中全卦氣；五六三十日兮，妙運天輪。屯蒙常起於朝昏，既未無愆於晦朔。恍惚水中金不定，飛揚火裏水難收。金木間隔既殊途，水火調和歸一性。七返返本，九還還元，結就玄珠，煉成至寶。不神之神所以神，調息定息至無息。二十四氣，體天之消息；七十二候，隨時而卷舒。惟能得象忘言，不在執文泥象。悟之者簡而且易，迷之者繁而愈難。卽周易象而參考之，自然契合；獨魏伯陽之著詳矣，宜究精微。

補註　無極太極，不離陰陽，玄之又玄，衆妙之門。開首提明，見易道通乎丹道也。日摶月者，離投於坎，乃順而生人；月持日者，坎塡於離，乃逆而成丹。水本沉，激之而使浮，由於運汞迎鉛；火本浮，制之而使沉，由於得鉛伏汞。坎納六戊，而月裏烏飛，離一交則坎宮之氣動焉；離納六己，而日中兔走，坎一交則離宮之氣凝焉。戊己之爐可烹日月，坎離之藥能點魂魄，正言臨爐採藥日積月累之功。

日合五行，謂五日一候，一年七十二候也；　月隨六律，謂一月一律，一年十有二律也。

水生於申而旺於子，火生於寅而旺於午，子午乃冬夏二至，寅申爲春秋初氣。　丹家運火，每日亦取此四時。

六陽左旋，而一百八十者，自復而乾也；　六陰右轉，而一百八十者，自姤而坤也。　春光秋色，卽仁義德刑之義。

月受日明，日發月光，一含一吐，而成合璧交光，故曰「互爲室宅，交顯精神」。

玉樹同根，陽得陰助也；　金華生蒂，命基在坎也。　烏吞兔吸，卽契文「龍呼虎吸，飲食含併」之意。

震兌與乾，納庚丁甲壬，謂「上弦金半觔」；　巽艮與坤，納辛丙乙癸，是謂「下弦水八兩」。　此一月六候之期，進火退符用之。

砂中取汞，而火反生木，龍從火裏出，震之初弦氣是也；　水內淘金，而水反生金，虎向水中生，兌之初弦氣是也。

七八者，火木之成數；　九六者，金水之成數。　九六爲老陽老陰，七八爲少陽少陰。

其取象於乾坤坎離者，乾坤爲本體，故屬之二老；　坎離爲作用，故屬之二少。　其實牝牡四卦，只是二物，以動靜分之而成四象耳。七八合爲十五，九六亦成十五。

每月有朔望，而陰陽消長之機寓焉。丹家朝屯取上半月之金，暮蒙取下半月之水。自屯蒙而訖既未，一月六十卦，温養之法具矣。

水金不定，候難測也；火木難收，己不煉也。以致金木間隔，而情弗歸性。惟調和水火，使之不乾不寒，自然木性愛金，金情戀木，四象會，五行全，而返本還元之道得矣。

契言「九還七返，八歸六居」，而此獨言「七」「九」者，坎金離火，互相交煉，而凝結爲丹，所謂「男白女赤，金火相拘」也。

不神之神，盜機之時，天下莫能見也；定息無息，守靜之久，胎息自歸根也。丹法煉精化氣，煉氣化神，始終大道，備於斯矣。

二十四氣，七十二候，言十月功完，周天數足，從此九年抱一，煉神還虛，乃變形而成仙，是之謂「無極」「太極」，「玄之又玄」也。

參同契集註後跋

魏公參同契，列於道藏，儒家罕覯其書，經考亭朱夫子表章之後，經生始知有此書。第自東漢迄今，傳世久遠，以致經、傳參差，文義顛錯，讀不數章，每昏昏欲睡。由不得其竅要，絕無醒心處也。迨杜、楊二氏，酌復古本，不啻斷圭復完，缺璧重合。然箋註紛紜，談清靜者尚枯修，言陰陽者涉房術，講服食者主爐火，各執其說，究鮮指歸。今誦集註新編，討論章法，會通疏文，直剖金丹上乘，闡明性命雙修之理，其析疑辨難，索隱洞微，眞能默契心源。學者按章而考，循序用功，於喻辭之外探其眞詮，繁緒之中提其要領，可藉爲修眞之梯筏矣。

或據明儒胡敬齋之論，謂朱子註釋參同，引人入於異端，是亦過矣。今人讀聖賢書，而顯背名教者，不可勝紀。卑者染於聲色貨利，高者溺於記誦詞章，無非捨內務外，伐性而戕生，是則聖門之大戒也。乃於尚清虛，守恬淡，修身樂道，無忝所生者，反目爲異端，不已太甚乎？後人能誦法是書，以養性延命，全歸而爲父母之孝子，踐形而爲天地之完人，其有功於名教亦多矣。前輩未嘗研慮悅心，上窮道奧，而顧輕爲譏議，蓋專守儒風，而遺却列聖諸眞廣大精微之妙用耳。

赤城後學洪熙揆漢箋氏謹跋

玄妙觀碑記

明嘉靖元年，謝丕記曰：「玄妙觀，在上虞縣西南二里金罍山之巔，卽魏伯陽眞人故宅也。晉太康中，得金罍於井，因以名觀。宋大中祥符二年，詔創天慶觀。元元貞初，改名玄妙。邑人止稱金罍觀，重其始也。元末觀燬。成化八年，邑侯黃錦，屬明德觀道士葉廷敬重建，作堂三楹，翼之以樓，前有甃道，環樹松竹，蔚然森秀。正德丙子，其徒范洞澄，復葺前殿，置二石亭，一以覆井，一以樹碑，因請爲之記。余惟魏公蓋賢人君子，遯世高騫者，其修眞妙道，具在參同契中，實啟還丹之學，與周易理通而義合。自紫陽朱夫子考釋表章，儒林遂推重此書，資以養性延命，澤被後人多矣。故世閱千百年，而舊里故居，至今崇奉，豈同琳宮梵宇，設象教以誣民者哉！」

縣志：「金罍山高數丈，漢魏眞人選勝修煉，著參同契於此。旁有丹井，井竇上九下一。」又云：「縣南十里許，有百樓山，疊嶂重巒，爲縣屏障。山半平廣數十畝，魏公亦嘗卜居焉。」

附：觀中題詠

明葉砥詩　亭亭金罍山，右有神仙宅；漢魏伯陽父，飈御藐八極。山中鼎竈無靈跡，惟餘丹井澄寒碧；丹光有時夜燭天，摶作絳霄霞五色。蓬瀛之路三萬賒，珠宮貝闕在咫尺。

陳炫詩　仙宮迢遞枕城西，古路縈迴過碧溪；丹井已空蒼蘚合，石壇猶在白雲迷。青霄遼鶴無人見，落日山猿抱樹啼；更羨黃侯能弔古，紫騮踏遍落花泥。

余元老詩　閒步蒼苔一逕通，白雲深處是琳宮；已知丹鼎歸天上，那復金罍出地中。井漾寒泉猶夜月，山圍古木是秋風；滄桑變幻知能幾，且向樽前醉老翁。

趙棨詩　夜光隱隱金罍古，秋色沉沉石甃寒；老樹綠蘿蒼蘚合，何人三嚥伯陽丹？

李培詩　踏遍煙霞洞壑深，蓽門秋鎖薜蘿陰；自從雞犬雲中去，井上丹砂何處尋？

附：軼事二條

別傳所載，昔有越估航海，陰風泊島中，遇一老翁，自云姓魏，附家書於上虞。估客登舟，忽順風抵岸，反還鄉，遍訪魏氏，蹤跡杳然。一日偶遊魏公祠觀，瞻視神相，宛似海國所逢者。序言「百世以下，遨遊人間」，信不誣矣。

抱朴子云：「漢魏宗，伯陽之子，仕魏朝，爲將軍，封於段干。」據此，則父子兩代，隱見異途矣。嘗讀契序，言「忽畧名利，執守恬淡」，又言「東西南傾，水旱隔並」，蓋早知靈桓之世，兵荒將起，而遯跡隱淪也。易曰「不事王侯，高尚其志」，眞人有焉。宗乃身投霸府，手握兵符。噫！鳳翔千仞，而其雛不能附一尾，可勝惜哉！

蒲團子按　考抱朴子對俗云：「得道之高，莫過伯陽。伯陽有子名宗，仕魏爲將軍，有功於段干。然則今之學仙者，自可皆有子弟，以承祭祀。祭祀之事，何緣便絕。」史記老子韓非列傳第三則云：「老子之子名宗，宗爲魏將，封於段干。」而老子亦號「伯陽甫」，故此處「伯陽」當指老子，而非魏伯陽。

圖說

人身有三穴。名後三關。脊骨起處爲尾閭關。又名羊車。七節以內爲命門關。又名小心。脊梁盡處。爲天柱。亦名鹿車。上至枕骨。爲玉枕關。

周身六關三脉圖

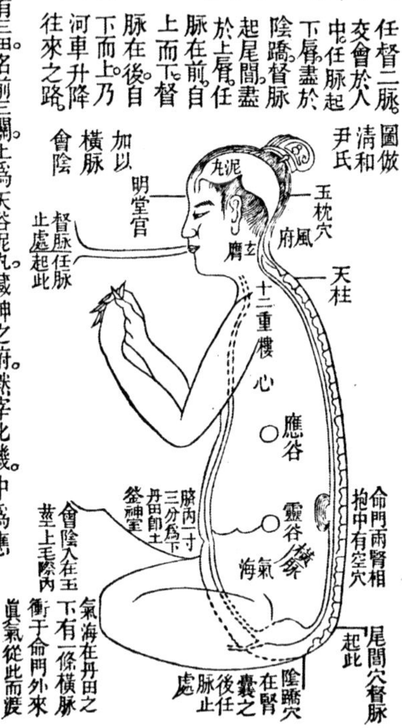

人身有三田名前三關。上爲天谷泥丸。藏神之府。黙宰化機。中爲應谷絳宮。藏氣之府。日以接物。下爲靈谷關元。藏精之府。夜則歸根也。

法用右旋逆轉。如初一日子時爲潮信初至。卽從子時左圈。逆數至子之右圈。爲兩日半時。但恐癸陰尚未淨盡。又須從子位之右圈。逆數至亥之左圈。再計兩日半時。合成六十時辰。乃是五日一候也。亥與巳相冲。取氣在巳時前四刻。再從戌位左圈。逆數至酉位右圈。爲六

右十二雷門測候圖左

以二十八宿。排十二時辰。名十二雷門。言候至機應如雷動也。子午卯酉各得三度。當十二宿。餘八位各得二度。當十六宿。口訣云。鼎氣逢期至。初三月出庚。却從初四起逆轉數經星。

弘治間山西孫教鑾得眞人安先生秘授因傳此圖

十時辰。亦五日一候也。酉與卯相冲。取氣在卯時前三刻。餘各倣此排作一月火符。以前三度爲陽金。後三度爲陰水。

河圖三五之數

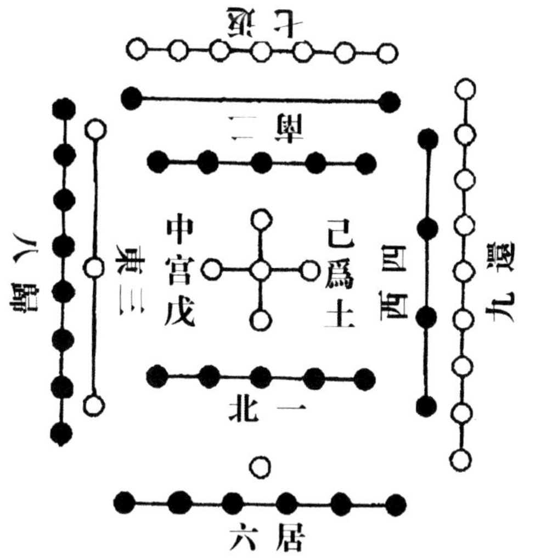

洛書四象之圖

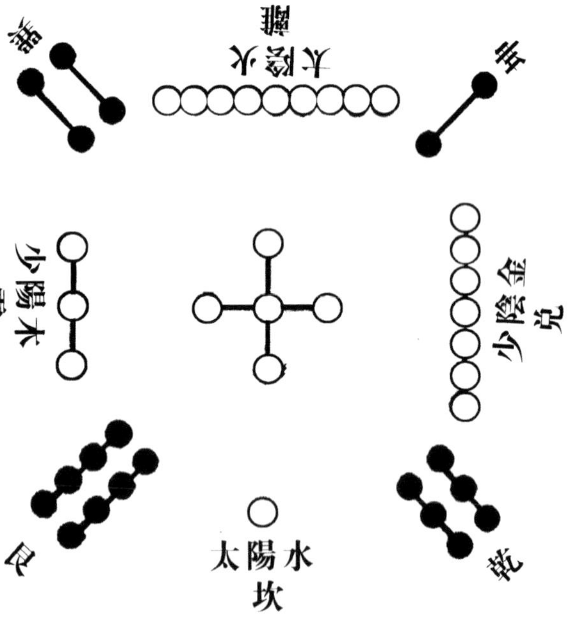
太陰火
離
巽
坤
少陽木
震
少陰金
兌
艮
乾
太陽水
坎

先天八卦對待圖

乾坤定上下之位。所謂鼎器也。

坎離司左右之門。所謂藥物也。

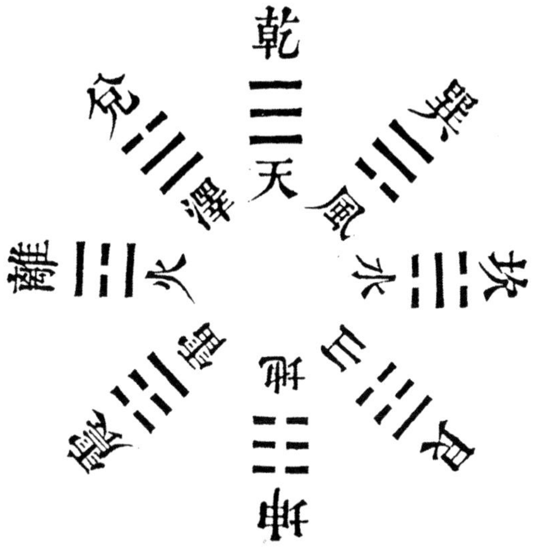

後天八卦流行圖

南北相交。舉水滅火。東西相交。金伐木榮。

青赤白黑。各居一方。自艮至坎。歲功順行。

一月六候圖

坎離配爲藥物。

餘六卦爲火候。

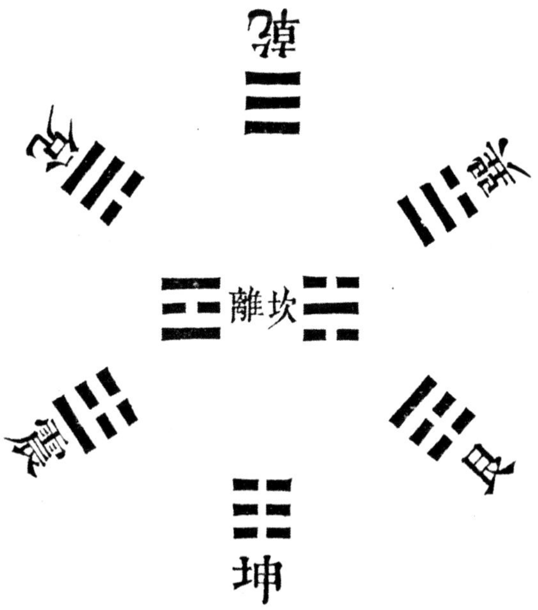

六候納甲圖

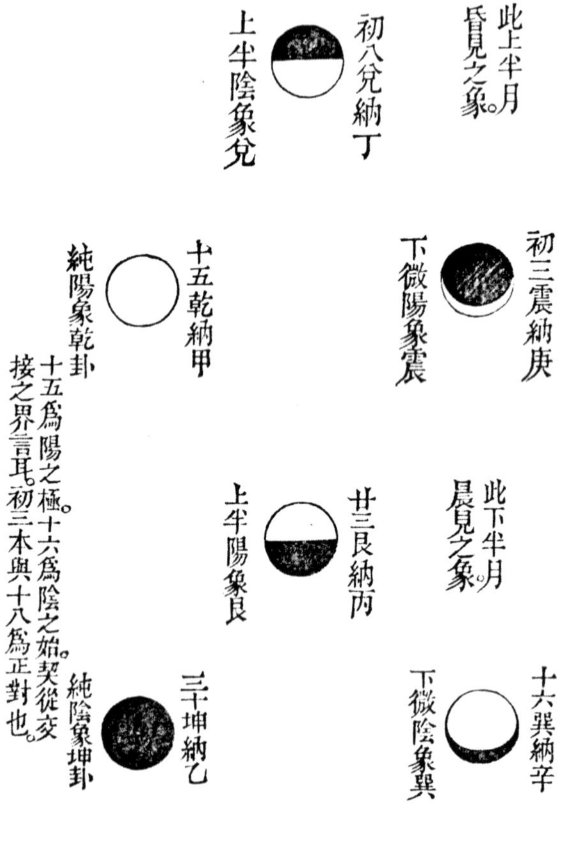
此上半月
昏見之象。
初八兌納丁
上半陰象兌
初三震納庚
下微陽象震
十五乾納甲
純陽象乾卦
十五爲陽之極。十六爲陰之始。契從交
接之界言耳。初三本與十八爲正對也。
此下半月
晨見之象。
廿三艮納丙
上半陽象艮
十六巽納辛
下微陰象巽
三十坤納乙
純陰象坤卦

十二月卦律圖

子 十一月 復 黃鍾
丑 十二月 臨 大呂
寅 正月 泰 太簇
卯 二月 大壯 夾鍾
辰 三月 夬 姑洗
巳 四月 乾 仲呂
午 五月 姤 蕤賓
未 六月 遯 林鍾
申 七月 否 夷則
酉 八月 觀 南呂
戌 九月 剝 無射
亥 十月 坤 應鍾

六十卦火候圖

三十卦數。上下顛倒。每日兩卦。乃成六十。

乾坤坎離。鼎器藥物。四卦居中。餘作火符。

起自屯蒙。終於既未。右旋逆行。周而復始。

淳于氏三相類圖

此圖按以金丹。理多不合。殆言爐火外事。故云世金世銀。初用武火鍊鉛。按候投砂。則下沉而受氣。又用文火養砂。氣足砂凝。則上浮而成藥。此卽所謂戊藥。也又加文火煆煉。去戊留已。是名已物。其制死靈砂。

乙 浮右	丁 文火	已物	辛 世銀	癸 眞鉛
三木	二火	五土	四金	一水
甲 沉左	丙 武火	戊藥	庚 世金	壬 眞汞

五位相得而各有合

是曰眞鉛。眞鉛成寶。名爲世銀。又將此銀翻粉。可以乾汞點金。是曰眞汞。汞爲世金矣。從此生生不息。堪助道濟人積功而昇舉。此就外丹言。之理却可通。殆所謂爐火之事。眞有所據者耶。但其法秘不敢洩耳。

三相類圖說辨疑

此圖舊在三相類中，以十干配五行，又引易傳「五位相得，而各有合」，髣髴似河圖四象之意。中間一行，自上而下，木火土金水，乃造化順生之五行；自下而上，水金土火木，乃丹道逆生之五行。其左右對列，甲與乙對，丙與丁對，戊與己對，庚與辛對，壬與癸對，一陽一陰，五行自相偶也；其上下分應，甲與己應，乙與庚應，丙與辛應，丁與壬應，戊與癸應，五陰五陽，五行互相尅也。再用四面方排，甲乙與庚辛配，是丹道之金來伐木也；丙丁與壬癸配，是丹道之舉水滅火也；戊己二土位在中宮，是四象會成五行，而丹胎凝結也。圖中大旨，不過如此，但有不可强通者。陽木宜浮反爲沉，陰木宜沉反爲浮，文火宜左反居右，武火宜右反居左，且中間戊藥己物分明配屬坎離二象，又以汞金屬戊藥之下，鉛銀屬己物之下，均於丹理不符。

太極順生圖

濂溪周子傳授此圖

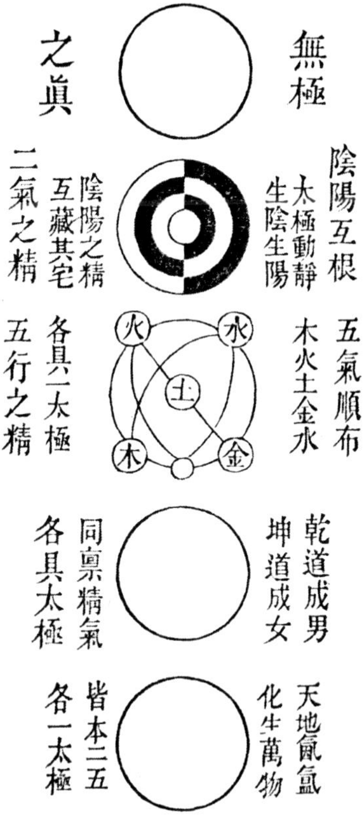

自上而下順以生人

丹道逆生圖

圖出希夷丹家之秘

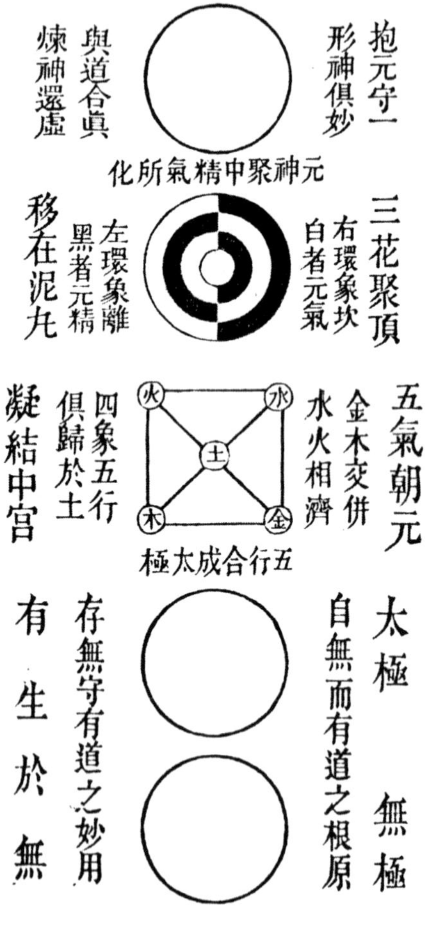

自下而上逆以成仙

二十八宿玄溝圖

斗建月將天罡圖

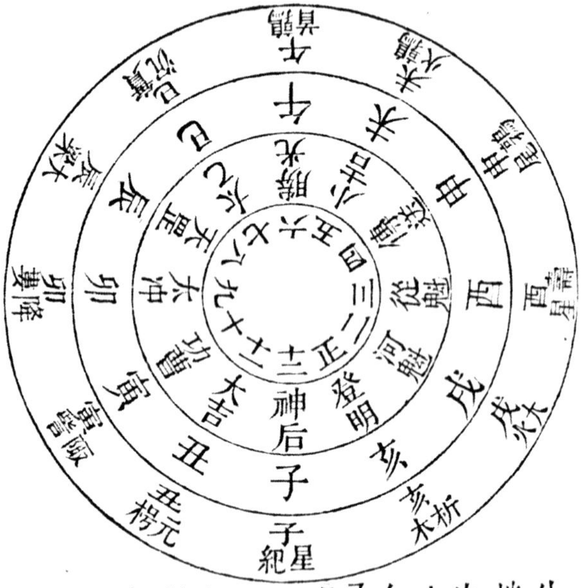

外一死局。乃天地之正位子午。中一活局。乃斗建逐月之子午。內一小活局。乃月將加所値正時。以視天天罡之所在。按所在與所指不同。如身在未。則指五。背身向指則吉。反之則凶。

斗建月將天罡圖

陸長庚云：「斗之所指，則氣動；罡之所指，則神聚。」今欲知斗建之活子午，如正月建寅，則以寅加於戌，卯加於亥，至寅位則值午矣；又數至申位，則爲子矣。午與子相沖，則申乃氣動之時也。其天罡所在之方，如正月建寅，則於寅上加戌，至午位爲寅，寅臨於午，便是破軍。天罡却在破軍之前一位，乃己位也，己便是神聚之時。按此法，每月三十日限定兩時爲神聚氣動，恐是道家書制符煞之法。若論鼎中氣機，一月六候，消息各有遲早，安能以兩時拘定乎？不如孫氏十二雷門測候一圖，爲端的不移。

又考斗建之法，如正月太陽已過宮，則於戌位加寅，逆排至申位爲子，寅位爲午；如太陽未過宮，則以寅位加亥，逆排至酉位爲子，卯位爲午。

求天罡所在訣云「日月常加戌，時時見破軍；天罡前一位，即此便爲眞；太陽宮未過，仍於亥上尋」，其加戌與斗建不同。彼是以戌爲主而加寅，此乃以寅爲主而加戌也。

康熙四十三年甲申三月朔旦完稿，四月望日繪圖，戊子九月訂定

甬江知幾子　集補　蒲團子　編訂

悟眞篇集註

卷首序記

悟眞篇原序

稍節數語。

嘗觀周易言「窮理盡性以至於命」，此聖人極臻乎性命之奧也。然其言之常畧而不至於詳者，何也？蓋欲序正人倫，施仁義禮樂之教，故於無爲之道未嘗顯言，但以命術寓諸易象耳。迨漢魏伯陽引易道交媾之體作參同契，以明大丹之作用，其於聖道能混一而同歸矣。

今人以道門尚於修命，而不知修命之法理出兩端：有易遇而難成者，有難遇而易成者。

如煉五芽之氣，服七曜之光，注想按摩，納清吐濁，念經持咒，噀水叱符，叩齒集神，休妻絕粒，存神閉息運眉間之思，補腦還精習房中之術，以至服煉金石草木之類，皆易遇而難成。其中惟閉息一法，能忘機絕慮，卽與二乘坐禪頗同，若勤而行之，可以入定出神。奈何精神屬陰，宅舍難固，豈能回陽換骨，白日而昇天哉？

夫煉金液還丹者，則難遇而易成。要須洞曉陰陽，深達造化，方能追二氣於黃道，會三性於玄宮，攢簇五行，和合四象，龍吟虎嘯，夫倡婦隨，玉鼎湯煎，金爐火熾，始得玄珠有象，太乙歸眞，都來片晌工夫，永保無窮逸樂。至若防危慮險，愼於運用抽添，養正持盈，要在守雌抱一，自然復陽生之氣，剥陰殺之形。節氣既交，脱胎神化，名題仙籍，位號眞人，此乃大丈夫功成名遂之時也。今之學者，取鉛汞爲二氣，指臟腑爲五行，分心腎爲坎離，以肝肺爲龍虎，用神氣爲子母，執津液爲鉛汞，不識浮沉，寧分主客，何異認他財爲己物，呼別姓爲親兒？又豈知金木相尅之幽微，陰陽互用之奥妙？欲望結成還丹，不亦遠乎？

僕幼親善道，涉獵三教經書，惟金丹一法，閲盡羣經及諸家歌詩論契，皆云「日魄月魂」「庚虎甲龍」「水銀朱砂」「白金黑錫」「坎男離女」能成金液還丹，終不言眞鉛眞汞是何物色，不説火候法度、温養指歸。加以後世迷徒恣其臆説，將先聖典教妄行箋註，不惟紊亂仙經，抑亦惑誤後學。

僕以至人未遇，口訣難逢，雖詢求遍於海嶽，請益盡於賢愚，皆莫能通曉眞宗，開照心腑。後至熙寧己酉歲，因隨龍圖陸公入成都，以夙志不回，初誠愈恪，遂感眞人授金丹藥物火候之訣。其言甚簡，其旨不繁，可謂指流知源，語一悟百，霧開日瑩，塵拭鑑明。校之仙經，若合符契。因念世之學仙者十有八九，而達眞要者未聞一二。僕既遇眞詮，安敢隱默？罄書所得，成詩九九八十一首，號曰悟眞篇。內七言律一十六首，以表二八之數；絕句六十四首，按周易諸卦；五言一首，以象太乙；續添西江月十二首，以周歲律。諸如鼎器尊卑、藥物斤兩、火候進退、主客後先、存亡有無、吉凶悔吝，悉備其中矣。尚恐本源眞覺之性有所未究，又作歌、頌、樂府及雜言等，附之卷末，庶幾達本明性之道，盡於此矣，所期同志者覽之，俾見末而悟本，捨妄以從眞爾。

宋熙寧乙卯歲旦天台張伯端平叔序

張紫陽事蹟本末

紫陽眞人，天台纓絡街人，先名伯端，字平叔，後名用成。少時無書不讀，浪跡雲水。晚傳混元之道，未備纖微，孜孜訪問，遍歷四方。

熙寧中，陸公龍圖詵，任四川節度制置使安撫司參議，迺依以遊蜀。己酉歲，於天回寺遇異人傳火候之秘，仍戒之曰：「他日有與汝脫韁鎖者，當授之。」後依荆湖馬處厚，其道乃成。值處厚之河東，出悟眞篇，劄使流傳，詳述於陸彥孚記中。其書八十一章，盡述二丹之秘。其議論大旨，則深嫉世之學者，專門各宗，三教異流，不能混一異派同源之理。天下傳誦之。既而三傳，每罹災患，乃深自悔責，遯世忘言。

元豐間，與劉奉眞之徒廣宣佛法，以「無生」留偈而入寂。焚其蛻，獲舍利千百，若雞頭實者，色皆紺碧。後七年，奉眞到王屋山，復會仙翁如故。

政和中没後三十餘年，通姓名謁黃尚書冕仲於延平。黃公素傳容成之道，且酷嗜爐火，年加耄矣，語不契而去，繼而使人寓書於黃，叙述甚異。其孫詮，見其書，秘不盡言，獨告予大畧云：平叔自謂與黃皆紫微天官，紫微九星號九皇眞人，因較劫運之籍，遂墮於人間，今垣中所見者，六星而已。潛耀者三，平叔、冕仲洎維揚于先生也。平叔曰紫陽眞人，冕仲曰紫元眞人，于公曰紫華眞人，一時被譴官吏，皆赴於清都矣。今平叔又登仙品，獨冕仲沉淪於宦海，凡當爲人者十世，今九世矣。來世苟復迷妄合塵，則淪墜異趣，無復昇仙之時，惟自號曰紫元翁而已。

九皇不載於天官，蓋微星也，非常名而可名者，在萬二千五百之間耶。

眞人享年九十六，自太宗丁亥，至神宗壬戌歲。

張眞人傳道源流

舊本刊爲薛紫賢事蹟。

張眞人之道，再傳而得薛道光。道光，初名式，字道源，陝西雞足山人也。嘗爲僧，法號紫賢。雲遊長安，留開福寺，參長老修巖，頓悟無上秘密圓明眞實法要，機鋒迅速。崇寧丙戌歲冬，寓郿縣青鎮，適遇鳳翔府扶風縣杏林驛道人石泰得之，年八十有五，綠鬢朱顏，神宇不凡。夜事縫紉，道源心異之，偶舉張平叔詩句爲問，瞿然曰：「識斯人乎？吾師也。」因語其故曰：「平叔先生，始遊成都，宿天回寺，遇異人授以丹訣，後因洩漏妄傳獲譴。鳳州太守怒，按以事，坐黥，竄經邠境，會大雪，與護送者飯飲村肆。吾適肆中，見邀同席，問其故，具以告。吾念之曰：邠守，吾故人也，樂善不倦，不遠百里。平叔曰：能迂玉趾，有因緣可免此行。遂相與之邠，一見獲免。平叔德之曰：此恩須報，予平生學道，今將丹法用傳於子。泰再拜謝。」道源聞是語，既稽首皈依，請因授業，悉以口訣眞要授之。且戒之曰：「此非有巨室外護，易生謗毀，可直往通邑大都，依有德有力者圖之。」道源遂棄僧伽黎，幅巾縫掖，來京師和光混俗，以了大事。方知此書，句句開明，言言透露。靖康之初，道源譔復命篇，祖述此書，以開後學。

陝西通志 薛公壽一百十四歲，尸解時作頌云：「鐵馬奔入海，泥蛇飛上天；蓬萊三島路，原不在西邊。」明年，沙道昭復見公於霍童山。

陸彥孚記

張平叔先生，天台人。少業進士，坐累，謫嶺南兵籍。治平中，先大父龍圖公詵帥桂林，引置帳下，典機事。公移他鎮，皆以自隨。最後公薨於成都，平叔轉徙秦隴。久之，事扶風馬默處厚於河東。處厚被召，臨行，平叔以此書授之曰「平生所學，盡在是矣，願公流布，當有因書而會意者」。處厚爲司農少卿，南陽張公履坦夫爲寺主簿。坦夫曰：「吾龍圖公之子壻也。」默意坦夫能知其術，遂以書傳之。坦夫復傳先考寶文公。余時童丱，在傍竊取讀之，不能通也。先公帥秦，陽平王箴袞臣在幕府，因言其兄沖熙先生學道，遇劉海蟾，得金丹之術。沖熙謂舉世道人無能達此者，獨張平叔知之，成道之難，非巨有力者不能也。沖熙入洛，謁富韓公，賴其力而後就。余時年少氣銳，雖聞其說，不甚介意，亦不省平叔爲何人。邇來年運日往，志氣益衰，稍以黃老方士之術自治。有以金丹之術見授者，曰：「神者生之體，形者神之舍。道以全神，術以固形。神全而形固，則去留得以自如矣。」因卜吉戒誓。傳法既竟，再謂余曰：「九轉金液大還丹，上聖秘重，不可輕洩。異日各見所授，先依盟誓，又須自修功成，方可審擇而付之。蓋欲親歷其事，然後開諭後學，俾抽添運用之時，得免危殆，則形神俱妙之道，由是著矣。古今相傳，皆有斯約，違者必有天譴。豈不知平叔傳非其人，三遭禍患乎？子當勉之，毋忽焉。復叙其所從來，得之成都異人者，豈非海蟾耶？且沖熙成丹之難，及於世之道人者，無所許可，惟平叔一人而已。」其言與昔聞於衮臣者皆合，因取此書翫之，始悟其説。又考世所傳呂公沁園春及海蟾詩辭，無一語不相契者，故知淵源有自矣。今好事者多收此篇，而文理頗有不同，疑其初成未經裁益時已有傳之者爾。亦嘗參較舛誤二十餘處，而尤甚者，如詩所謂「纔見芽生須急採，若逢望遠不堪嘗」，此本乃云「鉛逢癸生」「金逢望後」，蓋補完丹訣於其間，顯見世所傳者，詞旨未善也。其別本復有「了悟眞如」一絕，此乃以「歐冶鑄劍」之事易去之，緣平叔自叙云「歌詠大丹藥物火候細微之訣，無不悉備，觀之可以尋文解義」。苟無是詩，則變鍊金木之妙，從何而得？其文簡而理隱，故出此篇，以繼成其事，然後還返之旨煥然可推，大丹既成，而聖胎可結矣。此書傳之寖廣，獨吾家之本爲眞，蓋平叔親授者也。余雖得之，顧力不足，當求同志者共成之，因以託其自悲之意於末云。

朝奉郎陸思誠謹記

翁淵明序

天台仙翁道成，受命上帝，爲紫玄眞人，常隱顯於世，人莫之測也。仙翁不欲獨善諸身，乃作悟眞篇，以金丹之道，引人修煉。

夫煉金丹大藥，須明眞陰眞陽。同類有情之物，立爲爐鼎，假此爐鼎之眞氣，施設法象，運動周天，誘此先天初氣，不越半箇時辰，結成玄珠一粒，此名金丹。取此金丹，吞入腹内，擒伏一身之精氣，然後運陽火陰符，養育精氣，忽尾閭有物，直衝夾脊關，歷歷有聲，通上泥丸，顆顆降入口中，狀如雀卵，馨香甘美，此名金液還丹。徐徐嚥下丹田，結成聖胎，十月胎圓，化爲純陽之軀，遂成陸地神仙。復加面壁之功，内空其心，謂之抱一九年。至此形神俱妙，與道合眞，而變化不測矣。此名九轉金液大還丹也。

眞人恐洩天機，故託諸乾坤鼎爐、龍虎鉛汞之類，其名不可勝舉，無過比喻金丹法象而已。近時葉文叔，不得金丹之術，妄爲箋註，訛語多端，余不忍坐視紅紫亂朱，辭而闢之。因攢集異名，一一求其至當，罔敢遺漏纖微，願貽同志，加意研精，灼然直探悟眞之眞詮，永爲法眼正印，而不惑於邪宗曲說焉耳。

宋乾道孝宗年號癸巳中秋象川無名子翁葆光謹序

紫陽傳道於劉廣益，號順理，卽白龍洞道人也。劉公傳於翁象川，乃作此註。坊本誤刊爲薛道光註，戴氏辯之最明。

陸子野序

金丹之道，一陰一陽之道也。夫物皆本陰陽而生，但有生仙生人之別耳。仙師所謂逆爲丹母順爲人者，此也。其法至簡至易，雖凡夫俗子，信而行之，神仙亦可坐致，況修眞上士乎？丹經垂教後世，多假喻辭而不截然直指者，誠恐世人信不能及，反興毀謗故也。僕自幼潛心此道，亦有年矣，獲遇聖師一語，方知妙在目前，參諸丹經，自然明白。蓋人一身中所產者，無非己汞耳。自沉綿於六慾七情之場，輾轉於醉生夢死之境，此物常易於流走，非得眞鉛制伏之，使其交媾，結成聖胎，將見日復一日，斲喪殆盡，良可痛已。悟眞詩云「休施巧僞爲功力，認取他家不死方」，又云「須將死户爲生户，莫執生門號死門」，作丹之要，於此可見其底蘊矣。

僕既得師訣，粗知緒餘，所難者，苦於力薄不能行。嘗觀抱朴子「聞道二十年，家無擔石之蓄，每增長歎」，三復此語，實可悲夫。兹不自揣，僭以愚得，於此書下一註脚。語雖草率，而旨意頗親。所冀同志見而豁然默悟，了此妙道耳。倘有識見卑污，溺於異說，竊謗爲三峯採戰之術者，是謂孔子不得不哭麟，卞和不得不泣玉也。嗚呼！惟祖師神明鑒之。

後裔陸墅序

此序開端，引用「正人行邪法，邪法悉歸正」，未免褻視丹道矣，今删而不存。

陳觀吾序

「形以道全，命以術延」，此語盡備金丹之説。老子曰：「上德無爲而無以爲，下德爲之而有以爲。」上德者，内丹之不虧，故以道全其形；下德者，外丹之作用，故以術延其命。若求天仙，須用兼修。

何謂道？如治國者，天下太平，國家無事，以聖人上德之道，行無爲之化，雖有智士良將，無所用之。何謂術？若天下擾攘，兵役疊起，苟無智士良將，豈庸人所能致治哉？即如人身初生，神氣渾全，復以道而養之，則籛鏗之壽，信不爲多，此人之上德也；倘年壯氣盛，與嗜慾俱，若非外丹之術，曷延其命？深於斯道者，則道爲體，術爲用。假術以成其道，猶借良智以安其國。然吾所謂術者，非小技也，乃天地陰陽造化生生之道也。如順則生人者，是後天地之道；逆則成仙者，是先天地金丹之道。此所謂術也。天台紫陽眞人著悟眞篇，明示金丹之術，以全久視之道，其用則精氣神，其名則金液還丹，吐露發洩盡矣。世人不參夫陰陽造化，有必不可外之者，乃指爲傍門，甚而云三峯採戰之說，豈不惜哉？

道之不行也，有三焉：上根法器者，不遇眞師，遂入空寂狂蕩，一也；中庸之士，愚執無師，謬妄猜臆，二也；下士愚人，逐波隨流，不信有道，三也。致虛首聞趙老師之旨，未敢自足，後遇青城老仙之秘，方知陰陽造化「順則人，逆則仙」之理，無復更議。今於每章之下，註出數語，乃伸薛陸兩家（薛註即翁註）所藏之餘蘊。噫！世之信道而行者，鮮而復鮮，金丹之旨未有若悟眞篇之親且切矣。況杏林、道光、泥丸、紫清，代相授受，皆以是而證仙道。時人乃多訕謗者，抑不思之甚耶？且青城翁授僕眞訣，既而囑曰：「後必有王侯大人，求道於子。夫道不可禁秘，又不可妄洩，子其審之。」僕承師訓，寢食若驚。首授百餘人，皆「以道全形」之旨。至於「以術延命」之功，可與語者，百無一二。非僕所敢靳也，彼器有利鈍焉耳。後之聞道者，各宜勉旃。

金環山北紫霄絳宮上陽子觀吾陳致虛序

上陽子，元至順間人，師事趙緣督。宋濂潛溪云「緣督於芝山酒肆，遇石杏林，授以九還七返之道」，此可考見其源流矣。

悟眞篇集註序

東漢魏伯陽眞人，倣周易而作參同契，提挈陰陽之道，發揮性命之理，當時惟景休、叔通輩能紹述大義。迨世遠言湮，修身立命之學，寖失其傳。宋張紫陽眞人，曠千載而復尋墜緒，乃本參同契作悟眞篇，探賾索隱，顯微闡幽。其於一陰一陽之道，盡性至命之功，若合符節。蓋兩書根源，同出於大易。

易之上經，首乾坤終坎離，天地爲造化之主，水火司天地之用，是兩大之夫婦男女也；下經，首咸恒終二濟，二老退居，而兩少乘權，坎離顛倒而水火上下，是人類之男女配合也。易曰「天地絪緼，萬物化醇；男女媾精，萬物化生」，言化機之生生不息也。但男女化生，有順有逆：以離投坎，則順去成人；取坎填離，則逆來成丹。聖人之繫易曰：「數往者順，知來者逆。」蓋人身自知誘物化，六門四肢，日用夜作，耗散其精神元氣，無非往而順行者。至人知三才有相盜之機，天人有合發之會，能於害裏藏恩，而轉殺爲生，此則來而逆用者。老聖所謂「天地之始」「萬物之母」「常無以觀妙」「常有以觀竅」，皆是道也。

悟眞一書，以乾坤爲鼎器，以坎離爲藥物，以震兑爲男女，以否泰屯蒙爲萬物生成，以復姤爲子午，以壯觀爲沐浴，以損益爲保命，以既濟未濟爲火候始終，無不在與易相表裏。至於立象盡意，其取之天文，則曰日月烏兔，晦朔弦望；其取之地理，則曰南北東西，山水海嶽；其取之物類，則曰龍虎龜鳳，汞鉛華葉；其取之器皿，則有房舍庭户，琴劍鼎爐；其取之人身，則有黄婆老郎，嬰兒姹女。舉凡託物寓言，旁引曲證，猶夫易之稱名取類焉耳。及究其指歸，則從生身受氣之初，求返本還源之藥，識浮沉，定主賓，合戊己，於玄牝之門，準水火作養丹之法。凡參同之隱而未露者，皆宣洩於詩章歌詞之中。金丹大道得斯闡明，誠雲牙之宗子，抑會稽之功臣也。

舊註三家，俱能討論元指，兹特删其繁蕪，增其闕畧，標其綱領，而致其會通。俾口訣心傳，瞭然在目，無復紛紜疑似之見參錯於簡編，謹輯錄成卷，以見正道嫡傳，不涉傍門小術。至於入室行功，雙修性命，則視乎生平積德，以待天神默助之緣，而非敢私心妄覬也。並書此以朂同心好道者。

時康熙四十二年癸未歲季夏月甬江後學知幾子薰沐拜手謹序

悟眞篇集註例言二十條

一　悟眞詩詞，於築基温養，還丹脱胎，無不完備。後存悟眞法語，只一味談禪，乃煉神還虛事。可見二氏之學，殊途而同歸也。張眞人又著金丹四百字，與悟眞篇相爲表裏。但悟眞詞旨軒豁，而四百字意義淵深，舊註尚未分明，今加補註增入末卷。别有讀參同契文及詩歌二首，仍依戴氏所録，附於編末。

二　悟眞篇註解，世推薛氏爲開山。今據元初戴起宗辯論，俗傳薛道光註，卽翁葆光註，乃坊家假名於薛以售世者。按張眞人初傳於石杏林，石傳於薛紫賢，係宋神宗時人。眞人别傳劉永年，號廣益子，劉傳翁葆光，號無名子，乃宋孝宗時人。自翁以前，有葉註而無薛註，翁故作註以闡明丹理。且據翁註，其可疑者凡數處。如「明珠月圓」一條，引薛紫賢語，可見薛無專註，故間引此數句耳。其解「海底日紅」二句，以日紅爲虎弦，月白爲龍弦；又解「敲竹喚龜」二句，以玉芝爲龍弦，刀圭爲虎弦：皆坎離互錯。又解「修成九轉」句，以九轉爲九年，及考石氏還源諸詩，則謂一月一轉。夫紫賢親受石傳，豈其兩相矛盾？斷是翁氏之説，後人删繁，託名薛註耳。今皆改正，毋使訛以傳訛。

三　陸子野及陳觀吾兩註，多合悟眞本旨。陳解煉己工夫，獨有發明，而於進退火符，猶未詳金水迭用之法；陸依文衍義，較爲簡嚴，而尚有太畧之處。今所引三註，惟據本文爲主，以定次序，不復依人代先後。又彼此重複者，則删一存一；或彼此互異者，則折衷歸當，毋使分歧以混心目。間復參以補註，欲闡諸說之所未詳，亦止據羣書而會通，非敢創立臆見也。

四　南宋註悟眞者，葉文叔最先，但以獨修成偏解，又參入太極大衍之說，反使金丹大道晦而不明，戴同甫已經辯駁。戴疏向與翁註並刊，間有兩相證合者。外如黃岡甄九映之翼註，淮海陸長庚之小序，京口李晦卿之直註，越中陶素耜之脈望，皆採錄卷中，以廣註家之聞見。

五　悟眞託象命意，名目雖多，意惟一貫。言龍言虎，說鉛說汞，不過指出眞陰眞陽耳；其云西南本鄉，北地開花，不過指出產藥之處耳；其云冬至一陽，八月十五，不過指出爻動之時耳；其云戊己之宮，玄牝之門，不過指出兩邊槖籥耳；其云地天交泰，坎離顛倒，不過指出陰上陽下耳； 其云火符進退，屯蒙旣未，不過指出金水互用耳； 其云上弦下弦，晦前朔後，不過指出一月六候，氣血兼補耳。 得意忘象，要旨不在乎多言。

六 養己築基，乃丹家下手工夫。 而三關通竅，臨爐煉劍，尤爲入門要訣。 如中下兩卷內所謂「內通外亦通」「歐冶鑄劍方用功」，又在採藥之前。 補註已舉其概，所未詳者，覿三丰眞人節要篇，及孫汝忠金丹眞傳，自可得其分曉也。

七 修眞家謂：「月之圓，存乎口訣； 時之子，妙在心傳。」月圓，言每月一動之氣機； 時子，言當日爻動之時候。 究竟只是一箇時辰，不可分作兩種景象。 又如初三之月出庚，閱五日而爲初八之上弦，又閱五日至十三日而金氣將滿，是前半月之三候也； 又閱五日至十八而爲月魄之初虧，又閱五日爲廿三之下弦，又閱五日至廿八而水魄將滿，是後半月之三候也。 此是天上一定之月色。 若就鼎中取義，以期日後之六十時辰爲月出庚，乃藥苗初生之候。 從此各數五日，各計六十時辰，爲一月六候。 此六候定期，丹家所謂晦朔弦望也，須向鼎中尋討，不從曆上推排。

八　丹訣云：「周天息數微微數，玉漏寒聲滴滴符。」丹室之中，既備鼎爐，安琴劍，又須置刻漏一座。刻漏者，所以準定十二時辰也。每一時辰得八刻，就八刻中，又分爲六候。前二候採藥，不及三刻；後四候合丹，約五刻有奇。要知採藥時，用地天交泰之法，此際正要默調呼吸，計三百七十五數，而眞氣渡入我鵲橋矣。自尾閭而上升至泥丸，降下重樓，入於丹田氣海，此時又須默默調息，至七百五十之數。然必平時豫調神息，工夫純熟，臨時不至散亂昏冥也。

九　悟眞篇以眞鉛眞汞分屬龍虎弦氣，此兩家之鉛汞也。舊註詮二八相當，亦主彼鉛此汞兩相匹敵，尚混而未清。夫坎宮鉛氣，天眞未虧，固有半斤之數，離宮汞氣，元陽已破，焉得便有八兩相配乎？必須積精累氣，然後汞火漸添而漸足。要其積累工夫，一是取前三度之金，一是取後三度之水，此以金水各半斤爲二八，非指陽鉛陰汞爲二八也。晦卿李氏又指初三新月爲補氣之鉛，廿八曉月爲補血之汞，此取金水首尾爲鉛汞，與從來舊說不同。前三度象震兌乾，後三度象巽艮坤。

十　丹家以子午爲抽添，卯酉爲沐浴，此卽「二至」「二分」，氣機之大關鍵。諸眞又謂，子午卯酉，水候不行火，而專取寅申兩時爲進火退符之用。自龍眉子作金丹印證詩，其論沐浴云「兔遇上元時便止，雞逢七月半爲終」，並謂卯酉之前半月亦須罷功，不幾火冷丹散乎？中卷三十四章，已詳辯之矣。又按金丹四百字云「火候不用時，冬至不在子；及其沐浴法，卯酉亦虛比」，則知子午卯酉原不可拘泥時辰。仙家指迷詩曰「沐浴之功不在他，全憑乳母養無差；五行和合陰陽順，同坐同行共一家」，又古歌云「刑德同生殺，加臨二八門；丹砂宜沐浴，神水灌靈根」，卽此兩詩，可以破卯酉不近爐之說矣。且新嫩藥苗，時來不採，則坐失眞寶，豈兩月之內可以恝然捨置乎？崔公入藥鏡云「一日內，十二時；意所到，皆可爲」，則知卯酉不必執定。而所謂水候不行火者，明有神水之可用焉。但崔公所云意到者，蓋指他家爻動之眞意，非謂自己念動便可任意作爲也。

十一　薛紫賢云「聖人傳藥不傳火，從來火候少人知」，仙宗不敢盡言，誠恐輕洩天機耳。然不知火候，則採取温養，皆無準則。陳觀吾以內外火候該之，可謂約而盡矣。甄氏又謂，火之與候不相離，而又不相混。火必應候，候至火亦至，此其相因者。又須知其分別處。以候言，有二七之候，有一年之候，有一月之六候，有一時之六候；以火言，有文火，有武火，有水中火，有汞中火，有未濟火，有既濟火，有周天火。大意錯見於各篇，而中卷第二十七章尤爲詳盡矣。

十二　自黄帝制器尚象，利澤垂於萬年，老君爲柱下史官，宣聖嘗從問禮，初無儒道之分歧也。迨西漢崇尚黄老，幾致刑措。當時文帝之君德，曹參之相業，並爲後代首推。世儒反從而譏議之，亦所見之未澈耳。眞人云「陰符寶字逾三百，道德靈文滿五千；今古上仙無限數，盡於此處達眞詮」，此遡道法淵源也。篇中三才相盜、五賊見昌、有無竅妙、黑白雌雄，實從兩經體勘而出。夫此書根於上古，宗於大聖，下士亦烏得妄生遺議乎。

十三　契論經歌，眞人援爲作書之本。所謂經，卽周易、陰符、道德經；所謂契，則伯陽、景休、叔通所著者；所謂論，則許旌陽石函記是也。如圓缺虧盈，晦朔之間，三日陽生，震動於東，及龍呼虎吸，水火抽添，此晉人之談玄者。至於唐人詩歌，則有鍾、呂、崔公。如「達人採得先天氣，一夜雷聲不暫停；前弦之後尋藥物，後弦之前氣停勻」，此見於正陽翁者；「八卦三元全藉汞，五行四象不離鉛；日精纔見月華凝，一時辰内金丹就」，此見於純陽翁者；若産坤而種乾、歸根而復命、窮戊己而定庚甲、識浮沉而明主客，此見於崔公入藥鏡者。計兹九十九章，與前聖後賢無不符合，眞丹學之綱維，仙經之會粹也。

十四　丹道須性命雙修，參同契謂之養性延命。其所謂性，致虛守靜，寂然不動者是也；其所謂命，取坎塡離，感而遂通者是也。與儒家指天賦爲命，物受爲性者，意各不同。悟眞篇中，言命處多，言性處少，然亦隱括養性在內。如云「虛心實腹義俱深，只爲虛心要識心」，又云「始於有作無人見，及至無爲衆始知」，又可見南宗先命而後性也。但恐平時無正心誠意工夫，臨時不免烹爐走鼎，故知孟子持志養氣之說，與丹理相爲符合。諸註大都詳命而畧性，敢據參同之意，附贅此言。

十五　道家內外二丹，不能偏廢。廣成之金藥篇，太上之金穀歌，此其最古者。參同契中，如「太陽流珠，常欲去人；猝得金華，轉而相因」，如「河上姹女，靈而最神；若欲制之，黃芽爲根」，傳言「子午數合三，戊己數居五；三五既和諧，八石正綱紀」，又言「黃帝美金華，王陽嘉黃芽；金以砂爲主，稟和於水銀」，皆言內外合一之理。悟眞篇云「潭底日紅陰怪滅，山頭月白藥苗新」「但將地魄擒朱汞，自有天魂制水金」「金鼎欲留朱裏汞，玉池先下水中銀」「用鉛不得用凡鉛，用了眞鉛也棄捐」，又云「女子著青衣，郎君披素練；見之不可用，用之不可見」，此本借外以明內，亦可見外丹之確有證據矣。蓋丹房器皿服食，俱不能無藉於法財。元時華山火龍先生傳道於張三丰，而并授以丹術張公有玄要篇助道濟貧，賴以有成。但世少眞傳，往往耗火亡財，令人廢時失業，故仙眞亦不輕言。茲以地元、人元兩者，必須並行，聊發端於此，以俟好道者之參求。前哲云「乾坤交媾罷，一點落黃庭」，臨爐要訣在斯乎。

十六　孔聖刪述六經，存三百篇爲詩教之宗，以其關於王化民風，國家治亂也。後人作詩，但知描情寫景，爲遊覽題詠之詞，此邵子所謂「旣刪以後更無詩」者。惟康節先生學通理數，故擊壤一篇，能窮神而知化；紫陽眞人識貫天人，故悟眞三卷，能盡性而至命。二公皆天挺人豪，手握造化，而筆吐性靈。今諷誦遺文，洵足推倒一世之智勇，開拓萬古之心胸。邵詩已表章性理書內，而張氏篇什，儒家則目爲教外別傳。豈知邵學實本於希夷，儒之與道，原無二理，安得軒輊兩家，謂其判然不相涉乎？廬陵上陽子云：「是書在處，皆有神明以呵護之。蓋此書能令人長年住世，成道昇仙，誠當欽崇而珍惜者。」

十七　北宗一派，盛於長春丘氏，若劉長生、譚長眞、馬丹陽、郝廣寧、王玉陽及孫清靜仙姑，此爲北七眞，皆出王重陽之門。南宗一派，起於紫陽張子，若石杏林、薛紫賢、陳泥丸、白紫清、彭鶴林，乃五世嫡傳，各有著述。張又別傳劉永年，亦可稱南七眞矣。追溯淵源，紫陽之道傳自劉海蟾，而重陽著書，間引海蟾語，可見異宗而同祖也。丘眞人有白雲觀，在金臺之西，至今法嗣尚延。張公遺跡，竟泯沒於天台。公本天台纓絡街人，後乃雲遊四川，蓋生自南方，而得道於秦蜀者。聞陝西階州士女，多崇尚道教，相傳眞人曾流寓於此，故百世而下，猶聞風興起。但生身故鄉，不可無專祠以表彰仙里，行當詣玉京洞前，建立壇宇，爲赤城留一道脈耳。

十八　楊龜山先生謂，顏淵死，而有不死者存。朱子未然其說。明儒高景逸又謂，人爲萬物之靈，必不隨死而俱泯。今觀古來忠臣孝子，其英爽流行，每能顯跡於人世，由其成仁取義，與天地之正氣合也。況乎存心養性之大儒，存無守有之仙品，其精神豈遂杳然磨滅乎？考紫陽眞人沒於宋神宗壬戌歲，越七年而其弟子仍晤於王屋山，可知金仙之不死矣。迨高宗末年，白紫清眞人特寄書於張公，載諸集中者，猶可考見也。修眞之士，固當確信無疑矣。

十九　「道以全神，術以固形」，此陸彥孚序語也。全神乃玉液之功，固形乃金液之事。惟修命眞訣，能奪造化玄機，仙眞不肯輕洩，必逢積德善人，方可指授。若所傳非其人，一涉傍蹊，徒損人而無益於己，莫逃陰律也。紫陽眞人不能秘藏，遂三遭天譴；陳觀吾知此，故口傳玉液煉形者，不下數百人，而金液大道未逢一二知音，可謂能守戒而畏天矣。讀是書者，急須飭躬勵行，勿起貪淫之念。陰符經云「君子得之固躬，小人得之傾命」，常宜三復斯言。

二十　玉清金笥錄，列於道藏中。明代正德間，江浦石淮得之道士李朴野，謂紫陽先生受意於青華眞人，而手傳於王邦叔者。今翫其書，指坎爲腎宮、離爲心田，又謂「鉛升於臍上，汞產自心源」，此專取心腎交媾爲金丹下手工夫，全與悟眞篇相左。且書中所論氣質之性，義理之性，本出橫渠張子，紫陽年齒在橫渠之先，不應引用此語，故知非仙翁所作也。此明是兩種法門，不容間雜，以起後學之疑。

此註纂成於癸未季夏，訂定於庚寅中秋，晨夕披翫，行坐不離，經十年而始授梓。

四明知幾子記

悟眞篇提要七條

一　凝神定息　參同契云「内以養己，安靜虛無」，卽太上所謂致虛守靜也。欲得靜虛，須是心息相依，節要篇云「調鼻息以綿綿，多入少出；定身心而默默，外靜内澄。一念規中，萬緣放下」，此爲玉液煉形之功；又要審知蒂固根深在神氣之穴，常於子午二時，塞兌無聲，合眸内視，令上玄下牝子母相親，久之踵息歸眞，自可長生不老。入門初訣，莫善於此。

瓜果蒂在上，草木根在下；氣爲神之母，神爲氣之子。

二　運氣開關　關竅未通，難以得藥，故云「内通外亦須通」。其通關之路，自下而上，由後而前，起尾閭，穿夾脊，透玉柱，而上升泥丸，此其在後者；渡鵲橋，降重樓，至絳宮，而下歸氣海，此其在前者。

但開關成法，有「積氣」「聚氣」之兩途。積氣則逆轉河車行大小周天以貫通任督，聚氣則外提玉管令姹嬰含吐而衝過關津，節要、眞傳二書可證。然積氣之功遲，而聚氣之功速。呂祖有云「開關須用鼎，薰蒸透祖基」，尤爲簡捷焉。

三　保精煉劍　劍氣不靈，則採藥無具；　元精不固，則劍鋒難勁。故三丰云：「一口飛靈劍兩角，還丹只怕鋒頭落。」欲鑄此劍，須金水相資，剛柔迭用，一朝一暮，煆煉有方。或側身修道，或顛倒行功，順逆皆可用之，其要在「三五七九奪神氣，乾坤策數應周天」。且使淺深合度，進退適宜，明強弱而出入，用提吸以回陽，自此屈伸如意，呼之立應，則龍降而虎自伏矣。

丹室之中，佳器須備，犯病勿宜。二七之期可貴，三九之外應停。病兼容貌血氣，而察其內外細微。

四　採藥築基　蓄精裕氣，爲修養初基。欲令根基深厚，必仗爐鼎滋培。寅申子午，待氣動而行符，每日兩番，無使偶有間斷。彼遊方丹客，但知得藥之後行朝屯暮蒙，却不知築基之時宜進火退符。至於朝火暮符所須何藥，上坤下乾所用何器，彼皆茫然弗省。須知顛倒坎離乃臨爐作法，而浮沉賓主係火候的傳。顛倒有器，坎乘渡河筏，離坐上天梯，卽地天交泰之象也；　浮沉有候，朝用金沉爲主，暮以水浮作賓，卽剛柔表裏之謂也。而臨爐採取，息準周天，馳入赤門，迎歸神室，此又一時六候前短後長之作用也。修丹之士，依玉漏以敲爻，雷門十二沖對宮之刻數；　託黃婆而傳意，戊己兩家採眞信於杳冥。

此丹房秘密藏，早宜仔細參詳。

五　還丹結胎　築基以後，氣雄力健，方可求丹。正如磁石吸鐵，而隔礙潛通。詩云：「民安國富方求戰，戰罷方能見聖人。」只此一顆玄珠，稱之爲聖，非還丹大藥而何？蓋築基温養，皆用後天爐藥，乃一月六候之所逢。若還丹眞種，必取先天首經，乃五千四八之所產。採此虛無眞一之氣，送歸土釜，配以流珠，到口香甜，遍身沉醉，是乃一得永得，金液大還丹也。其藥生於二七之門，肇自混沌鴻濛，霎時乍來。陽丹惟此一度，按候追尋，須審天上應星、地下應潮，又看唇紅如珀，瞳黑如漆，方可急忙下手。三家相見結嬰兒，正在片晌之間也。

六　火符温養　已得大丹，須用陽火陰符朝暮抽添。抽彼之鉛，以添己汞，卽所謂「取坎塡離」也。其間行顚倒，識浮沉，調水火，辨癸壬，大概與築基相同。而守滿持盈，尤須十分謹愼，倘或陰佞陽驕，非時妄作，輒有走鼎烹爐之患，故曰「抽添運用切防危」；又恐文武失調，水金誤用，致犯夏雪冬暑之災，故曰「毫髮差殊不結丹」；又恐卯酉二時，木金偏旺，丹體易於受傷，故曰「到此金丹宜沐浴，若還加火必傾危」。計此三百日中，縝密周防，全在天君泰定，侶伴提撕。到得六百卦完，周天數足，十月胎圓，嬰兒顯相，則通神入聖，金丹之能事盡矣。

温養已畢，丹房器皿當委而去之。但須用善遣之法。先天上鼎，奉爲聖母，勸以斬斷赤龍，偕修大道；其餘諸品，亦宜厚贈資裝，擇良婚配。庶彼此兩全，免貽失所之憾耳。

七　抱元守一　前面工夫，乃煉精化氣，煉氣化神，皆有爲有作之功。到此煉神還虛，與道合眞，乃絕慮忘機之候。斯時虛極靜篤，内外兩忘，以逍遥自在之身，觀大化流行之妙，人也，而合乎天矣。歷盡九年，功行圓滿，千百化身，隨心變見，自能乘鸞上升，不受人間生滅，所謂「跨出樊籠壽萬年」也。

十月功完，陽神出殼，收放得以自如，仍宜尋常顧諟，抱而守之者，正緣胎嬰稚嫩，須保護老成，神通愈加廣大，故曰「觀音三十二應，我亦從中相證」。

悟眞篇數，九十九章，列聖心傳，咸萃於此。只以累牘鋪揚，一時驟難貫穿。翁君直指，覺言繁而緒欠清；白公丹語，猶意含而詞未顯。兹憑節要三乘，參以眞傳九調，提明綱領，條例工夫，庶全書大畧，可引端於七節之中。就斯七節，計其功程，開關須三七，煉劍用百天，築基在期歲，還丹只片時，温養經十月，抱元歷九年。而凝神定息，丹法始終用之。蓋仙家虛無大道，本是清靜法門，中間琴劍鼎爐，特借徑耳。仙師晚譔法語，意可見矣。

當時既著悟眞篇，復作金丹四百字，其開端云「眞土擒眞鉛，眞鉛制眞汞；鉛汞歸眞土，身心寂不動」，只此四句，可以該括悟眞。蓋定息開關而鑄劍，皆是煉己土以擒鉛；築基還丹而温養，無非採戊鉛以制汞；及乎得藥成胎，復歸空虛境界，則鉛汞歸土而身心不動矣。維時，陰盡陽純，眞常湛寂，優游物外，化形而仙。其歸根復命之功，究竟不離凝神一著也。

己丑歲正陽月金臺行閣雨中續記

集註姓氏

陸　墅　字子野，南宋人，作悟眞篇註。

翁葆光　字淵明，號無名子，南宋人，作悟眞篇註，坊本誤刊爲薛道光。

陳致虛　字觀吾，號上陽子，元朝人，作悟眞篇註。

戴起宗　字同甫，號空玄子，元朝人，作悟眞篇疏。

陸西星　字長庚，號潛虛子，明嘉隆間人，作悟眞篇小序。

李文燭　字晦卿，萬曆間人，作悟眞篇直註。

彭好古　號一壑子，萬曆間人，作悟眞篇註。

甄　淑　號九映道人，崇禎間爲大司寇，作悟眞篇翼註。

陶素耜　號存存子，近時會稽人，作悟眞篇脈望。

補　註　四明知幾子著。十治數，陽老先；千年實，摘樹邊；龍伯國人把釣竿，海石之上註斯編。

陳攖寧先生按云　十治數隱射「人」字，陽老先隱射「九」字，合之爲「仇」字；千年實隱射「桃」字，摘樹邊即去「木」字邊，「桃」去「木」爲「兆」字；「龍伯」一句，隱「鰲」字；海石之上，隱「滄柱」二字，成語有「滄海柱石」之說。「知幾仙師」以下九行，原版無。

知幾仙師，姓仇名兆鰲，字滄柱，號知幾子，鄞人也。康熙進士，入翰林，官至吏部右侍郎。少從餘姚黃太沖宗羲講切性命之學，後與會稽陶素耜（元名式玉，號存存子）研窮修養秘旨。築棲雲草堂於雪上，獲遇眞人，几杖追隨，凡七閱月，得聞大道，密受心言。久之，松顏鶴貌，照耀山林。所著有四書說約、杜詩詳解及金丹梯梁、黃老參悟諸書。集補紫陽悟眞篇註，訂正古本參同契經、傳，以詔後來。道門中之大慈父也。

安山後學張道傳悟仙子謹述

悟眞篇集註上卷

七言律詩一十六首

以準二八一斤之數。

補註 二八指鼎内火符。金丹取象於月，上下二弦有金水平分之象。坎中六候，前三度爲金八兩，後三度爲水半斤，採而服之，是謂藥重一斤也。

其一

補註 首章言浮生易擲，引人及時修道也。

不求大道出迷途，縱負賢才豈丈夫？百歲光陰石火爍，一生身世水泡浮。只貪利祿求榮顯，不覺形容暗悴枯；試問堆金等山嶽，無常買得不來無？

甄九映翼註 此章勉人求道。道者，吾身性命，先天一氣是也。流光倏忽如石火，幻形存滅如水泡，縱負賢智之才，乃不用以求道，而用以食禄，一旦形枯數盡，堆金何益？是豈得爲眞丈夫乎？

陸長庚註　人惟貪營利禄，則火熾水乾而精枯形槁矣，能免無常之猝至乎？識得無常，必有眞常者在，大道是也。

補註　儒家之道，以經世爲大丈夫；仙家之道，以出世爲大丈夫。三年九載，乘鸞謁帝，豈不超出尋常萬輩哉！

其二　**補註**　此章作通俗之語，以警悟世人也。

人生雖有百年期，壽夭窮通莫預知；昨日庭前方宴樂，今朝室內已傷悲。妻財拋下非身有，罪業將行難自欺；大藥不求爭得遇，遇而不煉是愚癡。

庭前，原本作街頭；宴樂，原作走馬；樂，音洛；室，原作棺；傷悲，原作眠尸；爭得，猶云怎得。

補註　此承上章而痛切言之。

中四句說到人生倏忽，没後慘悽，令人當下猛省。大抵人生罪案，多起於貨色兩根，所謂「妻財」是也。學道之士，先須清心寡欲，不染孽緣，此是養性工夫。又能力求大藥，以植立命基，可免「昨日」「今朝」之患矣。若云得藥便可銷孽，本源不清，焉能成道？丹家所以貴性命雙修也。

求藥兼有數義：一求傳藥之人；二求買藥之資；三求藏藥之地；四求產藥之器；五求採藥之時；六求煉藥之具；七求護藥之侶。而積德立功，尤爲求藥之本。全書綱領，已發端於此矣。

其三　**補註**　此章指明金丹爲大藥。

學仙須是學天仙，惟有金丹最的端；二物會時情性合，五行全處虎龍蟠。本因戊己爲媒娉，遂使夫妻鎮合歡；只候功成朝北闕，九霞光裏駕翔鸞。

朝，直遥切；鸞，古韻先寒通用。

陶素耜註　天仙之道，惟金丹最眞。金丹者，金液還丹也。先天乾金，走入坤舍，後天遂成離象。今者取此先天眞陽之金，陷於坎内者，點化離中之虛，復還乾體之健，是曰還丹。

二物者，彼坎此離也。曰性情，曰龍虎，曰戊己，曰夫妻，只此二物。火中有木，水裏藏金，一含戊土，一含己土，故備五行。攝情歸性，牽虎降龍，惟仗戊己之媒合，夫婦始結姻親。温養事畢，抱一功完，朝闕駕鸞，天仙之道畢矣。

補註　二物交會，情性本來契合，然必五行全備，彼此配當，方得龍性虎情兩相蟠結。二句語平意側。

五行之中，尤重戊己二土。戊己者，龍虎兩弦之眞氣，以此牽引媒合，則神凝氣聚而結丹，猶夫妻之歡合而成孕也。

二物會時，豈是常道順行？五行全處，純用丹家逆尅。情性内象，虎龍外象；媒娉外象，夫妻内象。

翁淵明註　仙有數等：陰神至靈而無形者，鬼仙也；處世無疾而多壽者，人仙也；飛空走霧，不饑不渴，寒暑不侵，遨遊海島，長生而不死者，地仙也；變化無窮，隱顯莫測，或老或少，至聖至神，鬼神莫能知，蓍龜莫能測者，天仙也。陰眞君曰：「若能絕嗜慾，修胎息，頤神入定，脫殼投胎，託陰陽化生而不壞者，可爲下品鬼仙也；　若受三甲符籙，正一盟威，上清三洞妙法，及劍術尸解之法，而得道者，皆爲南宮列仙，在諸洞府修眞得道，乃中品仙也；　若修金丹大藥成道，或脫殼，或沖舉者，乃無上九極上品仙也。」丹法七十二品，欲學天仙，惟金丹至道而已。

又曰　坎中眞一之氣，聖人以法追攝，於一時辰，結成一粒，大如黍米，號曰金丹，又曰眞鉛，又曰陽丹，又曰眞一之精，又曰眞一之水，又曰水虎，又曰太乙含眞氣。人得餌之，立躋聖位。此乃無上九極上品天仙之妙道，世人罕得遇也。

又曰　戊己屬土，謂之黃婆。龍虎雖處東西，黃婆能使之歡會；　金木雖然間隔，黃婆能使之交併。兩者異，眞一之氣潛；　兩者同，眞一之氣動，眞人自出見。此外藥法象也。

陳觀吾註　乾坤爲二物之體，陰陽爲二物之根，龍虎爲二物之象，男女爲二物之質，鉛汞爲二物之眞，彼我爲二物之分，精氣爲二物之用，玄牝爲二物之門。先天混元眞一之氣，產於二物之內。

又曰　離中之物，惟汞而已；坎中之物，却名曰鉛。鉛從白虎而生，故曰虎之弦氣；汞從青龍而出，故曰龍之弦氣。二物會者，一性一情之交會也，一乾一坤之歡會也，一陰一陽之聚會也，因會方能有合。

又曰　戊己爲媒娉者，媒者所以通兩家之消息，娉者所以專一時之過送，然有內亦有外。在外者，卽泥丸翁云「言語不通非眷屬」也；在內者，戊己爲乾坤之門户，爲陰陽之往來，爲龍虎之交媾。以其鉛西汞東，彼此間隔，若非戊己兩相媒娉而會合之，何出得產眞一之氣哉！

夫妻者，却非世之所謂夫妻也。世間夫妻，以生男生女爲喜，以損精損神爲樂，因之而有恩愛，因之而有生老病死苦。金丹之所謂夫妻者，獨妙矣哉！其間亦有內外數說。以虎而嫁龍，外也；以震男而求兑女，外也。至於以鉛而合汞，內也；以氣而合神，內也。皆無男女等相，又能以苦爲樂；亦無恩愛留戀，且以割愛爲先。交媾只半箇時辰，卽得黍米之珠。此乃逆修而成仙者，爲金丹之夫妻也。

然欲修金丹，必先煉己以待陽生之時。若無煉己之功，則二物雖會，媒妁雖合，夫妻雖眞，將見鉛至，而汞失應矣，焉能得其眞一之氣哉？

陸長庚曰 薛註即翁註「以法追攝」四字，須當參究。何謂「以法」？顛倒坎離，盜機

逆用是也。何謂「追攝」？磁石吸鐵，隔礙潛通是也。

補註 三註於「戊己」二字，尚含而未露。戊居虎尾，己屬龍頭，即玄牝之門户。陸子野云「竹密不妨流水過，山高豈礙白雲飛」，此亦可以意會矣。

其四 補註 此章言採藥之法，其眞訣在「顛倒」「浮沉」四字。

此法眞中妙更眞，都緣我獨異於人；自知顛倒由離坎，誰識浮沉定主賓。金鼎欲留朱裏汞，玉池先下水中銀；神功運火非終旦，見出深潭月一輪。下，去聲；見，音現。

翼註 此詩俱言臨爐時採取外藥事。顛倒浮沉，下水留汞，皆法之眞妙處也。

補註 眞鉛眞汞，追攝有方，此法之眞也。「妙」字取義，乃少女兑象。少陰中有先天

眞一之氣，此妙更眞也。世間常法，順去成人，道家妙法，逆來成丹，此其獨異於人者也。顛倒，言臨爐之象；浮沉，乃鼎中之候。下水留汞，謂取坎以塡離；深潭見月，此眞氣歸元海也。

陳註　離坎顛倒而用之，謂之水上火下；乾坤顛倒而用之，謂之地上於天；夫婦顛倒而用之，謂之男下於女。

補註　臨爐顛倒，須用法器。離坐上天梯，坎乘渡河筏。上天梯，狀如大眠椅，而後有靠背；渡河筏，形如三足馬，而前留空闕。

顛倒坎離，人所易知；浮沉賓主，此其難識者。蓋坎中六候，前三度屬金，其性本沉，朝屯取之以爲主；後三度屬水，其性本浮，暮蒙取之以爲賓。參同契云「髣髴大淵，乍沉乍浮」，此「浮沉」之所本。又云「剛柔有表裏」，剛柔卽金水，表裏卽賓主也。更以內體外用證之，賓主之意顯然矣。

舊註云：「火性炎上而浮，水性潤下而沉。丹法以火激水而使沉於水之下，水因火逼而使浮於火之上。此時得鉛制汞，則彼反爲主，而我反爲賓矣。」此說仍是顛倒坎離。

且所謂浮沉者，出於人爲之造作，而非天機之自然矣。彭鶴林云「八兩金兮八兩水，一物浮兮一物沉」，此語獨見分曉。

李晦卿曰　坎辟之月，月中所懷者，有金有水。水辟廿八日卯時東畔一痕曉月之光，此光隨日而升，升卽浮也；金辟初三日酉時西畔一痕新月之光，此光隨日而落，落卽沉也。男子修煉以金爲主，以水爲賓；女人修煉以水爲主，以金爲賓。此之謂浮沉主賓。

陸子野云　金鼎喻我，玉池喻彼。

陳註　在己之津精氣血液，朱裏汞也，不可令其走逸；在彼之華池靈液、丹井甘泉，水中銀也，卽先天一點眞陽之氣。欲留者，但令其住而不令其去，要取於人而不失於己；先下者，彼到而我待之，鉛至以汞迎之，坎動則離受之。金丹之道，先要明此「欲留先下」四字之意。

翁註　火乃二弦之氣。聖人運動丹火，有神妙之功，不半箇時中，立得眞一之精一粒，大如黍米，歸於神室之中，若深潭内見出一輪赫日也。

子野註　火即陰陽之氣合而内行，内行則温而和，所以能融二物之眞，使其交媾。

補註　舊註皆以鉛屬虎、汞屬龍分彼此兩家，李註則謂坎體之中有鉛有汞此即諸家所謂金水，指出朔後晦前二候，此乃補氣補血之良方。丹家但知得藥之後，朝屯暮蒙須用金水，却不知煉已築基時先須藉此二物以補益氣血，此即所謂「民安國富方求戰」，亦即所謂「鏌鋣金水配柔剛」也。李氏得南嶽魏夫人之傳，其言蓋有所本。又據石得之還源篇序云「知鉛之出處，則知汞之所產」，此即鉛汞同爐之一證也。兩説各有所指，須見分別。

外丹作法，難於火候的眞。得其妙訣眞傳，可以片晌結丹，逈異常人之燒煉矣。眞法如何？將紅投黑，吞入腹中，而上下互翻，是坎離顛倒也；金氣上升，癸水下降，乃取浮而去沉，是定其主賓也；採水中金氣，可以死砂乾汞，是先下金而後留汞也；運火不出終朝，而池中月輪見象，此水火交媾，臨爐下手之要訣也。

其五　**補註**　此章言得藥歸鼎，乃結胎温養之事。

虎躍龍騰風浪麤，中央正位產玄珠；果生枝上終期熟，子在胞中豈有殊？南北宗源翻卦象，晨昏火候合天樞；須知大隱居廛市，何必深山守靜孤？

翁註　此言內藥法象也。

翼註　眞一之氣，初採伏爲龍虎，既入鼎爲玄珠，顛倒採煉則卦象翻，晨昏温養則火候合，總以眞土爲作用耳。

翁註　虎，卽金丹也；龍者，我之眞氣也；風浪者，我之眞氣，自氣海而出，其湧如浪，其動如風；中央正位者，卽丹田中金胎神室也，乃結丹凝氣之所；玄珠者，嬰兒也，此卽金液還丹。

李註　龍虎交會於中宮，一身陰邪之氣被其追鑠，如轟雷掣電、翻江攪海之狀，由是之後，玄珠一顆纔無質生質，故曰「虎躍龍騰風浪麤，中央正位產玄珠」。

子野註　採得藥來，歸於中宮，如黍米一粒，從微至著，積以成胎，温之養之，十月功圓，自然脱胎神化，若果之在枝必熟，兒之在腹必生也。

補註　契云「子南午北，互爲綱紀」，此「南北翻卦象」也；「天符有進退，升降據斗樞」，此「火候合天樞」也。

陳註　翻卦象者，坎居上而離居下，是爲水火既濟；乾在下而坤在上，是謂地天泰；兑處上而震處下，是謂澤雷隨；艮居下而兑居上，是謂澤山咸也。

翁註　晨則屯卦直事，進火之候；昏則蒙卦直事，進水之候。始於屯蒙，終於既未，周而復始，循環不已，參同契曰「朔旦屯直事，至暮蒙當受；晝夜各一卦，用之依次序；既未至晦爽，終則復更始」是也。一日兩卦直事，一月計六十卦，總十月計之，得三百六十，應周天之數，卽此火符進退。日有晝夜數，月應時加減，實能暗合天度，故曰合天樞。

翼註 晨昏卽寅申也。寅居東北，陽氣發暢之所；申居西南，金氣斂成之方。火發於寅而斂於申。合天樞者，斗柄指寅，而天下春，陽氣暢，萬物出，丹法之進火合之，所以保養陽氣上升，勿令阻滯也；斗柄指申，而天下秋，陰氣斂，萬物入，丹法之退符合之，所以收納陰氣在內，令其成實也。

陶註 末云「何必守靜孤」，正契中「雄不獨處，雌不孤居」之意，以明陰陽必須得類，獨守深山無益也。

其六 **補註** 此章言大藥卽在人身，以斥爐火之謬。

人人本有長生藥，自是迷徒枉擺拋；甘露降時天地合，黃芽生處坎離交。井蛙應謂無龍窟，籬鷃爭知有鳳巢？丹熟自然金滿屋，何須尋草學燒茅？應，平聲。

補註　長生大藥，即甘露黃芽，不向同類尋求，而學茅法以煉金銀，眞蛙鸎之不知有龍鳳者。天地合而甘露降，坎離交而黃芽生，二句乃倒裝文法。

翁註　甘露黃芽，皆金丹之異名；天地坎離，皆龍虎之法象。天地之氣絪緼，甘露自降；坎離之氣交會，黃芽自生；龍虎二弦之氣相交，金丹自結矣。此般至寶，家家自有，以其太近，故輕棄之，殊不知此乃昇天之靈梯也。近世學者，多執傍門非類、孤陰寡陽、有中之有、易遇難成等法，以治其身，初不知斯道之簡而易成，有如井裏之蛙，籬間之鸎，莫知有鳳巢龍窟也。

子野云　且道長生藥是何物？噫！子子孫孫因順去，逆來永壽歎誰知。黃芽甘露，俱是藥名；天地坎離，其實人也。天地合，坎離交，則藥生矣。

陳註　前三詩已盡還丹之妙，此章又提出「甘露降」之旨，更爲明切。易之泰卦曰「地上於天，泰」，又曰「天地交而萬物通，上下交而其志同也」。蓋一陽之氣下降而一陰之氣上騰，則雨甘露；若眞水潤下而眞火炎上，則結黃芽。要知甘露黃芽，即先天一氣，此氣纔至，即結成丹。仙翁顯言甘露降者，使人知天地交泰之義；又言坎離交者，使人知水火既濟之道。嗟乎！世人見聞不廣，若井蛙籬鷃，烏足知玄牝之門能降露而生芽哉！但以眼前非類，如尋草燒茅等事，大可笑也。

翼註　詩言「人人本有」，而翁註補以「家家自有」，意更明豁。露降而曰時，乃一日之一時；芽生而曰處，指中央之正位。但二名，非兩物。液爲甘露，凝爲黃芽，故契云「先液而後凝，號曰黃輿焉」。黃芽何物？坎中戊土，離中己土，皆中黃眞氣，同類有情之物，水火既濟，則流戊就己，二土成圭，靈芽自兆矣。丹熟則乾體就，號爲金仙。身即屋也。豈非滿屋金乎？

戴同甫註　呂祖師拈土石成金，陳泥丸啣水銀立乾，皆丹熟之驗也。

其七

補註 此章指示藥產，供人採取。作法皆備於此。

要知產藥川源處，只在西南是本鄉；鉛遇癸生須急採，金逢望後不堪嘗。送歸土釜牢封固，次入流珠厮配當；藥重一斤須二八，調停火候託陰陽。

後，陸思誠本作後，一本作遠；厮，相也。

翼註 首二句，產藥之處；次二句，採藥之時。採得其地，乘其時，又能封固，隨爲之配合，爲之調火，方稱得藥。

補註 此章包丹法始終言之。鉛遇癸生，指白虎首經，先天大藥也；二八一斤，指金水六候，後天爐藥也。鉛自外來，故云送歸。汞本在內，何以言入？蓋未得鉛之先，此汞周流於一身，既得鉛之後，與汞同入於神室矣。調停火候，謂朝屯用金，暮蒙用水，全要配合均平，無使參差偏勝。陰陽，指陽火陰符。

子野註　藥出西南是坤位，欲尋坤位豈離人？

補註　西南本鄉，詩取三義：　西南得朋，取其陰陽同類，一也；　位居西南，坤土能生兑金，二也；　月見庚方，正值西南之位，三也。

翼註　藥產西南，直截言之，只坤家之水中金耳。　癸卽水，鉛卽金，金卽眞藥。　總之，眞一之氣，自虛無中來。　來卽產也。　母隱子胎，鉛生癸後，謂其至清，有氣無質。　五千四十八日，僅此一日；　一日十二時，僅此一時；　一時三符，僅此一符之速，毫髮躁急不得，亦毫髮怠緩不得。

翁註　迎其藥之將至，則急採之。　此時水源至清，有氣無質，方爲可用。　稍遲，則藥已生質，涉於後天之物，所謂「見之不可用」也。

陳註　兑之初癸，是爲眞陽；　眞陽初動，乃曰癸生。　天地以七日而來復，復，子也；太陰以三日而出庚，庚，金也；　人身以三日而看經，經，鉛也。　癸動後而生鉛，鉛之初生，名曰先天眞一之氣，此氣號曰金華。採此眞鉛，借來煉丹，其功只半箇時。蓋一月止有一日，一日只有一時，此一時最不易得者。若逆而收之，送歸土釜，配以流珠，調其火候，自能結成聖胎矣。

翼註　土釜，腹內黃庭也。先天一氣，如露易耗，如電易飛，故須封閉牢固，毋令走洩，卽契中「耳目口三寶，固濟勿發通」也。

補註　參同契云「太陽流珠，常欲去人；猝得金華，轉而相因」，言汞得鉛而凝住也。

翁註　修丹之士，旣取上弦西畔半輪之月，得陽金八兩；次取下弦東畔半輪之月，得陰水半斤：以此兩箇半輪之月，合氣而生丹，故得金丹一粒，圓滿如月，薛公謂「靈丹一粒，其重一斤」，此乃兩箇八兩合成一斤也。

翼註　陽爲火，陰亦爲火。陰陽調，卽是火，此外無火；火力到，卽是丹，此外無丹。仙訣云「採之爲藥，煉之爲火」，其旨了然。取義一斤者，每斤三百八十四銖，比易中三百八十四爻。易如此，則卦爻周而陰陽之變合始備；　藥如此，則氣味平而陰陽之造化始調：　故云藥重須一斤。而一斤中，又須二八平等，然後配合相當。

藥候初到，即是月圓；　過此片時，便成望後。

以外丹言之，藥產西南，初候月出庚也，此時癸水方動，而壬水發端矣。金逢月望，乃第二候，丹書所謂「寶鏡一輪」也。惟庚甲兩候，丁壬可以妙合，自望以後，則金氣盡，而不可嘗試矣。土釜封固，取得天晄，養火三日也；　流珠配當，流戊就己，而木汞自乾矣。二八者，眞鉛眞汞，分兩均停也；　託陰陽者，朝屯暮蒙，進火二候也。

悟眞註家，談及外事者，惟見彭好古，但止約舉大綱耳。欲盡其詳，如漁莊錄、地元眞訣、玄要篇、秋日中天、黃白鏡、黃白直指、洞天秘典、黃白破愚諸書，皆不可不翫。

其八

補註　此章指出眞鉛眞汞，以闢外丹服食之謬。中間四句，次第分明。

休煉三黃及四神，若尋眾草更非眞；　陰陽得類歸交感，二八相當是合親。潭底日紅陰怪滅，山頭月白藥苗新；　時人要識眞鉛汞，不是凡砂及水銀。

補註　金石草木，俱非眞種，故須求之陰陽同類。欲求同類之藥，又須審明二八之期。此時金水平分，正好用爲符火。

離象爲日，日紅陰怪滅者，得藥之後，陽能爍陰也；　坎象爲月，月白藥苗新者，白虎初經，其氣新嫩也。日紅，言築基功完；　月白，指還丹大藥。此卽所謂眞鉛眞汞也，夫豈砂銀外物所可比倫哉！

翼註　三黃，雌、雄、硫也；　四神，銀、鉛、砂、汞也。服食家執鉛中取銀爲識眞鉛，砂中取汞爲識眞汞，此皆方士僞術，仙翁特指「眞鉛汞」以別之。

陳註　參同契云「欲作服食仙，須求同類者」，鼎器歌云「兩七聚，輔翼人」，皆直指同類之物。

補註　二八之說，起於參同契「上弦兌數八，下弦艮亦八；兩弦合其精，二八應一斤」。悟眞篇所謂「二八相當」及「一斤須二八」「用功修二八」，皆本於此。舊註以坎鉛離汞爲兩相配當，未合詩意。

潭底日，指陽伏丹田，卽參同所謂「眞人潛深淵」；山頭月，指星應眉心，卽呂祖所謂「印堂光潤澤」。本是坎離對言，不必拘山頭虎嘯、海底龍吟之例，將兩家互說。舊註謂潭陰日陽，山陽月陰，乃就陰陽交媾處取象，却非本旨。又以日紅指坎鉛，月白指離汞，尤爲差謬。薛氏得張祖親傳，不應背其師說，故知俗刊薛註出於翁象川無疑矣。

鍾離公正道歌　眞鉛眞汞天地晶。

四神爲正藥，三黃爲助藥，丹家亦嘗用之。若不知作法而貿然試煉，與尋草燒茅者，均屬無成。蓋丹須眞陰眞陽，氣類交感，鉛砂二物是也。但鉛砂配合，各有斤兩，每砂二分，須鉛八分，俟其金華發見，日紅月白，投入朱砂，妙合而凝。斯時，鉛內之精得汞火而結眞鉛，砂中之液得鉛金而結眞汞。眞鉛眞汞，兩物一體，名曰天晥。天晥乾汞，汞死成銀，從此生生不窮矣。彼凡砂凡汞，何足道乎？仙翁作金藥秘篇序「金取無形之金，火取無形之火」，其義甚精，殆即眞鉛眞汞之謂歟。

彭註云　煉丹必用陰陽。陰陽卽砂鉛，砂鉛卽金火。鉛爲金，金生水，爲太陰；砂爲木，木生火，爲太陽：是爲陰陽得類。而金水木火之中，各得弦氣半斤，是爲二八相當。陰陽得類，如夫妻之交感；二八相當，如骨肉之自親。而採取景象，又必看潭底日紅，山頭月白。蓋金水同宮，一點壬水金光，爲癸水陰魔所混，不能自出，煉之有法，金得火而發光，一輪紅日自潭底上升，而陰怪盡滅，霎時一線娥眉之月露其白於庚方，而藥苗自新，乘此採取木火弦氣，與金水弦氣盡歸眞土之中。太陽弦氣是謂眞汞，太陰弦氣是謂眞鉛，此等眞鉛眞汞，豈凡砂水銀之謂哉？若徒求之三黃四神，又求之衆草靈葩，愈求而愈失其眞矣。

其九

補註　此章申明還丹大藥，以譏孤陰獨修之誤。

陽裏陰精質不剛，獨修一物轉羸尫；勞形按引皆非道，服氣餐霞總是狂。舉世漫求鉛汞伏，何時得見龍虎降？勸君窮取生身處，返本還元是藥王。

羸，音雷；尫，音汪；漫，徒然也；降，户江切。

翼註　世有認煉服食爲外丹者，故前詩以「眞鉛汞」破之；　又有認守孤陰爲内丹者，故此詩以「鉛汞伏」破之。

翁註　陽裏陰精，己之眞精是也。　精能生氣，氣能生神，營衛一身，莫大乎此。　奈何此物屬陰，其質不剛，其性好飛，常易失而難擒，若不得渾元眞一之丹以伏之，無由凝結以成變化。　彼獨修一物者，導引按摩，煉氣餐霞，皆是小術，止可却病，一旦不行，前功盡棄矣。　又如吞日精月華，光生五内，運雙關於夾脊，補腦還精，以至尸解投胎，出神入定，千門萬法，不過獨修此陽裏陰精耳。　孤陰無陽，如牝雞自卵，欲抱成子，不亦難乎？　鍾離曰：「涕唾津精氣血液，七般物色總皆陰；　若將此物爲丹質，怎得飛神上玉京。」一身之中，非惟津精七物屬陰，五臟六腑，俱陰無陽。　分心腎爲坎離，以肝肺爲龍虎，得乎？　用神氣爲子母，執精液爲鉛汞，得乎？　學者堅執後天陰氣，傍門非類，以爲龍虎鉛汞，是致差殊。　仙翁直指二物所產川源之處，身從何生，命從何有，返此之本，還此之源，顚倒修之，卽眞龍眞虎自降，眞鉛眞汞自伏，非藥中王，孰能與於此哉？　或者以混元閫丹擬議聖道，不知後天地生有形有質者，皆非至藥。

子野註　易云「男女媾精，萬物化生」，始我之有此身也，元由父母媾精而生。作丹之要，與生身同意，但有逆順之不同耳。順則生人，逆則生丹，逆順之間，天地懸隔。

陳註　世人執己獨修，千條百徑，皆屬傍門。仙翁垂憫，直言窮此生身處，豈不忒露天機？鍾離翁云「生我之門死我户」，卽此處也。大抵世人，因業識中來，却又因業識中去，一陽奔走，形雖男子，而身中皆陰，若執一己而修，豈能還元返本？既不能還元返本，又將何而回陽換骨乎？是以大修行人，求先天眞鉛，必從始初受氣生身之處求之，方可得彼先天眞一之氣，以還其元而返其本也。此爲男子修仙之道。若女子修仙，則以乳房爲生氣之所，其法尤簡。故男子修仙曰煉氣，女子修仙曰煉形。女人修煉，先積氣於乳房，然後安爐立鼎，行太陰煉形之法。

翼註　離宮修定，是丹家玉液煉己之法，特病在一「獨」字，非謂陰精之不當修也。

戴註　人身純陰，只有一點元海眞火，若得陽丹制之，自不飛走；更以眞火育之，則還丹可結。今人獨修，是誤以元海之眞火爲眞陽耳，豈知此火只屬陰乎？

陸長庚註　眞鉛眞汞者，坎離互藏之精，所謂烏兔藥物也。以其獰惡而噛人，故謂之虎；以其猖狂而難制，故謂之龍。其實喻言耳，非二物也。

石函記　返本還源水銀制。

其十　補註　此章言鉛能伏汞，以申長生大藥之義。

好把眞鉛著意尋，莫教容易度光陰；但將地魄擒朱汞，自有天魂制水金。可謂道高龍虎伏，堪言德重鬼神欽；已知壽永齊天地，煩惱無由更上心。　著，直畧切；教，平聲；易，去聲；可謂，當作從此；上，上聲。

長庚註　眞鉛者，先天眞一之氣，水中之金也。此物最難尋覓，非尋師則不知，非尋財則不得，非尋地則不安，非尋侶則無輔。而其中最難尋者，符來之的信。大修行人，歷山川，飽風雪，窮年矻矻，尋此而已。

地魄擒朱汞，兼內藥外藥而言； 天魂制水金，則專言內藥矣。 蓋眞鉛在外，則爲眞一之氣，以其藏於至陰之中，故名之曰地魄，歸於鼎內，結而爲丹，則曰水金； 眞汞在內，則爲神火，以其居於先天乾宮，故曰天魂，散於四大一身，皆陽裏陰精，故名朱汞。 地魄擒朱汞者，以黑投紅而汞爲鉛伏也； 天魂制水金者，養以神火而抽鉛添汞也。 曰但將，則別無他物； 曰自有，則不待安排。 以鉛伏汞，故曰擒； 鉛爲汞留，故曰制。 結丹不散，皆由神火温養。 使火冷，則丹散矣。 契曰「經營養鄞鄂，凝神以成軀」，此「天魂制水金」也。

翼註　地魄擒朱汞，卽以水制火； 天魂制水金，乃以火煉丹。

翁註　但將白虎擒龍，自有青龍制虎，二氣相呑而產金丹，復將此丹擒己眞氣，眞氣亦戀金丹而結聖胎。 外之眞龍眞虎既降，則內之龍虎自伏； 內煉神魂鬼魄既聖，則外之神鬼自欽。 體化純陽，壽同天地，逍遥物外，自在人間，萬有俱空，何煩惱之有？

石函記　地魄合天魂。

眞鉛名目，外丹有三： 山澤所產者，謂之眞鉛； 其爐中煉鉛，金華發露，採此水中之金，亦謂之眞鉛； 取此眞鉛伏砂乾汞，使潔白見寶，又成眞鉛，可作丹母也。

卓體乾曰： 魂屬離南，乾宮之眞陰也，謂之天魂，而爲日中之光，己土值之； 魄屬坎北，坤宮之眞陽也，謂之地魄，而爲月中之精，戊土專之。 以魂合魄，採天一之眞精，所謂「天魂制水金」者，此也； 以魄合魂，結地二之眞液，所謂「地魄擒朱汞」者，此也。 陰陽兩相交通，魂魄互爲室宅，故丹家先取坎中之元陽以立丹基，後結離宮之眞液以成丹藥。

大丹煉成，謂之道高； 度人功滿，謂之德重。 金水爲白虎，採得水中金，力能伏虎也； 木汞爲青龍，乾得砂裏汞，法足降龍也。 鬼神福善禍淫，天財徇欲，鬼責難逃，行善濟人，百神欽服矣。 且虛無大藥，服食飛昇，與天同壽，樂孰大於此乎？

彭氏謂魂陽魄陰，就南北定位言； 卓氏謂魄陽魂陰，從陰陽互根言。

十一

補註 此章借外丹黃白以見水土妙用。

黃芽白雪不難尋，達者須憑德行深； 四象五行全藉土，三元八卦

豈離壬？煉成靈質人難識，消盡陰魔鬼莫侵； 欲向人間留秘訣，未逢一箇是知音。 德行，行，去聲。

翼註 此教人尋黃芽於土，尋白雪於壬。詩云「欲向人間留秘訣」，正此訣也。

彭好古註 黃芽白雪，非二物也，初煉則感土氣而成黃芽，久煉則感金氣而成白雪。

翼註 眞一之氣無質，既無質，安有色？ 惟採煉之頃，以法盜之，無色生色，無質生質。其初，金水相含，類白； 及歸土釜而得土氣，類黃。繽紛而來，若雪，所謂「雪山醍醐」是也； 萌孽吐英，若芽，所謂「黃芽出土」是也。 蓋以汞求鉛之時，戊己相見，兩氣自併爲一，契云「先白而後黃」，非一物而何？

土者，中央正位，此以會極之地言； 壬者，壬水也，亥子之間，此以生氣之初言。金木水火，列爲四象，各懷眞土，合爲五行。 黃芽者，四象五行攢簇於土而滋長者也。誠知其藉土，但從土尋之，便知所以合和澆灌，而黃芽產矣。

人身上中下之元精、元氣、元神爲三元，陰陽、老少、火符、進退爲八卦。 壬水者，天一所生，在子之先，爲一陽之首。八卦循環於三元之始，莫不自一陽而起，以爲作丹之時。誠知其不離壬，但從壬尋之，便知所以消息火符，而白雪凝矣。

又曰　翁氏以黃芽爲汞，白雪爲鉛；子野以黃芽爲鉛，白雪爲汞。長庚則引契中「陰火白，黃芽鉛」以證之。但契又云「白者金精」，似黃白可以互稱，故陳氏概指爲渾元眞一之氣。今從「土」「壬」認其脈絡，故不主舊說。

翁註　龍木生火，虎金生水，木火金水合成四象。

補註　河圖四象，各含中五，此四象五行生成之次序。造化順生，水火木金得土而成實；丹道逆尅，水火金木歸土而結丹：所謂「四象五行全藉土」也。先天精氣神謂之三元，而神氣之根，却從精起，是三元不離壬矣；陽生震兌乾，陰生巽艮坤，乃坎宮之神水，離家取之以養丹，是八卦不離壬矣。

翼註　存心忠恕，德也；廣行陰騭，德也。衾影無愧，行也；言行不欺，行也。德行深，天意格矣，故大藥可尋。

又曰　黃芽白雪，凝爲靈質，則聖胎結而通身之陰邪盡消矣。

陳註　丹成則身聖，陽神出見，號爲眞人，陰魔鬼賊化爲護法神，身中青龍白虎、朱雀玄武、三魂七魄、三元九宮、八部八景、五臟八識皆化爲神，三萬六千精光化爲神兵矣。仙翁欲以口訣授人，當世鮮有信受奉行者。噫！拜師於韁鎖之下，杏林而後未之聞也。

又曰　呂祖詩「白雪黃芽漸長成」，此首句所本；「鼎隨四季中央合，藥逐三元八卦行」，此三、四所本。

黃芽白雪，乃丹爐靈氣所鍾。欲得黃芽，須煉戊己之土，此爲後天坤母，土氣盛而後發芽也；欲成白雪，須煉鉛中壬水，此爲先天藥祖，水氣升而後凝雪也。得此芽雪，三轉可以點金，九轉可以服食，是爲虛無靈質。服得陽丹一粒，從此陰氣潛消，鬼神莫能侵犯矣。如此神丹大藥，必積德累行者，方克享之。仙翁不將秘訣輕授於人，蓋以載道之器不易逢耳。

水尅火，金伐木，而結成眞土，外丹之四象五行全藉於土也。人元內丹，必取先天壬水，外丹地元起手，馴致天元服食，亦資坎中眞水，是三元皆用壬也；外爐屯蒙火候，八卦翻爲六十，其丹種總不出先天壬水，是八卦皆用壬也。

十二

補註 此章借陰陽倡隨以申陰陽得類之意。

草木陰陽亦兩齊，若還缺一不芳菲；初開綠葉陽先倡，次發紅花陰後隨。常道卽斯爲日用，眞源反此有誰知？報言學道諸君子，不識陰陽莫亂爲。

翼註 人物動植，各稟陰陽，卽如草木無情，亦有倡隨之理，況人類至靈，此感彼應出自天然情性。但尋常日用，惟順而行之；仙家妙用，乃逆而修之。其眞源之反於常道者，世人尚罕知也。

眞源者，眞陰眞陽之源；識者，識此陰陽鉛汞之眞及陰陽互藏之宅也。

補註 詩意只借草木以興起夫婦倡隨耳，不必說到花葉後生子結果，亦不說到秋冬時復命歸根。

翁註　孤陽不自產，寡陽不自成，是以「天地絪縕，萬物化醇；男女媾精，萬物化生」，此「常道卽斯爲日用」也。眞源反此者，有顚倒互用之玄機，學者茍不自明，反笑我者，乃自蒙蔽耳。

陳註　順則爲凡父凡母，逆則爲靈父聖母。凡父凡母之氣則成人，謂之常道；靈父聖母之氣則成丹，是曰眞源。反此者，男反爲女而女反爲男也。不得師傳，亂爲何益？

補註　陽先陰後，是常道順行；陰倡陽隨，是眞源逆用。

十三

補註　此章申前坎離顚倒之說，以完結丹養火之功。

不識玄中顚倒顚，爭知火裏好栽蓮；牽將白虎歸家養，產箇明珠似月圓。慢守藥爐看火候，但安神息任天然；羣陰剝盡丹成熟，跳出樊籠壽萬年。

慢，且緩也，一作漫。

補註　既知陰陽之道，當明顛倒之機，故復申言「眞源反此」之意。上四句，兼得藥温養而言；下四句，乃抱元守一之事。翼註謂上是逆採，下是温養，不合本文。詩言「虎歸家養」「珠似月圓」，所謂温養火符，正在此際；下云「慢守藥爐」「但安神息」，明是捐去外爐而默調内息。諸家於第五句，夾入運火工夫，反遺却煉神還虛一段養性靜功矣。今酌定李註，存以參觀。

李註　玄中顛倒之法，火裏栽蓮之法，牽虎歸家之法，剥盡羣陰之法，多方譬喻，無非取坎塡離耳。離中塡滿，卽是金丹。此丹一成，狀若明珠滿月。到此地位，百尺竿頭，更進一步，周天數足，外住藥爐，九轉功完，内含神息，此乃絕慮忘機，大休歇處。過此以往，脱離生死，位證天仙矣。

補註　玄中，謂玄牝之中用顛倒逆煉。火裏栽蓮，兩說不同。陸指陰中有陽，殺中有生，是喻爐内採金；翁謂男兒有孕，猶之火裏栽蓮，是喻金種離宮。今從後說。火栽蓮，離家火；看火候，坎家火。有内外之分。

翁註將進火調神並言，蓋未體認「慢守」「但安」四字耳。古仙詩云「丹竈河車休矻矻，鶴胎龜息任綿綿」，互證自明。

高象先云：「天地絪緼男女媾，四象五行隨輻輳；晝夜屯蒙法自然，焉能孜孜看火候？」蓋言屯蒙有定期，不須別尋火候。此章則謂抽添功已畢，無煩更行火候也。息有三種，從粗入細：呼吸出入者，鼻息也；規中升降者，氣息也；靜極歸根者，神息也。故數息不如調息，調息不如安息。神息卽安，則凝神入穴，其息深深矣。人身乾體一破，變離成陰。剥陰之法，當以漸而消，陽氣日增一分，則陰氣日減一分。從還丹溫養之後，至於抱一調神，則陰盡陽純，復完乾體，故能形神俱妙，壽無窮極也。

正道歌　顛倒顛時爻位換。

十四

補註　此章釋參同契「三五與一」，以見胎仙成就之基。

三五一都三箇字，古今明者實然稀；　東三南二同成五，北一西方四共之。戊己自居生數五，三家相見結嬰兒；　嬰兒是一含眞氣，十月胎完入聖基。入聖基，一作合聖機。

補註　中四句，解「三五」功用；下二句，贊「一」之神妙。「嬰兒是一」四字另讀，舊看作「太乙含眞氣」，只是加增名號耳，却非本義。

李註　乾含木火，木之生數三，火之生數二，三二合而爲一五；坤含金水，金之生數四，水之生數一，四一合而爲一五；戊己掌乾坤之門户，又得一五。乾坤一交，三五一合，卽成嬰兒。嬰兒是一，人得一，萬事畢。生人十月胎完，煉丹六百卦足，故曰「嬰兒是一含眞氣，十月胎完入聖基」。

長庚註　三五歸一，卽是三家相見。問：見於何處？曰：見於一處。問：如何得相見？曰：既知倡隨，又明顚倒，要見亦不難矣。

翼註　三五一者，三箇「五」，一箇「一」也。五行生數，人誰不知？其意原重在「相見」上，乃「三五一」之妙耳。惟相見，則從無生有，稟之而結胎，由微至著，養之而胎圓，皆眞一之氣凝神以成軀者，故直指曰「這嬰兒，不是精血所成，是一含眞氣也」，此句洩盡丹旨矣。不云「聖」而云「聖基」者，漸養漸靈，脫化昇舉，由此基之也。

又曰　木火爲侶一家，金水合處一家，戊己中央一家。三家間隔，何得相見？　要知都是戊己所爲，契曰「舉東以合西，魂魄自相拘；　金來歸性初，始得稱還丹」是也。其相見有兩處：子母乍逢，在西北虛無之窟；　君臣宴會，在東南渾元之宮。　大段各懷眞土，自然作合耳。

又曰　五行俱有生數成數，温煉取成實，故用成數，九還七返、八歸六居是也；　採合取生氣，故用生數，三二一四是也。　然天五生己，地十成戊，土兼戊己之數，何以言五而不及十耶？　蓋藥之所主者金也，戊土生金，己土制水，不制水則水泛金沉，故先用己以合戊，此際專是己土作用，故云生數五。　自居者，不似四象，以東南西北倂而爲五也。

何謂一含眞氣？　一者，太極也，眞陰眞陽含而未判，一氣而已。　凡人物之眞陽寄在母腹，感父之眞陰，合爲一氣，自爾結胎。　神仙知之，因以我無中之眞陰，誘奪彼有中之眞陽，將此二氣以法拘煉，混成一氣，是名胎仙，是名「嬰兒一含眞氣」。

陳註　陰陽合而生人，此世間法。　若欲作出世間法，必顚倒制之，功歸戊己二土。　蓋金本戀木慈仁，而內懷從革之情，無由自合；　木雖愛金順義，而內懷曲直之性，豈得自媒？欲使媒合，全在二土以通其好。且戊土生金，則欲金氣發旺而相胥；己爲木尅，則先煉己珍重以求金丹。若不煉己待時，則不能常應常靜。煉己既熟，却與戊合；戊己一合，則金木會；金木會，則龍虎交；龍虎交，則三五合一而三家相見矣。是知五行分而各得其道，五行合而生一氣，一氣結而爲嬰兒，嬰兒出而成眞人矣。

參同契　三五與一，天地至精。

「三五一」之說，出自參同契，而實本於河圖。白眞人地元眞訣云「東三南二兮，北一西四；戊己數五兮，一十五數」，三丰眞人玄要篇云「聖道分明見此圖，生成有數不模糊；只須一二先爲用，三四終當共一都」，此皆言外丹事。蓋北一西四，金水同宮也；東三南二，木火爲侶也；中宮五數，戊己眞土也。丹法起手，一與二交，水火合而結天晥。既得此晥，三與四交，金木合而成靈藥。此藥和四象，簇五行，擒眞鉛，制眞汞，轉制無窮，是乃爐內眞種子，亦如一箇嬰兒含育眞氣也。迨十月功完，點化服食，通神入神之基已在此矣。

黃白鏡云：丹藥三轉，可以開點；九轉已後，服之却病；到七百二十轉，服之得飛昇也。

十五

補註 此章概斥傍門，總見金丹最的端也。

不識眞鉛正祖宗，萬般作用枉施功；休妻漫遣陰陽隔，絕粒徒教腸胃空。草木金銀皆滓質，雲霞日月屬朦朧；更饒吐納并存想，總與金丹事不同。

教，平聲。

李註 眞鉛卽是金丹，命祖在是，性宗亦在是。修行之路，惟此一乘法，餘二卽非眞，何須枉用心力？彼方外遊食之徒，誘人於邪蹊曲徑，雖歷盡三千六百傍門，再尋金丹不著也。

翼註 眞鉛，卽是一點乾陽，癸盡初生之虎弦氣。將此採煉，配以流珠，仍要還此初氣，故曰九還。金丹便是藥之祖宗，非眞鉛另有祖宗也。

戴註 休妻絕粒、吐納存想等法，皆屬傍門。俗士因見「不休妻」之句，誤以採陰之術爲金丹者，多矣。胡不窮究太白眞人破迷歌乎？「行氣不是道，津液非神水；存想不是道，畫餠豈能餌；採陽不是道，精竭命隨逝；斷鹽不是道，飲食無滋味；辟穀不是道，餓餒傷脾胃；休妻不是道，陰陽失宗位。如何却是道？太乙含眞氣；氣交而不交，升降傚天地。二物相配當，起自於元始；姹女與嬰兒，匹配成既濟。本是眞陰陽，夫妻同一義；所以不須休，孤陽豈成事？世出爲金仙，金丹非容易；志士不說眞，大洞隱深義。五行不順行，虎向水中生；五行顛倒術，龍從火裏出。斯言眞妙言，便是太乙力。」仙翁律詩所云，蓋本於此。

補註　此從第九章「勞形按引」而推廣之，以盡闢方士之說，大概與參同「是非歷臟法」一段相符。

陳註　眞鉛乃靈父聖母之氣，若非此氣，將何入室而施功？夫人生天地間，禀凡父之精、凡母之血而有其身，故修仙之道，不外乎此。而所異者，須要靈父聖母，方爲眞鉛。何謂靈？常應常靜之謂靈，逆施造化之謂靈。何謂聖？太極初分之謂聖，虎不傷人之謂聖。有此靈聖，方能造此眞鉛。

十六　**補註**　此章言乾坤交媾而作金丹，千聖只此一理也。

萬卷仙經語總同，金丹只此是根宗：　依他坤位生成體，種向乾家交感宮。莫怪天機俱漏洩，都緣學者自迷蒙；　若人了得詩中意，立見三清太上翁。

長庚註　金丹根宗，聖聖相傳；　產藥於坤，播種於乾；　陰陽得類，道合自然。

翁註　萬卷仙經，至當歸一，莫不以龍虎初弦之氣爲丹質。但依坤母生成之理，逆而修之，得丹之後，種在乾父交感之宮，以運符火。修丹至要，不出「鉛」「火」二字，鉛火爲大丹之本。仙翁於此洩盡天機，學者皓首迷蒙，何不近取諸身，以求至道，結成一黍，上賓於天？

戴註　崔公入藥鏡云：「產在坤，種在乾。」產在坤，外藥也；　種在乾，內藥也。坤母生成之體，坤位西南，月出於庚，金水生成，兩弦妙用，此「產在坤」也；　乾父交感之宮，乃中宮土釜，結丹之地，餌丹於中，鉛汞交感，以成變化，此「種在乾」也。　鉛者，白虎也；火者，青龍也。　白虎之弦氣，鉛亦爲水；　青龍之弦氣，火非凡火。　鉛者月之精，生於水，成於金，有質而有氣，天地妙用之根也；　火者日之精，生於木，尅於金，有氣而無質，天地發生之本也。　故曰修丹之要，大丹之本，不出於鉛火。

陳註　先天一氣，雖曰在內，而却從外來，故仙師有「依他」「種向」之密諦。　契曰「丹砂木精，得金乃併」，金卽眞鉛也。

翼註　「此」字指前詩眞鉛，根宗卽祖宗之義。　只重「乾」「坤」二字，教人識眞鉛而採之也。　眞鉛有氣無質，何體之有？　蓋陰極之中，一陽孕焉，如嬰兒初向母腹受氣造端一般，無體之體，契所謂「因母立兆基」是也。

「依」字妙，不勉强，不舍置，依依，直欲偵而盜之，然後已耳。

乾宮卽神室，乃結丹之處，有何交感？　蓋三家相見，夫妻歡合，非俗情之相媾，乃二氣之相含也。　種者，初布金花種子，契所謂「權輿樹根基，經營養鄞鄂」是也。　產坤爲外藥，種乾爲內藥，誰識眞鉛，誰能採種，人人可行，特被塵見迷蒙耳。三清太上，豈出身中？

呂祖詩　三清聖位我亦有，本家只奪乾坤精。

附錄

前詩云「但安神息任天然」，本言抱元守一之事。其實下手工夫，須從調息始，以神御氣，以氣留形，此清靜內修之法也。丹家臨爐採藥，得丹溫養，皆當用之。到得後來煉神還虛，所謂「鶴胎龜息」者，亦不離乎調息之功。

明程化樂眞人萬曆間成道者道化書云：「人身一呼一吸，當天地之冬至夏至，一大子午也。凡人思慮情欲，搖動於心，息不沉，而呼吸失子午之眞數。蓋鼻之有呼吸者，息也；丹田之生生不已者，息之息也；泥丸之子午交合者，無息之息也。息出入而有覺，息之息；生動而若有，無息之息，運化而歸無也。」又曰：「丹經千言萬語，不如調息一著。息者，性命交合之眞子午，此一身之造化也。夜半子時，一陽初復，生性息者也，目視泥丸，心存於上，靜照七日，性光生動矣；日當午時，陽交於陰，生命息者也，目視丹田，心存於下，靜照七日，命光生動矣。性生命成，互爲其根。子從上而視下，性交命也；午從下而視上，命交性也。性命兩交，一粒黍珠落於黃庭之內，從此造化生身，元氣周流，久之清空照見五蘊矣； 又三月，而渾身似痛似癢； 積以九月，通身快活，溫暖如春； 行之無間，十二年而成仙矣。」

按程氏子午性命之功，最深微矣。及追溯淵源，皆出於上聖。道德經云：「根深蒂固，長生久視之道。」蓋瓜果之蒂在上，此卽子時上視之法； 草木之根在下，此卽午時下視之法。 又按廣成子告黃帝云：「愼汝內保精氣神，閉汝外斂耳目口。我爲汝遂於大明之上矣，至彼至陽之原也； 爲汝入於窈冥之門矣，至彼至陰之原也。天地有官，陰陽有藏天門藏陽神，地户藏陰神，愼守汝身，物將自壯三寶完具。」所謂至陽之原，卽蒂固之處； 所謂至陰之原，卽根深之處。 內經云「天谷元神明堂之後，玉枕之前，方圓一寸，守一自眞； 上玄下牝，子母相親神爲氣子，氣爲神母」，又見泥丸一穴上下相通也。黃庭經曰「子欲不死守崑崙」，又曰「但思一部壽無窮」，可謂約而盡矣。 是知調息凝神，乃千聖相傳之精義。悟眞篇多詳命而畧性，故採錄數條，以明玉液煉形之基。有志修眞者，如藥材能備，自當速煉金丹； 倘資斧難圖，先宜從事玉液，以俟煉藥於將來。嘗考仙師成都聞道時，年已八十有二矣，當卦氣既盡之餘，尚克修成大藥，知其得力於靜功者，蓋有素也。

浙東金嚴之界，近年有習長生法門者，外閉四門，內遣七情，凝神定氣，常常返視泥丸，行之純熟，能前知未來事，豫定生死期，蓋性門開而智慧生矣。食物所忌者，糟酒蒜葱及鮮魚肉，欲令五臟清虛不濁耳。

苕溪有一老翁，專守泥丸，始終無間，行年近百歲，而耳目聰明，精力強健。此年友徐治周熟知其人，而親述其事也。

携李王肱枕云：「郡南石佛里，任子明所居也。子明在崇禎間，常集村家設供。一日遇丐食道人傳以運氣之法，曰靜室端居，晝夜不拘，掃除情慾，塞兑瞑目，吸氣一口，自喉至腹，送入丹田，轉下湧泉，却從脊裏透上泥丸，徐徐呼吸，不令驟出，息定神凝，從容歲月，打過玄關，道成此日。適子明喪偶，止一草廬，日夕行持，至數月，息長數刻，年餘可息一香，三載後添至三香，然未能有吸而不呼。冬日曝背簷下，閉目運氣，忽聞天地轟裂聲，周身火熱，見山河大地俱成五色神光，恍惚如醉，日晡始定，此即道人所謂過關之候也。自是氣從內旋，不呼於外，冬可浴冰，暑能擁火，恒坐而睡，屹然不欹。里少年疑其妄，閉棺沉水，竟日出之如故。年九十餘，別親朋，卜日而逝。鄰人候其繼子至，屍停七日，炎暑不腐，蓋尸解云。子明每出城，必停予家，故知之獨詳。友人湯啟雲受其法，至順治六年亦預知定期，沐浴坐化。」

悟眞篇集註中卷之上

七言絶句六十四首

以象六十四卦之數。

上卷提綱挈領，仙師旣舉要以示人矣。凡鼎器藥物，順逆功用，始終火候，無不該括於中。猶恐後人未明，故又反覆申言，以曉暢丹道。短章連簡，各有深意，修眞者所宜翫味也。

其一

翼註　已下五章，皆言鼎器。此章指置鼎烹藥之方。

先把乾坤爲鼎器，次摶烏兔藥來烹；　旣驅二物歸黄道，爭得金丹不解生？

解，胡買切，能也。

補註　古本參同契，經、傳首章皆舉乾坤坎離四卦爲綱領，此章大旨，實本參同契，而提明鼎器藥物，語意尤爲醒豁。

蓋以乾坤爲鼎器，方有烏兔之藥材；　然烏兔之藥，必須烹而始成；　旣烹之後，又須驅而始得。烹者，上水下火，兩相交煉；驅者，以意運氣，催入丹田也。此有二候四候之分。

子野註　我爲乾鼎，彼爲坤鼎。乾坤交合，則驅二物之氣，會於中宮，加以進火養符，毫髮無差，則金丹安得不生？

翁註　日月本是乾坤精，故以乾坤喻諸鼎器，坎離喻諸藥物。乾坤，卽眞龍眞虎；坎離，卽眞龍眞虎之弦氣。

陳註　鼎器者何？乾男坤女，靈父聖母也。藥物者何？乾坤男女之精，靈父聖母之氣也。

翼註　烏者，陽中眞陰之初氣；兔者，陰中眞陽之初氣：總是陰陽兩品，而弦氣乃其動機也。觀其動，而摶爲一丸大藥，則二物同循黃道而會歸中宮矣。黃道者，外藥所由以入內之路，如黃道之亘天，因路通黃中，故稱黃道。及其來歸，則爲神室也。「驅二物，勿放縱」，本入藥鏡。

外丹之法，砂鉛交媾是乾坤鼎，黃白互煉是烏兔藥。

其二

安爐立鼎法乾坤，煅煉精華制魄魂；聚散絪緼成變化，敢將玄妙等閒論。

翼註 此言顛倒制煉之法。

閒，音閑；論，平聲。

補註 此承上鼎器藥物而言。精華卽烏兔之藥，煅煉卽烹藥之功。煉木之精，能使魂往招魄；煉金之華，可使魄來鈐魂：魂魄相制，則金丹有兆矣。聚散絪緼，乃得藥後眞景象。從此變化生身，克臻神聖，總皆玄牝之妙用耳。

翼註 精者汞精，華者鉛華，制者兩相拘係也，此卽「地魄擒朱汞，天魂制水金」之義。煅煉正所以制之，無非既濟之功而已。

有升降上下之作用，自有聚散絪緼之妙景，乃自然而然者。此詩全重「聚散絪緼」四字。乾不下而坤不上，則否；乾氣降而坤氣升，則泰。聚散者，徘徊混合之象；絪緼者，滋液醞釀之象。

先從無而變有，曰變；復從有而化無，曰化。天機玄妙如此，豈可作等閒論哉！

李註　聚散者，眞氣盤旋，聚而不聚，散而不散也；絪緼者，二氣交會，酣暢融和，狀如酒後微醺也。

陶註　無變有，言虛無生藥；有化無，言精氣化神。

安爐立鼎，本銅符鐵券。「玄」「妙」二字，本道德經「玄之又玄，眾妙之門」。

其三　**翼註**　此言眞爐眞火之妙。

休泥丹竈費工夫，煉藥須尋偃月爐；自有天然眞火候，不須柴炭及吹噓。

火候，一作火育，一作火養。

無藥也。【翼註】前言鼎爐太確，恐人疑誤，遂指出偃月爐併爐中眞火，以見鼎元無鼎、藥元無藥也。

【陶註】天元大丹，十二神符九白雪，可以服食飛昇，奈眞傳不可遇，既遇矣，而天不與，終亦難成，故有「休泥丹竈費工夫」之戒。藥卽烏兔精華。偃月爐乃坤爐之象，中有至陽之氣，乃煉藥之具，契云「白虎爲熬樞」是也。其中消息進退，自有天然火候，何假柴炭吹噓。

【翁註】偃月爐，仰開如偃月之狀，北海是也，元始祖氣存焉。

【陳註】純陽翁云「曲江上，見月華瑩淨」，此卽偃月爐中之藥。

其四【翼註】此言鼎爐兩竅之藥。

偃月爐中玉蕊生，朱砂鼎內水銀平；只因火力調和後，種得黃芽漸長成。長，子兩切。

卽龍之初弦之氣。

翁註　偃月陰爐，中有玉蕊之陽氣，卽虎之初弦之氣；　朱砂陽鼎，中有水銀之陰氣，

陶註　玉蕊者，爐中陽氣；　生者，符來之候；　水銀者，鼎中陰精；　平者，配合均平之謂。二分水至，我以二分之火與之俱也。

補註　生是陽動之眞符，平乃相當之汞氣。屯蒙無爽，金水得宜，謂之調和；　金胎有兆，神火周遭，自然長成矣。

其五

翼註　此指眞鉛爲大藥也。

嚥津納氣是人行，有藥方能造化生；　鼎內若無眞種子，猶將水火煑空鐺。

種，上聲；　鐺，初衡切。

翁註　嚥津納氣，世人亦多行之，殊不知皆後天地生至陰之物，非先天之氣。夫先天

眞一之氣，混沌杳冥，難求難見，聖人以法伏之，變煉成丹。此氣名眞種子，若無此眞種而孤修獨煉，如空鐺水火，終歸乾滅而已。

長庚註　此處「眞種」，承上章「黃芽」。

子野註　眞種，卽眞鉛。契云：「植禾當以黍，覆雞用其卵。」

補註　胎息經曰：「伏炁不服氣，服氣須伏炁；服氣不長生，長生須伏炁。」服氣不長生者，嚥精納氣，獨守後天之氣也；長生須伏炁者，眞種歸爐，還返先天之炁也。

翼註　津，水也；氣，火也。丹家玉液煉形，亦嘗用之，但有陰無陽，不能延年住世。翠虛篇云「涕唾精津氣血液，只可接助爲階梯」，正此意也。

正道歌　一點最初眞種子。

其六翼註　已下六詩，皆言鉛汞。此章，乃調和以盜機。

調和鉛汞要成丹，大小無傷兩國全；　若問眞鉛是何物，蟾光終日照西川。

丹，叶音顚。

補註　上二句，明煉丹之法；　下二句，指產藥之期。

調和鉛汞，兼築基溫養言；　大小無傷，按候行功，進退有度也；　蟾光照川，乃出庚之初月，以此初弦爲準，其餘五候皆可按日尋求矣。

調和鉛汞，約有三義：　子野謂調和鉛汞，使無太過不及，太過則傷於彼，不及則不能結丹，此一說也；　翼註謂調和鉛汞，卽契中「則水以定火」，火燥則恐傷鉛，水溢則恐傷汞，兩者要均平而無偏勝，又一說也；　陶氏謂，鉛要調和方能就汞，汞要調和方能飲鉛，此又一說也。後二註分承「太過」「不及」言。

蟾照西川，亦有三義：　西方乃兌金之位，一也；　月照西川，水中之金，二也；　日終而光照，乃初三月出庚，爲爻動初候，三也。

陽大陰小，易中定分；　大小兩國，本道德經。

其七

未煉還丹莫入山，山中內外盡非鉛；此般至寶家家有，自是愚人識不全。

翼註 此言大藥不在遠求。入山，山，叶音先。

補註 山中非鉛，以見枯坐獨修之無益；家內有寶，無如百姓日用而不知。此至道之所以鮮能也。眞鉛，卽至寶；世人識之不全者，蓋但知順去，而不知逆來耳。

陶註 入山乃抱元守一之事。欲煉還丹，當求眞鉛。欲求眞鉛，正須尋師訪道，營資結侶，安可避跡深山？此黃庭經所以云「入山何難故躊躇」也。

其八

竹破須將竹補宜，抱雞當用卵爲之；萬般非類徒勞力，爭似眞鉛合聖機？

翼註 此言求眞鉛於同類。爭似，怎似也。

翁註　參同契云：「同類易施功，非種難爲巧；欲作服食仙，當以同類者。」蓋眞鉛爲母氣，我精爲子氣，豈非同類至妙者乎？是乃作聖之眞機，金丹之妙藥。

翼註　前謂「山中無鉛」，正謂無同類耳；萬般，指傍門雜術；類者，鉛與汞爲類也；「機」字，卽盜機之義。

陶註　竹破須竹續，本陶公還金術；抱雞當用卵，本魏公參同契：皆發明「同類易施功」之意。能以同類之眞陽，點化我身之眞陰，變成純陽體質，便合作聖之機。

戴註　唐陶植眞人，有別錄三品至藥秘傳於世，敬宗寶曆元年八月十五日，在四明山大梅峯梅福仙人臺上白日上昇，至今碑記尚在臺下。今按　四明山，居上虞天台之中，前後四仙迭見，生其地者，能無感發興起乎？

其九

翼註　此言用鉛須別凡聖。

用鉛不得用凡鉛，用了眞鉛也棄捐；此是用鉛眞妙訣，用鉛不用是誠言。　也，去聲。

補註　鉛分聖凡，先天後天清濁不同也；眞鉛亦棄，內丹煉成，得魚忘筌也。初時用鉛，後却不用鉛，此言修眞始末也。

翼註　凡鉛固不宜用，雖所用眞鉛，亦須棄捐。蓋用鉛之意，原欲得眞一之氣以伏己汞耳。及眞氣已得，汞不飛走，需以工夫，自然成寶，將焉用彼爲哉？陸註比之鉛池煎銀，銀出而鉛不用，最合詩意。翁氏所云鉛盡汞乾，尚非本旨，其講温養火符，亦不可不知。長庚之說，亦踵翁氏，當以翼註爲正。

翁註　凡鉛者，後天所生滓質之物；眞鉛者，先天眞一之氣也。人身元陽眞氣，日逐飛散，無由凝聚以結聖胎。聖人煉服眞鉛，凝結成砂，日逐運火，漸漸添汞，汞氣漸多，鉛氣漸散，添汞減鉛，十月火足，六百卦終，鉛氣飛浮，如明窗中射日之塵，片片浮空而去，九載抱一，鉛氣飛盡，只留得一味乾水銀。鉛盡汞乾，化爲金液大丹，體變純陽，與天齊壽，故曰用了眞鉛也棄捐。「用鉛不用」之說，豈虛語哉？

長庚註　或問翁註添汞減鉛之說。曰：嘗聞之立陽先生，得藥歸鼎之後，養以神火，晝夜功勤，是添汞也。久之，神氣混融，鉛入汞內，自覺其減，故汞氣漸多，鉛氣漸散，喻如炊飯，米漸大則水漸乾。抽添之妙，意蓋如此。

眞鉛棄捐，言外爐；鉛盡汞乾，言內藥。兩說微異。

金穀歌　用鉛不用鉛，須向鉛中作；及至用鉛時，用鉛還是錯。

外丹須用鉛起手，而鉛須辨其眞凡。凡鉛眞氣已脫，不堪適用，惟山澤礦鉛，金水渾全，方可取先天之氣，以結天晄。得此烏兔精華，制砂乾汞，輾轉相生，初時鉛氣半點不留矣。此是丹家要訣。

其十　**翼註**　此言煉鉛入腹爲金丹先著。

虛心實腹義俱深，只爲虛心要識心；不若煉鉛先實腹，且教收取滿堂金。

爲，去聲；且，一作任；教，平聲。

彭註　太上老聖嘗言「虛心實腹」，虛心是性功上事，實腹是命功上事，二者俱有深義。然人心浮動，如何得虛？不若煉鉛服食，先實其腹，使金精之氣，充溢於身，然後行抱一之功以虛其心，則性命雙修，形神俱妙，而大修行之事畢矣。

補註　虛心要識心，此句乃轉關語。心之所以不虛者，緣汞無鉛伏，故觸境易搖，不若煉鉛以制伏之，使心有所含育也。南宗先命而後性，於此章見之。

李註　或問：如何是煉鉛？曰：乾坤交媾罷，一點落黃庭。又問：如何是實腹？曰：取將坎位心中實，點化離宮腹內陰。又問：如何是收取滿堂金？曰：眞精既返黃金室，一顆靈光永不離。

「虛其心，實其腹」「金玉滿堂」，俱本道德經。

十一

翼註　此言煉鉛制汞爲上聖心傳。

夢謁西華到九天，眞人授我指玄篇；其中簡易無多語，只是教人煉汞鉛。易，音異；教，平聲。

補註　此章直指金丹眞訣，猶釋門言「惟此一乘法」也。

陶註　「煉鉛汞」三字，足包悟眞篇一部全旨。凡始而煉汞，繼而煉鉛，終而抽鉛添汞，步步只在鉛汞上做工夫。

高象先歌云：「舉世何人識河車，子當西去求西華；西華夫人掌樞紐，便當指與眞丹砂。」此詩「夢謁西華到九天」，殆借歌中之意以示產藥煉丹之地。

補註　高氏作金丹歌在宋眞宗大中間，張公著悟眞篇在神宗熙寧乙卯，年歲既有先後，詩引歌中語，容或有之。歌云：「古皇問道崆峒室，始得宏綱未全悉；回頭蜀國訪峨嵋，天眞皇人與眞一。眞一之道何所云，莫若先敲戊己門；戊己門中有金水，金水便是黃芽根。黃芽根爲萬物母，母得子兮爲鼎釜；日魂月華交感時，一浮一沉珠自飛。玄珠飛到崑崙上，子欲得之憑罔象心不著相；罔象得之歸絳宮，絳宮蒸入肌膚紅。肌膚紅兮鬢髮黑，北斗由斯落死籍；大哉九十日成功，髣髴橋山有遺跡。」又云：「乾坤陰陽之門户，乾道男兮坤道女；時人不識眞陰陽，茫茫大地尋龍虎。」此歌言戊己日月，言母子鼎釜，言金水浮沉，言陰陽龍虎，卽所謂「煉汞鉛」也。

十二

補註 此章原道，直從造化上說到人身丹法。

道自虛無生一炁，便從一炁產陰陽；陰陽再合成三體，三體重生萬物張。重，平聲。

補註　此章概言造化，以推明丹道所由合。虛無生一炁，無極而太極也；一炁產陰陽，太極生兩儀也；陰陽再合成三體，乾父坤母成男成女也；三體重生萬物張，「男女媾精，萬物化生」也。以此道準諸丹法，眞氣渾含者，虛無也；金水初萌者，一炁也；鉛汞相見者，陰陽也；嬰兒是一，內含眞氣者，三體重生也；調神出殼，千百化身者，萬物滋張也。

長庚註　或問：虛無兆一，是太極之上復有無極否？曰：一卽太極，一亦有象，安得謂無？故知一者，無之所生，但混淪而未破耳。孔子曰「易有太極，是生兩儀」，老子曰「天地萬物生於有，有生於無」，故知太極之上有無極也。朱子解太極圖說謂無極卽在太極之中，此另是一義。

彭註　「一生二，二生三，三生萬物」，出道德經。

金穀歌：「一生二，二生三，三生萬物無休歇。」卓體乾金穀歌註云：「一者，天一之眞陽，二者，地二之眞陰，『一生二』者，以鉛制砂之事；砂感鉛中之氣，結成金胎，鉛去不用，獨一味死砂，煉成至藥，抱養嬰兒，是『二生三』之事也；及靈兒既出，則層層接制，使點化通神，是『三生萬物無休歇』也。」

十三

翼註　已下四詩，皆言坎離。此章乃坎離配合之功。

坎電烹轟金水方，火發崑崙陰與陽；二物若還和合了，自然丹熟遍身香。

長庚註　此乃鉛至汞迎，和合而成丹，其功只在一時半刻之間。

陳註　坎電者，乃鉛氣發生之時，我卽乘其時至，發崑崙之火以應之，所謂一月只有一日，一日止有一時也。香透丹田，一身調暢，目明體健，得丹之效也。

補註　坎電者，爻動之時，水中火發也，此虎之弦氣，謂之陰火；火發者，煉己純熟，動而能直也，此龍之弦氣，謂之陽火。二火交合，則陰陽配當，易曰「二氣感應以相與」，卽此「與」字。金水方，乃產藥之鄉；發崑崙，乃下元峯頂；以四字括之，只「虎穴龍頭」耳。二物，謂眞陰眞陽，卽眞水眞火；和合者，會歸丹田，妙合而凝，結成丹基也；熟，則更有調停培養之功。

翁註　初時採服此藥，則百骸理而香美生，參同契「金砂入五内，霧散若風雨；薰蒸達四肢，顏色悅澤好；鬚髮皆變黑，齒落生舊所；老翁復丁壯，耆嫗成姹女」，豈非眞香滿身乎？自此以後，復運陰符陽火，進退抽添，不失其時，金液還丹，自然成熟，滿身增輝，香且美矣。此兼内外二丹法象也。

十四

離坎若還無戊己，雖含四象不成丹；只緣彼此懷眞土，遂使金丹有返還。

翼註　此言坎離各懷眞土。

陶註　離宮火中生木，坎宮水裏生金，兩家列爲四象，彼此間隔，全賴坎中有戊，離中有己，兩相媒合則五行全而四象會，方得鉛汞一爐烹煎，而成丹於頃刻。返還者，七返火、九還金也。火得金而返，金得火而還，和合丹頭之法也。彼此二土，乃中和妙用。

翼註　坎中眞陽卽戊，離中眞陰卽己，二土皆是中宮眞氣。兩家眞氣作合，自然金與木併，水與火濟，四象死歸厚土，五行合於一眞，而成丹矣。已失復得爲還，已去復來爲返。

翁註　契云：「坎戊月精，離己日光。」離己象龍之弦氣，坎戊象虎之弦氣，龍虎苟無二土之氣，安能使四象併合，會於中宮以結丹哉？

陳註　四象則乾坤日月。乾坤乃坎離之體，日月乃坎離之象，戊己乃坎離之門，妙在彼此各懷眞土。若非兩家各以二土合之，則一氣何由而往來？金丹何由而還返？老子云「玄牝之門，是爲天地根」者，卽彼此二土也。

補註　冀註以戊己爲中宮意土，此指内象言；陳註以戊己爲坎離之門，此指外象言。然則翁氏所謂龍虎弦氣者何哉？眞氣動而門户可敲，此又合内外而言之矣。「先敲戊己門」，此高象先說也。

若論外丹，坎離卽鉛砂；鉛中有銀，砂中有汞，謂之四象；四象交媾，方成戊己。投砂入鉛，採其眞氣，製成戊土也；鉛金配汞，伏住流珠，製成己土也。二土成圭，方能靈通變化。若無此二土，則砂汞不相接續，焉望其成藥祖而資服食乎？

十五

離居日位翻爲女，坎配蟾宮却是男；不會箇中顚倒意，休將管見事高談。

翼註　此言坎離顚倒。

補註　易中卦象，離爲日爲女，坎爲月爲男。日位太陽，反以離女居之；月位太陰，反以坎男居之。如此顚倒互換，各有深意。蓋離之卦象，中畫坤耦，外陽而內陰，所以翻爲女；坎之卦象，中畫乾奇，外陰而內陽，所以却是男：此卦象顚倒之意也。其在人身，乾陽奔蹶之後，腹中空虛，故男反爲陰；坤體爻動之頃，腹中氣實，故女反爲陽：此卽人身顚倒之意也。如此顚倒，豈蓬心管見者可得妄談耶？

長庚註　或問：我之爲離，乃奔蹶所致，彼爲坤卦，純陰無陽，何以成坎？曰：混沌之初，彼固坤體，二七之期，有陽動焉，純坤之中忽逢一陽動蕩之機，豈非坎體乎？

翼註　能會此顚倒之意，則知離女之懷胎必須氣於坎男，故下章有「取坎塡離」之說。

十六

取將坎位心中實，點化離宮腹內陰；　從此變成乾健體，潛藏飛躍總由心。

翼註　此言取坎塡離。

總，一作更，一作盡；　潛藏飛躍，乃卷舒自如之意。

補註　上章坎離乃男女一定之象，此章坎離乃陰陽互藏之精；　上章以男陰女陽爲顛倒，此章以陰能變陽爲顛倒。　蓋顛倒之中，而又有顛倒，乃還丹妙術也。

陶註　人身先天之體，太樸不雕，渾淪完固，無事於取，何有於塡？　及乎情竇既開，陰陽交感，先天之氣乃奔逸於坤中，純乾之體一破，腹內反變爲陰精。　日昃之離，焉能久視？　神仙丹法，取坎中靜極而動之眞水，伏我靈光閃爍之流珠，舉水以滅火，塡其既虛之位，復其純陽之體，還丹可立成矣。　雖曰取之，不過借此先天眞一之氣，非實有形質可見，故用「點化」二字，以見其神妙耳。

補註　取坎塡離之際，兼有温養工夫。　到得體成乾健，則陰盡陽純，如神龍之潛藏飛躍，而變化從心矣。奚待此時方用六候火符耶？彭氏不從舊說，良是。

翼註　參同契以乾卦六爻配鼎中六候。乾者，龍也；潛藏者，初九、九二之象；飛躍者，九四、九五之象；由心者，符火進退，皆由心中默運也。此即舊說。

十七

翼註　已下五章，皆言龍虎。此章言母隱子胎。

震龍汞出自離鄉，兑虎鉛生在坎方；二物總因兒産母，五行全要入中央。

補註　五行次序，木生火，金生水，此造化之順行者。丹家震龍之汞出自離鄉，是火反生木，兑虎之鉛生在坎方，是水反生金，二者皆因兒産母，此五行顚倒之術也。其法用金木交併，水火相濟，藉二土以會合中宫，方凝結而成丹。

翼註　火生木，水生金，皆兒産母之象。所以然者，丹取母氣爲眞，取初氣爲嫩。故陽極生一陰，爲眞陰，是以汞自離出者，方爲龍之弦氣，而於卦爲震木也；陰極生一陽，爲眞陽，是以鉛自坎出者，方爲虎之弦氣，而於卦爲兌金也。震龍汞，兌虎鉛，都是借象，實不過金木而已。金木與土，三家相見，入於中央，則五行攢簇而丹胎斯結矣。

補註　丹家取象，震離坎兌乃水火木金之四象，以南北言之則曰坎離，以東西言之則曰震兌，其實後天震兌即先天坎離之位，故可錯綜互見。陳註謂震是長男替父，兌是少女代母，此引參同契語，於詩義不相切貼。

十八

月纔天際半輪明，早有龍吟虎嘯聲；　便好用工修二八，一時辰內管丹成。

翼註　此言龍虎待時而動。

補註　半輪明月，謂逢上下二弦，便當龍虎交鋒，採而服之。從此一金一水，日積月累，至於二八相當，則築基固而大藥可求，故云一時辰內管丹成。　半輪二八，指金水兩弦之氣；　一時丹成，指先天鼎中大藥。後章云「民安國富方求戰，戰罷方能見聖人」，可以互相參證矣。

詩意在煉己待時也。參同言藥生，皆借月爲喻。「三日出爲爽，震庚受西方」，乃一陽復來之候，每月初生之氣也；此章「半輪明」，指上弦兑受丁，下弦艮納丙，金水平分，正在此二候。吟嘯成聲，取同聲相應之義；早有者，乘機急取，勿爽眞候也。翁氏將二八分屬龍虎，未合。

陳註　一時之中，分爲六候，止用二候採取，尚餘四候用爲合丹。合丹之妙，急以己汞合鉛。於斯時也，調和眞息，上下周流，自太玄關逆流自天谷穴，而吞入黄金室，斯乃元年起火之功。眞一子曰「立創鼎器，運動天機，初則全無形質，如鴻濛混沌之中。既經起火運符，便應元年滋産」，契曰「婚冠氣相紐，元年乃芽滋」，是爲受氣之初。

正道歌　晝夜相交成一塊，自有龍吟虎嘯聲。

十九

翼註　此言龍虎媒合之象。

華嶽山頭雄虎嘯，扶桑海底牝龍吟；黄婆自解相媒合，遣作夫妻共一心。華，去聲；解，胡買切。

也。

陶註　華嶽者，西方白虎之地；坎卦陰中之陽，乃曰雄虎；山頭，則坎當居上之意也。扶桑者，東海青龍之位；離卦陽中之陰，乃曰牝龍；海底，則離在坎下之意也。契云「陰在上，陽下奔」，正是此義。

嘯與吟者，彼此相戀相求之音也。

陳註　山頭雄虎，危而難伏，海底牝龍，險而難降，非有大力量大勇猛之士，安能駕馭哉？即如金丹，是一箇至陽之氣，居於杳冥不測之內，危而難得，險而難收，自非積德厚重，煉己純熟，安能得之？且道如之何得他共一心，噫！若貪天上寶，須用世間財。

子野註　坎上離下，調以中和之意，則龍虎相愛如夫婦。黃者，中也；婆者，女之終稱，故無妒忌而能媒合。黃婆之義，中和盡焉。

補註　「黃婆」向無確說，當兼內外言，亦有三義：調以中和，乃兩家相得之情，一也；以戊己二門，爲作合之媒，二也；中間須常有一番媒娉，以通彼此消息，三也。陸氏所云「無妒忌而能媒合」者，蓋亦隱躍逗露矣。

二十

翼註　此言龍虎制伏之功。

西山白虎正猖狂，東海青龍不可當；兩手捉來令死鬭，化成一塊紫金霜。

兩手，一作兩獸；　令，平聲。

陶註　虎西龍東，猖狂獰惡，難擒難伏。入室之頃，左提龍而審定鼎弦，右擒虎而精調氣候，息符漏刻，數應周天，二氣往來，絪縕和合，三寶閉塞，綿綿若存，此「捉來死鬭」之義也。臨爐採藥，非可用手捉摸，只是把握在手之意。「鬭」字及下「求戰」「臨敵」等句，不過神氣交感，從虛化氣，激而有象，並無鬭戰之事，邪宗安得引此爲口實耶！

翼註　死鬭者，求丹大事，專心致志，必期降伏而後已。勿作拚死一鬭，亦勿作死裏求生，亦勿作臨鬭之時心死如灰。

子野註　西山白虎，坎中金情；東海青龍，離中木性。二物獰惡猖狂，不易擒捉，若得法制之，則彼此和合而化成丹。這箇「死」字極有深理，諺云「欲求生富貴，須下死工夫」。

補註　「兩手捉來」，言有所本。劉海蟾云：「左手捉住青龍頭，右手拿住白虎尾；一時將來入口吞，思量此物甚甘美；算來只是水中金，妙道玄機眞要理。」

二十一

赤龍黑虎各西東，四象交加戊己中；復姤自茲能運用，金丹誰道不成功。道，去聲。

翼註　此言龍虎交煉之故。

補註　上二句，龍虎交媾，全憑戊己，此得藥之事；下二句，温養抽添，有取復姤，此行火之功。

子野註　龍東虎西，所以間隔，欲使相逢，須憑戊己。既得龍虎交媾，產成紫金之丹，養火於復姤之功矣。

陶註　龍從火出，青龍號爲赤龍；　虎向水生，白虎乃名黑虎。只「龍」「虎」「赤」「黑」四字，已具四象矣。　復姤運用，十月火功也。

翁註　南北東西，皆歸戊己，名曰刀圭。　一粒如黍米，光明烜赫，透入崑崙山，八水俱朝會，然後進陽火於復卦，退陰符於姤爻，自然運用抽添，莫不頭頭中度，而金丹之道，計日可成矣。

陳註　龍之頭爲己，虎之門爲戊，龍虎因之而交會，復姤因茲而運用，金丹得之而成功。噫！知之非難，行之爲難。

翼註　戊己與四象對言，自是中宮，契云「皆稟中宮，戊己之功」。當主此說。

二十二

補註　已下二詩，皆言臨爐採藥。此章見煉己方可求藥。

先且觀天明五賊，次須察地以安民；　民安國富當求戰，戰罷方能見聖人。

補註　此兼言煉己求丹事。

「天有五賊，見之者昌」，出陰符經。舊註指五性爲害身之物，尚非經旨。蓋丹家盜機逆用，本欲法天之五賊。首句，正是求丹主意；下句「察地安民」，方及築基工夫。民安國富，察地安民之力；戰罷見聖，觀天五賊之功也。首尾緊相呼應，是詩中本意。

翫本文「先」「次」二字，猶云先定其規模，而後從事。觀天五賊，知五行生尅之理；察地安民，行築基煉己之事；戰罷見聖，還丹大藥，一得永得矣。求鉛喻諸求戰，節制之師，能知己知彼也。

長庚云　五行之氣，交勝互盜，而萬物之生殺莫不由之，此是天之五賊。是五賊也，順之則人，逆之則仙。人能洞曉陰陽，深達造化，實見此理之妙，遂逆轉殺機，舉水滅火，以金伐木，其心之施行，與天之五行無不脗合，則鉛汞同爐，三五歸一，自然懷胎結嬰，而宇宙在手，萬化生身矣，所謂「見之者昌」也。

蒲團子按　語出陸氏陰符經測疏。

陳註　修行之人，以身爲國，以精氣爲民，精不動搖謂之民安，神氣克裕謂之國富。以求丹爲戰敵，以先天一氣爲聖人，煉己者，先賫精養氣，然後可以戰勝而得先天眞一之氣。仙師以戰爲喻者，使人知恐懼修省也。

長庚註　或問：三峯採戰之術，諸家非之，悟眞乃言「求戰」「死鬬」，抑又何歟？曰：三峯之戰，乃空國興師之戰，其所採者，乃採取後天渣質，有戰之名，有戰之事者也；若悟眞之言戰，乃陰陽均敵，舉水滅火，以金伐木，有戰之理，無戰之事者也。易曰「陰疑於陽必戰」，傳曰「疑者，均敵而無大小之稱」。夫此兩弦之氣，二八相當，非均敵乎？兩相飲食，遂相併吞，非戰勝乎？老聖曰「抗兵相加，哀者勝之」，又曰「行無行，攘無臂，仍無兵」，是名之爲戰而實無所戰也。彼三峯之術，豈可同日語乎？僞術三峯，取舌峯、乳峯、下峯也。若張三丰，乃明初眞仙，得金丹正傳者。俗多混稱。

翼註　天道右轉，地氣左旋。天文二十八宿逆行，自東北而西南，乃五行逆轉；地支十二辰順行，自丑寅至戌亥，乃五行順布。人身精氣神皆陽類，用逆以煉之，是法天道；形骸血氣皆陰類，用順以養之，是傚地道。民安國富，内尚有許多抽鉛添汞之功，恐不專在身中順養也。

二十三

用將須分左右軍，饒他爲主我爲賓；勸君臨陣休輕敵，恐喪吾家無價珍。

補註 此言得藥宜加温養。

將，去聲；饒，讓也；喪，去聲；無價珍，指先天大藥。

補註　上二句，言採藥之方；下二句，言持心之法。戰罷見聖，藥已入手，但温養火候，仍須鼎内澆培。而臨爐之際，必慮險防危，方免漏胎之患，故復以「臨陣輕敵」戒之。

用將分軍，煉己築基亦須用之。此獨指爲温養者，蓋從上章說來，一是築基而求丹，一是還丹而養火，脈絡分明可見也。

翁註　此篇明火候作用也。

將者，火也。運火自子至巳爲陽，故文火居左，謂之陽火；自午至亥爲陰，故武火居右，謂之陰符。朝屯暮蒙，進火退符，囘七十二候之要津攢歸鼎内，奪三千六百之正氣輻輳胎中，謹戒抽添，精專運用，不使頃刻參差，分毫差忒，故得外接陰陽之符，内養眞一之體。苟或運火不謹，節度差殊，致姹女逃亡，靈胎不結，失此無價之寶矣。

李註　金水在鼎，易於混淆，用此爲火，務要分別明白。要見某鼎是金，使之居左，某鼎是水，使之居右，庶無誤用偏枯之失，故軍須分左右。他主我賓者，以金水爲藥物，而我在其外探他之眞消息，而我方應之，是他反爲主，我反爲賓也。其間臨陣之頃，須要對景忘情，萬一靈臺不淨，火氣復然，汞走鉛飛，寧不可惜。丹家切宜愼重。

補註　翁氏以文火武火分左右，李氏以金鉛水汞分左右。金主發生，卽文火也；水主歛藏，卽武火也。陳氏却以在彼在己分左右，未合。須知用將由我自己，不在左右之列。翁氏解他主我賓，謂守雌而不爭，持靜而不動；陳氏又謂，彼居上而我居下，彼欲動而我欲靜：皆非本旨。當依李氏之說，彼爻先動是他爲主，因動而交是我爲賓也。前以浮沉定主賓，專就坎宮言，剛裏而柔表也；此以彼我分主賓，兼擧坎離言，陰倡而陽和也。錯綜互見，各有取義。

道德經云「凶事尚右，偏將軍處左，上將軍處右」，又云「吾不敢爲主而爲客」，又云「輕敵幾喪吾寶」。

二十四 火生於木本藏鋒，不會鑽研莫强攻； 禍發總因斯害己，要須制伏覓金公。

翼註 已下三詩皆言金木。此章言木須金制。强，區兩切。

補註 此章警世之誤行房術者。人身慾動精搖，每至戕生，如木中生火而火能焚木，此本生殺藏伏之機。世人不能研窮生殺機關，而强學傍門，或行九一，或閉尾閭，以濟其所欲，抱薪救火，終於薪盡火滅，害莫大焉。豈知丹家轉殺爲生，全要覓金公以制木母，使之金木交併，水火相濟，足以固躳而延命，此正陰符盜機逆用之妙道也。

「火生於木，禍發必尅」，本陰符經； 鑽乃鑽木，此用論語「鑽燧」； 攻，是專治意，又本「攻乎異端，斯害也已」。**蒲團子按** 語見論語爲政。

二十五 金公本是東家子，送在西鄰寄體生； 認得喚來歸舍養，配將姹女

翼註 此言金來併木。

結親情。結，一云作。

翼註　此申前「白虎歸家」之意。

補註　坎體陽陷陰中，其一點眞陽，卽名金公。然此一畫眞陽，本從乾爻而來，後方落於坎宮，此卽「東家寄西」之意。東西只作陰陽看，不必實求卦位所在。認得者，偵其爻動之時；喚來者，使彼意濃藥至也；藥入中宮，配以己汞，而相依相戀，是乃「結親情」也。養卽温養，結是結丹。

李註　坤體本空，原無鉛汞，因與乾交感後，受一點神火之光，始變爲坎，故曰「金公本是東家子，送在西鄰寄體生」。修眞君子，此時誠明之極，認得坎内乾金，的當是鉛，一口吸來，送入黃庭，牢固封閉，隨卽配以眞汞，足成一斤之數，以結團圓之象，故曰「認得喚來歸舍養，配將姹女結親情」。東寄西鄰，卽就臨爐時言，與舊註不同。

二十六

翼註　此言金木歸土。

姹女遊行自有方，前行須短後行長；　歸來却入黃婆舍，嫁箇金公作老郎。

子野註　姹女，己之陰汞，前順去，後逆歸。順去，則半晌之間交接於彼；　逆歸，則自下而上，周流一身，落於中宮，與眞鉛合而結聖胎。

翁註　姹女，汞也，謂之汞火。遊行有方者，前行是外藥作用，一時中用兩候，故云「須短」也；　後行是內藥作用，一時中用四候，故云「須長」也。有此兩用，故曰有方。黃婆爲內象，金胎土釜是也；　金公，卽眞鉛；　老郎，卽純陽之象。

陳註　姹女是己之精。遊行有方者，精有所行之熟路。常人交感時，情慾纔動，心神內搖，三尸搬於上，七魄攉於下，其精自兩頸而上，由五臟，升泥丸，與髓同下，自夾脊雙關，至外腎交媾，此爲五濁世間，此爲常道之順行者。

金丹則不然，行顛倒逆修之道。大修行人，煉己純熟，身心不動，魂魄受制，情慾不干，常使精氣滿盈，待彼一陽初動時，先天眞鉛將至，我一身之精氣不動，只於内腎之下就近便處，運一點眞汞以迎之，此謂「前行短」也； 眞鉛既渡鵲橋之東，汞與鉛混合，却隨眞鉛升轆轤三車，由三關夾脊，上入泥丸，遍九宮，注雙目，降金橋，下重樓，入絳宮治煉，此謂「後須長」也； 然後還歸神室，交結成丹，此謂歸入黃婆舍而嫁於金公也。 此爲顛倒五行逆修之法。 及温養十月，以成眞人，與天齊壽，是謂老郎。

補註 姹女，亦有内外兩象： 初以汞火而誘眞鉛，外也； 再以汞火而配金公，内也。 姹女舊遊之路，即金公所來之路，初獨往，後同歸也。 前短後長，只就二候四候上言，翁註又分初服丹、後養火，此是久暫，不是短長。 黃婆指内象，不言中宮神室者，對姹女金公言，須用黃婆方稱耳。

孫汝忠金丹五百字云： 「火候分文武，金水辨濁清； 鉛產於癸内，陽生於鉛心。 三百七十五，用意要虔誠； 太過則傷彼，不及丹不成。 二候得藥畢，蹬開赤色門； 駕起通天劍，催藥上崑崙。 降得重樓下，明月照乾坤； 四候合丹畢，眞主座黃庭。」據此，則二候得藥，正於地天交泰時，自己數息計三百七十有五，以爲準則。 此際一得鉛氣，則乾坤分位，急用逆轉河車，自下而上，從後而前，迎藥入於中宮，仍默默調息，計七百五十之數，所謂四候作用也。

赤色門，乾家外象；通天劍，乾體内象。

二十七

縱識朱砂與黑鉛，不知火候也如閒；大都全藉修持力，毫髮差殊不作丹。

翼註　已下十二詩，皆言火候。此章言火候之當知。也，去聲；閒，音閑。

子野註　雖識眞鉛眞汞，不知火候，聖胎不結。何哉？蓋火性煖，故能融物之眞，使其交媾；若無火，則鉛自鉛，汞自汞，各不相交矣。

戴註　朱砂黑鉛，非有質之物，眞龍眞虎是也。

李註　火候，卽癸動陽生之時。修者，修我之房舍，卽命家事；持者，持我之心華，卽性家事。性命雙修，不出此二字。

翼註　火與候，自不相離，火必應候，候至火亦至，然又須知火候分別處。以候言，有二七之候，有一年之候，有一月之候，有五日之候，有一時半刻之候；以火言，有文火，有武火，有水中火，有汞中火，有未濟火，有既濟火，有周天火。陳註「內」「外」二字該之矣。然陳氏亦不分別火與候者，蓋秘之耳。

補註　此詩末句，本入藥鏡「水怕乾，火怕寒；差毫髮，不成丹。」註云：修煉金丹，全藉火功調燮。添水之時，以救其火之燥也；運火之時，又恐其火之寒也。故水怕濫，亦怕乾，火怕燥，亦怕寒，其間斤兩法度，須要調勻，無致太過不及。倘運火之際，毫髮差殊，則天地懸隔矣。

毫髮差殊，主金水誤用言，參同契所謂「隆冬大暑，盛夏霰雪」也。

砂鉛氣結，乃外丹正傳。丁火壬水，妙合而凝，全在片時火候。漁莊錄取諸三候，黃白鏡取其兩候，黃白直指專取一候，地元訣云「金烏飛入廣寒宮」。玄關竅妙，實係仙機，豈可毫髮差殊耶？

二十八

補註　此言火候須眞訣。

契論經歌講至眞，不將火候著於文；要知口訣通玄處，須共神仙仔細論。

論，平聲。

李註　契卽參同，論如石函，經卽陰符、道德，歌如正道、敲爻。丹書中，於鼎器藥物，可謂發洩殆盡矣，至若火候一節，隱而不宣，必待眞師口傳心授。噫！天豈吝道，地豈惜寶，無非防範匪人故耳。

陳註　此有外火候，有內火候。伯陽眞人云「三日月出庚」，外火候也；崔公曰「天應星，地應潮」，外火候也；純陽祖師曰「一陽初動，温温鉛鼎」，外火候也。廣成子曰「丹竈河車休矻矻，鶴胎龜息自綿綿」，內火候也；仙師詩曰「漫守藥爐看火候，但安神息任天然」，內火候也。

未煉丹時，最難得者是外火候，此乃有爲有作立基之事。內火候，則已得丹後，但任天然自然，乃大休歇大自在無爲之功也。

補註　陳氏謂已得丹後，只須凝神内養，尚缺外火一邊，此亦當兼内外言。外火者，迭運金水之眞氣；　内火者，默調元海之祖氣。内融外接，方得二火通靈，故毘陵詩云「金鼎常留湯用煖，玉爐不要火教寒」，一月六候之藥，正於此時用之。至抱元守一，方不用火符。

二十九

八月十五翫蟾輝，正是金精壯盛時；　若到一陽纔起處，便宜進火莫延遲。

補註　此言初庚火候。

補註　此借中秋月色，以比爐内藥生。上二是喻言，下二是正意。所謂：「月之圓，存乎口訣；　時之子，妙在心傳。」蓋時子卽當月圓也，不是將乾滿甲、月出庚兩候並言。

晦盡朔來，乘其陽動而進火，二分水至，急以二分之火配之，使馳入赤色之門。一過此時，則陽漸衰而陰漸長，非其候矣。蓋一月止此一日，一日止此一時也。

翼註　八月十五當活看，不可泥象。丹家又取三日月出庚者，何義？十五取其氣足，三日取其新嫩。一陽，即三日震也。

按　陳註云「水清金旺，天上之蟾朗星輝；鉛遇癸生，人間之藥物可煉」，明是蟾光藥物賓主相形，知甄氏所謂「氣足」「藥新」，不可認爲兩候矣。

外丹之法，以月見庚方爲一陽初動，水中金氣呈露於此。蟾光壯盛，另是一候，殆所謂「金蟬上下飛」耶。

三十

翼註　此兼每日火候。

一陽纔動作丹時，鉛鼎温温照幌幃；受氣之初容易得，抽添運用切防危。

易，去聲。

陶註　承上章言，一陽纔動，及時作丹，受氣較易。受氣者，鉛鼎與我以眞氣，而我初受之也。既已受氣，温養火符，文武剛柔，自有節度。若臨爐火熾，心不自持，則烹走元陽，而凶咎隨之。養丹正復不易也。

補註　此章言採藥行火，足該始終丹事。鉛光照幃，指陽動之候；　抽添運用，明溫養之功。

抽鉛添汞，猶云取坎塡離。凡進火退符，皆是抽鉛。抽彼之鉛，所以添我之汞。陳氏以進火爲抽鉛，退符爲添汞，非是；翁氏以鉛盡汞乾爲抽添，此在丹成之後，另是一義。

翁註　聖人窮神索隱，知金精氣旺、一陽初動之時，擒龍捉虎，誘此太乙眞氣，孕一黍珠，赫然光透簾幃。就此一箇時辰，求獲丹餌，可謂受氣之初，得之容易矣。及乎餌丹之後，運動陰陽符火，却有十月之功。屯蒙起自朝昏，既未終於晦爽，運用抽添，循環不已。當斯之時，形如槁木，心如死灰，防危慮險，不敢妄動，故得外接陰陽符火，內生金液之質，此乃金液還丹也。

「一陽初動，中宵漏永，溫溫鉛鼎，光透簾幃」，出呂祖沁園春；「受氣吉，防成凶」，出崔公入藥鏡。

三十一

翼註 此言十月火候。

玄珠有象逐陽生，陽極陰消漸剥形； 十月霜飛丹始熟，此時神鬼也須驚。也，去聲。

子野註 玄珠者，丹藥之象。藥不能自生，因感陽氣而生，自微至著，陽極陰消，十月數周，大丹成就。

補註 玄珠，乃先天大藥。其十月抽添，兼用後天原鼎，凡朔後晦前，上弦下弦，一月六候，所產者皆是。蓋温養須資鼎中之藥，朝進一卦，取前半月之金，暮進一卦，取後半月之水，如此進火退符，周天數足，然後陽極陰消，而金丹成熟。 玄珠有象，無象之象也。玄者，北方之色，丹從鉛出，故取諸玄； 霜飛者，十月丹熟，如孟冬遇霜而金橘呈丹也。

陶註 彭鶴林云「一爻剛兮一爻柔，一候文兮一候武； 一年火候始胎嬰，雷聲震動鬼神驚」，正是此意。

玄珠，出南華經。

三十二

前弦之後後弦前，藥味平平氣象全；　採得歸來爐裏煅，煅成温養自烹煎。

補註　此言兩候之火。

補註　此承前抽添運用、十月丹熟而言，提出六候首尾之爐藥。前弦之後，指晦前；　後弦之前，指朔後。　蓋取其味平而氣全，採以養丹也。　爐者，土釜神室；　煅，則配以内火；　自烹煎者，言朝暮交煉，眞氣自薰蒸也。

鼎中六候，著於參同，無專用兩候之理。　此云「前弦之後後弦前」者，蓋舉其最要者言之耳。　李氏重在朔後晦前兩度之候，晦前補血，朔後補氣，血氣均調是謂藥平，水旺金重是謂氣全也。

戴氏註　二八，取象於月之金水；　六候，取象於月之盈虛。　金，陽也；　水，陰也；

二弦之氣，陰陽之火也； 五日爲一候，五行之數全也。

前弦後者，以上弦之前陰後陽，金水各半斤，爲二八也； 後弦前者，以下弦之前陽後陰，金水亦各半斤，爲二八也。 上下二弦，皆有二八，聖人知二八金水之精，在上下二弦，各取半斤，爲其藥味平、氣象全，能結丹也。 人誤以爲望者，多矣。 望日則月盈乾甲，乃陽金一斤之數已滿。 此「二八」之妙，非遇眞師，焉知其妙用？

上下二弦，各取金水八兩，二八之正旨； 每弦皆有金水，二八之玄旨。

翁註 月至三十日，陽魂之金喪盡，陰魄之水滿輪●，是以純黑無光，法象坤卦☷，故曰晦，此時與日相交，在晦朔兩日之中，合體而行，同出同沒； 至初二日，借太陽之光而有娠，漸漸相離，至初三日日沒時，即見蛾眉於西方庚上，純陰之中生一陽光◒，魄中生魂，象震卦☳，此時陽魂之金初生，藥苗新也； 至初八日，二陽生，象兑卦☱，此時魄中魂半◐，其平如繩，故曰上弦，此弦之前屬陰，其後屬陽，陰中陽半，得水中之金八兩，其味平平，其氣象全也。

至十五日，三陽備，象乾卦☰，此時陰魄之水消盡，陽魂之金盈輪○，是以團圓，純陽而無陰，故曰望； 夫陽極則陰生，故十六日，於純陽輪中復生一陰◓，魂中生魄，象巽卦

☴；漸漸缺至二十三日，二陰生，象艮卦☶，此時魂中魄半◑，其平如繩，故曰下弦，此弦之前屬陽，其後屬陰，陽中陰半，得金中之水半斤，其味平平，其氣象全也。

故聖人採此二八金水之精，擒歸造化爐中，烹煉眞一之氣，變化黍珠，吞歸五內，復運火溫養烹煎而成金液還丹，全藉此陰符陽火進退抽添，若毫髮差殊，不作丹也。

前註將前弦後弦看作上弦下弦，說尚未當。其解金水平分之意，却自詳明也。

補註　正道歌「前弦之後尋藥物，後弦之前氣停匀」，此不指晦朔之間，亦不指望滿之候。

悟眞篇集註中卷之下

三十三 **補註** 此言內外藥火。

長男乍飲西方酒，少女初開北地花；　若使青娥相見後，一時關鎖在黃家。

長，子兩切；　少，去聲。

補註　長男少女，取後天卦位，震東兑西也。酒喻先天眞水，花比鉛內金華。長男所飲之酒，卽少女所開之花。摘花飲酒，正是相見時佳景，既見，則率以歸家，所謂「送歸土釜牢封固」也。明說長男矣，而又稱青娥者，離體外陽而內陰也。

戴註　前二句，言外藥，青龍藏陰氣，白虎包陽氣；　後二句，言內藥，青娥者己之眞氣，龍虎二氣，兩相眷戀，則關鎖在中宮矣。

陳註　酒飲西方，男女有東西之位；　花開北地，人身辨南北之稱。

翼註　長男者，震也，木也，青龍也；　西者金方，酒卽金液，所謂「雪山醍醐」也。少女者，兑也，金也，白虎也；　北者水方，華卽鉛華，所謂「爐中玉蕊」也。曰乍，曰初，曰一時，皆指半刻而言。始之驅龍就虎，已酣暢而噏銜；　隨卽虎起龍應，因舒情而艷美。由是眞汞迎歸，牢關神室矣。

長男、青娥皆木，但往西時，微用木中之火，故稱男；　及入鼎時，合以木中之液，故稱娥。西方北地，金水之鄉；　黄家，卽中宫土。誰其使之？　厥惟二土耳。是則所謂「三家相見」者。

翁註　震爲長男，卽龍也；　兑爲少女，卽虎也。修丹之士，驅龍來就虎，虎開户内之花以就龍，龍卽動其汞火與白虎交鋒，相見之後，一時封鎖，會於黄家，以產金丹而成眞人。

三十四 **補註** 此言沐浴火候。

兔雞之月及其時，刑德臨門藥象之； 到此金丹宜沐浴，若還加火必傾危。

丹，一作砂。

補註 卯酉兩月，晝夜平分，而刑德並會，丹家正宜行火。但木旺於卯，而又值卯時，恐木盛火生而傷金； 金旺於酉，而又值酉時，恐金氣太旺而傷木。遇此兩箇時辰，便須沐浴停爐，若此際更加火功，不免烹爐走鼎而致傾危矣。

本文「及其時」三字，蓋謂月上逢時，則是雙雞重兔，太過而傷丹，非謂卯酉之月概罷火符。

臨門，謂臨卯酉之時； 藥象之，藥中各含生殺之氣也。

翼註 沐浴者，滌慮洗心，歸於大定，但任眞火薰蒸耳。此時不使臨爐，以鼓槖籥。

按 卯酉刑德之說，起於參同契「建緯卯酉，刑德並會」，言卯酉之月，德中有刑，刑中有德也。又於二月「大壯」云「刑德相負，晝夜始分」，於八月「觀」卦云「任蓄微稚，老枯復榮」，初不言及沐浴。沐浴之說，起於悟眞篇，本言時而不指月，自註家畧過「及其時」三字，遂起紛紜異同之論。考三丰眞人節要篇云「擇春和秋爽，二八良辰，同入靜室，行日月交併之法」，可見卯酉之月，未嘗停工。又考孫少庵所言溫養工夫，「寅申子午用心看，卯酉臨門勿煉」，是言餘時宜看爻動，而兩時獨當住火，亦可證沐浴在時不在月矣。若謂卯酉兩月停爐息火，能免火冷而丹散乎？舊註之誤無疑。

三十五

補註 此言攢簇火候。

日月三旬一遇逢，以時易日法神功；守城野戰知凶吉，增得靈砂滿鼎紅。

補註 此重每月初度之鉛，乃後天中之先天，經所謂「三十輻共一轂」也。

仰觀日月，三旬一遇，而交光於初三坤位，此造化之神功也。丹士臨爐採藥，於一時辰內，收三十日之生機，其以時易日之功，尤爲神速矣。但欲爐中取藥，須兼動靜工夫。靜而守城，一念不起，三寶固持是也；動而野戰，龍虎交鋒，顛倒逆用是也。而守戰之中，各有凶吉。大抵氣定神凝則吉，欲動情勝則凶；按候求鉛則吉，非時妄作則凶。誠審知其故而愼行之，則修持有法，採取得宜，自然日積月累，而鼎內丹砂赫然增滿矣。

丹砂，指陽氣，所謂「朱砂煉陽氣」也。

子野註　太陰太陽，一月一度合璧。修煉之法，以時易日，而交離坎。時乃晦盡朔來藥生之時。

陳註　一年十二度月圓，月月有陽生之日；一月晝夜三千刻，刻刻尋癸生之時。野戰則採鉛，守城惟養己，要知凶吉，方保成功。

道德經　以戰則勝，以守則固。

三十六　**補註**　此言屯蒙火候。

否泰纔交萬物盈，屯蒙二卦禀生成；此中得意休求象，若究羣爻漫役情。否，普弭切。

補註　此言每日兩候之火，丹家築基温養皆須用之。

以否泰配屯蒙，準氣機以行火符也。泰卦三陽，爲萬物初出之候；否卦三陰，乃萬物初入之時。丹法運用火符，亦取出入升降之機。朝屯進陽火，則自子至巳，陽主生長也；暮蒙退陰符，則自午至亥，陰主收成也。若得其生成大意，只兩卦可以例推，亦何俟按日而求卦象，捱時以究爻數乎？

翼註　丹準卦象，以乾坤爲門户，坎離爲匡郭，乃丹法之大綱。其中運用，實不外否泰屯蒙四卦。當其否也，與陰俱閉；及其泰也，與陽俱開。聖仙作丹，豈能違時？不過因否泰之自然，稟之以生成萬化。陽生則進火而法屯，養陽氣之上升，乃由震而坎之象也；陰生則退符而法蒙，納陽氣下降，乃由艮而坎之象也。屯蒙取反體相對之義。每日如此，雖十月亦然。學者究箇中之意，則否泰屯蒙亦無之，況羣爻乎？

補註　張眞人釋參同契云「否泰交，則陰陽或升或降；屯蒙作，則動静在朝在昏」，即此章明註。契云「聊陳兩象，未能究悉」，知屯蒙二卦，可該六十卦矣。「盈天地之間者惟萬物」，本易序卦傳。

三十七　**補註**　此言火候不在卦爻。

卦中設象本儀形，得意忘言意自明；　後世迷徒惟泥象，却行卦氣望飛昇。

泥，去聲。

陶註　承上章而言，火符消息，只在知其端緒，按日而抽添之，不在卦爻也。前章言「得意忘象」，此處言「得象忘言」，皆足以破拘墟之見。

李註　丹房之內，雖用乾坤爲鼎器，坎離爲藥物，震兑爲龍虎，屯蒙爲水火，皆譬喻耳。讀參同、悟眞者，不在乎泥象執文。

三十八　**補註**　此言火候當明庚甲。

天地盈虛自有時，審能消息始知機；　由來庚甲申明令，殺盡三尸道可期。

陶註　此言六候丹法也。契云：「天符有進退，屈伸以應時。」蓋陽生則進而盈，其機宜息，以伸爲應時；陰生則退而虛，其機宜消，以屈爲應時。學者能審知其機，而消息其盈虛，則抽添不失其度矣。

申明令，卽契所謂「發號順時令，勿失爻動時」。

翁註　聖人消息天地之盈虛，因月而見。月從日生，初三日震庚初生，初八日兌丁成形，十五日乾甲盈滿，天地盈之時也；十六日巽辛受統，二十三日艮丙守弦，三十日坤乙消滅，天地虛之時也。聖人能消息天地之機，故簇一年氣候在一月之中。

翼註　人身之水火，卽天地之陰陽；陰陽之盈虛，卽水火之進退。顧消息有時，時至有機，審知其機，則不先不後，而符火無差。天地卽吾師矣。

補註　「天地盈虛，與時消息」，本易彖傳；「君子以申命行事」，本易象傳。申令者，申明庚生甲滿之令也。申明庚之令，則有前三候藥物；申明甲之令，則有後三候藥物。

道家每守庚申甲子，以制伏三尸，此乃日上之庚申，非藥內之庚申，故李氏云「三尸六賊，非眞鉛眞汞，不能誅盡」。

長庚註　三尸，卽三彭，皆氣質之性所化，分居三田。彭琚好車馬衣服，彭瓆好飲食滋味，彭璠好聲色嗜慾。此神與人同生，能興三業，欲人速亡，遇晦朔則上天言人善惡之事。

三十九

翼註　已下三詩，皆言玄牝。此章言玄牝立基。

要得谷神長不死，須憑玄牝立根基；　眞精既返黃金室，一顆靈光永不離。

子野註　玄牝者，陰陽也。人欲養神長生，必須憑此陰陽旣濟，而後金精復歸我中宮，如一顆明珠長存也。

翁註　陰陽不測之謂神，感而遂通，如谷應聲，故曰谷神。夫神因氣立，氣因精生，三者相須，始得有生，故學長生根基，須憑玄牝。玄牝，卽陰陽二物，人物莫不由此二物而生，因此二物而死，實爲天地之根，五行之祖，陰陽之元，萬化之基。聖人憑此以成外丹，藉此以就內藥，故得眞精返於黃金之室，變爲一顆靈光，化身爲氣，化氣爲神，形神俱妙，與道合眞，隱顯莫測。

陳註　「谷神不死，是爲玄牝」；玄牝之門，是爲天地根」，此老聖之言，仙師再爲後人申明之。立根基者，蓋玄牝乃人身出入門户，金丹由此而修合。大修行人，先要洞明玄牝之旨，是陰陽媾精之處，方得一顆靈光之珠也。

補註　太上之所謂玄牝，卽指谷神，是乃神氣之穴；悟眞之所謂玄牝，蓋指陰陽，是乃坎離之宮：不可强而爲一。三註說是，長庚、翼註及陶註欲調停兩書之說，故周旋回互其詞，反致詩意不豁。此章「玄牝立根基」，猶云「先把乾坤爲鼎器」；後章「金烏搦兔兒」，猶云「次搏烏兔藥來烹」：互證便明。

眞精者，坎户之眞金；黃金室，卽中央正位。

長庚註 道德經本意，蓋謂人身之中，有至虛至靈常存而不死者。其玄牝之謂乎？蓋玄牝者，乃人身中體具未分之太極也，中有陰陽，故曰玄牝。神氣於此而歸根，日月於此而合璧，人能憑此以立根基，然後谷神可以不死。然是玄牝也，分而言之，則有門户，故曰玄牝之門，其在造化，是爲生人生物之根。蓋玄牝自是玄牝，而玄牝之門則鍾離公所謂「生我之門，死我之户」，又世人所罕知者，故下二詩及之。

翼註 谷神，指身内三田，上爲天谷，中爲應谷，下爲靈谷，皆神所居，統號谷神。人身全賴精氣，而精氣全憑神以斡旋充塞，方能不死。靈樞經云「天谷元神，守一自眞；上玄下牝，子母相親」，言守一則交感也。人能抱眞存神，積精累氣，則精生氣，氣生神，形身滿暢，寂然不動，感而遂通，上召而下應，下滃而上液，如虛谷傳聲，無心而且捷矣。奈此神屬陰，雖最靈感，然虛而無憑，慣好飛逸，漸至耗散，終有盡期。須先置鄞鄂，使魂魄相拘，合處一室，則玄牝立根基，而身可不死矣。四百字云：「此竅非凡物，乾坤體合成；名爲神氣穴，内有坎離精。」蓋生身立命之源，卽是此竅，竅内兩物合處，所謂「神氣穴」也。

陶註　玄牝，乃修丹之根蒂，至此指出，使眞精有歸復之舍也；　谷神者，先天空虛靈應之宰，超然獨存，不受變滅。　初基之士，須從調息始，息調則神自返，神返則息自定，神返息定，卽名胎息，自然神氣交結，無中生有，倏露虛無之竅，而玄牝見象，谷神不死矣。　蓋玄牝乃吾人體具未分之太極，但有陰陽之分，未始判而爲二。　雖曰生來自有，却非臟腑身心見成所有之物。

補註　道家有南北二宗：　北宗盛於丘長春，其法先性而後命；　南宗起自張平叔，其法先命而後性。　後三條註，兼能發揮性命雙修之理，故附載於此。

四十

翼註　此指玄牝之門。

玄牝之門世罕知，休將口鼻妄施爲；　饒君吐納經千載，爭得金烏搦兔兒？

載，上聲。

子野註　前章只說「玄牝」二字，再於此章發明一「門」字，其理深妙。　門者，出入往來之所，陰陽交會之地。　非得心傳口授之眞，何能揣測而知之乎？

陶註　玄牝之門，正金烏搦兔之地，不知其門，而惟事口鼻吐納，與空鐺水火，何以異乎？

補註　經云：「玄牝之門，爲天地根。」知得天地根，便知得玄牝門矣。蓋天根在乾家，是卽玄門，易所云「乾動而直」也；地根在坤宮，是卽牝門，易所云「坤動而闢」也。李氏謂一切生凡生聖順去逆來，莫不藉此門爲出入往來之路，其言更爲明切矣。知此，則丹書所謂「戊己之門」及「死户生門」，皆可意會而得之。

經又云：「綿綿若存，用之不勤。」後人因「綿綿若存」四字，遂認作口鼻中呼吸，故有借外橐籥行上進氣法者。不知綿綿若存，正於地天交泰時，用三百七十五息，非無故而內起巽風也。

金烏搦兔，乃汞往求鉛，相親相戀之意。翁註以鷹之搏兔喻鉛能擒汞，却與面前所比烏兔不侔也。

四十一

翼註　此明玄牝損益。

異名同出少人知，兩者玄玄是要機；保命全形明損益，紫金丹藥最靈奇。

子野註　一氣分爲陰陽，故有異名，然皆從太極而生，故曰同出，此陰陽修煉之要機。保我之命，全我之形，無損於彼，有益於我。神哉！水中之金乎！「損益」之說，當從翁氏。

翁註　經云「無名天地之始，有名萬物之母」，又云「兩者同出而異名，同謂之玄。玄之又玄，衆妙之門」。至人執此兩者之玄機，以明損益，以治諸身，則形可全而命可保。所謂損者，五行順而常道有生有滅也；所謂益者，五行逆而丹體常靈常存也。吁！神聖哉！

純陽紫金之藥，隱爲天地之始，顯爲萬物之母，故曰紫金丹藥最靈奇。

陳註　異名者，有無也，竅妙也，始與母也，玄與牝也。此陰陽交合之所，金丹化生之處，必先悟此兩者，然後可煉金丹。

補註　此引道德經首章之旨，以終前篇「玄牝」之說也。老聖爲道家之祖，首章爲道德之綱，淵源不可不明。

長庚云　夫道推之於前，則無名者爲天地之始；引之於後，則有名者爲萬物之母。大抵物之有名者，必有無名者以主之。經又曰「天地萬物生於有，有生於無」，是乃人身當無欲之時，至靜無感以觀其妙，則見清淨之中一物無有。儒者所謂「未發」，釋氏所謂「眞空」，皆不出乎此，是乃定性之功。及乎時至機動，天人合發，元始眞一之氣自虛無來者，實有竅焉。得其機而用之，則見陰陽相求，冠婚相紐。所以爲萬物之母者，在是；所以爲立命之基者，在是。千聖相傳，爲此二語，所以性命雙修，聖凡同證也。

夫曰妙曰竅，雖有異名，而兩者本於太極，是其同出者也。惟其同出太極，於其無者而觀妙，是一玄也；於其有者而觀竅，又一玄也。玄之又玄，則性在是而命亦在是，順而生人生物，逆而成聖成眞，莫不由此兩者，所謂「聖功生焉，神明出焉」，故曰衆妙之門。

經以「竅」「妙」爲異名，詩以「玄」「牝」爲異名，乃前後章聯絡意也。「形以道全，命以術延」，是保命全形之法。　**蒲團子按**　引陸長庚所云，見於陸氏所著老子玄覽首章。

四十二

補註　此發明道德經「有」「無」之義。

始於有作人難見，及至無爲衆始知；　但見無爲爲要妙，豈知有作是根基。

補註　上章「異名同出」，從道德經「有名」「無名」中來，故復以「有作」「無爲」剖示後人。南宗先命而後性，於此罄露矣。有作者，煉己採藥；　無爲者，煉神還虛。始則入室求鉛，金丹事秘，不令人見；　終則温養事畢，顯道修行，人人可知矣。　世人但云道在無爲，而不知功始有作，是猶栽木無根，築室無基，斷難望其有成也。

戴註　有爲無爲，分性命爲二宗，須循序用功，自始而中，自中而終，結丹一時，懷胎十月，抱元九載，方能渾而爲一，還於無形之妙。世人混以性宗爲道，棄有執無，認本來天性即是金丹者，安能兼盡性命之大道乎？

四十三

補註 此又明道德經「子」「母」之義。

黑中有白爲丹母，雄裏懷雌是聖胎；太乙在爐宜愼守，三田聚寶應三台。

補註　此章又申明道德經中「知白守黑」「知雄守雌」之義。

子野註　黑中有白，是水中之金，即坎中之陽氣。人能採此眞陽之氣，結而成丹，所謂「雄裏懷雌」也。採藥之際，當以太乙主人爲念，倘不愼守，即人欲橫流，輕喪吾寶，豈不有負主人乎？

陳註　黑中有白，乃陰中有陽，外丹法象；雄裏懷雌，乃陽中有陰，內丹法象。太乙在爐，尤宜愼守，則三田之寶聚矣。

補註　水中之金，卽是丹母，始而受胎，繼而乳養，皆賴此母，卽老聖所謂「食其母」也；太乙，指爐內眞種子，所云「太乙含眞氣」是也，勿認作東方木精。三田者，關元、黃庭、泥丸也。息息歸根，神凝氣結，則下田之寶聚；龍虎交媾，長養聖胎，則中田之寶聚；移丹內院，調神出殼，則上田之寶聚。從此超凡入聖，豈不上應三台乎？

四十四

補註　此章言「存無守有」，亦闡明經意。

恍惚之中尋有象，杳冥之內覓眞精；
有無從此自相入，未見如何想得成？

補註　此又申明道德經「杳冥」「恍惚」，以結前「有」「無」之義。

陶註　恍惚者，若有若無之義；杳冥者，微妙難測之名。有象，卽「其中有象」，離之性也，所謂「無」也；眞精，卽「其中有精」，坎之情也，所謂「有」也。二者實天地生人生物之根。聖人深達造化，故於陰陽互藏之宅，從恍惚杳冥之中，尋出有象，覓得眞精，以爲立丹之基，存其無，守其有，兩相交媾，則有無相入而丹成矣。要知二物皆從親身經歷，始得見其端倪，非意想所可知者。

翁註　恍惚中有物者，龍之弦氣也；杳冥中有精者，虎之弦氣也。二弦之氣，恍恍惚惚，杳杳冥冥，視之不見，聽之不聞。眞一子云：「無者龍也，有者虎也；無者汞氣也，有者鉛金也。」無因有激之而成象，有因無感之而有靈，故得黍米空懸，霞光曜日。

陳註　經云：「恍兮惚兮，其中有物；惚兮恍兮，其中有象。杳兮冥兮，其中有精；其精甚眞，其中有信。」金丹之道，斯言盡矣。

翼註　此重在「尋」「覓」二字。金丹之事，臨爐採藥，必自修自證，方能見之親切，以意揣摩，都是妄想。

四十五

四象會時玄體就，五行全處紫光明；脫胎入口身通聖，無限龍神盡失驚。

補註 此言丹道全功。

補註　上章言作丹之基，此章則兼始末言之。玄體就，内丹初結也；紫光明，丹有光氣也。及十月胎成，則身外有身，而通乎神聖矣；脫胎而又入口，放去收來，變化從心也。初結丹，自下面而來；丹成熟，從上面而出。亦見三田移換，各有次序。

長庚云　「入口」須善會，勿使邪宗引爲口實。

夏氏曰　大道虛無，以金丹爲玄妙。金丹雖妙，不過攢簇五行，和合四象耳。四象一會，則玄體必就；五行既合，則丹光自明。苟得玄機，烹成大藥，脫胎入口，超凡入聖，無限龍神，盡皆驚畏矣。**蒲團子按**　夏氏，即宋雲峯散人夏宗禹。此段註解，出自夏氏所著悟眞篇講義一書。

補註　龍神欲奪寶，丹成則有神通法力足以降伏矣。

四十六　補註　此言丹成沖舉。

華池宴罷月澄輝，跨箇金龍訪紫微；　從此眾仙相見後，海田陵谷任遷移。

補註　上章言脫胎神化之功，此章記朝元謁帝之事。華池宴，即西方酒，初時乍飲，今已停宴矣；　月澄輝者，汞乾鉛淨，但留清氣靈光也；　跨金龍者，金虎木龍，合體而成變化也；　訪紫微者，丹成沖舉，破天門而朝帝庭也。眾仙相見，則壽與天齊，世事縱有遷移，而金身終無存滅，眞大丈夫功成名遂之時也。

翁註　華池宴罷，得丹成功，脫胎神化，肌膚若冰雪，綽約若處子，御氣乘雲，遨遊八極，飽觀塵世海變桑田也。

陳註　華池，卽曲江，卽坎宮之户，金丹由是而成。功圓到此，天仙之位也。此章亦紫陽自頌以詔後世，蓋仙師乃紫微天官之一星。

四十七　補註　此言丹家眞種。

要知金液還丹法，須向家園下種栽；　不假吹噓并著力，自然丹熟脱眞胎。　下，去聲；　種，上聲；　著，涉畧切。

補註　此亦承上章來，見脱胎成仙，皆由金液還丹所致。西鄰得種，栽在東家園内，漸漸温養澆培，自然候至成眞，何假人爲作用？吹噓者，口鼻呼吸也；　著力者，搬弄神氣也。勞而無功，去道懸絶。家園，指自家丹田；　種，出於坎位而下種於離宫。子野云「採藥他家而歸自己家園，下種栽培」，此語已透；　翁、陳皆以園屬他家，似説下種於坎宫，仍涉順去成人之法，非本文意矣。且上面説箇「還丹」，明是從外覓歸，種於家園，李註「園中果熟，則枝頭自然蒂落；　田中丹熟，則元神自然脱胎」，其理一也。

前詩言「爐内眞種子」，此詩言「家園下種栽」，同一「種」也。爐既在我，園豈在彼？

四十八

休施巧僞爲功力，認取他家不死方；壺内旋添延命酒，鼎中收取返魂漿。

補註 此言丹能立命。

補註 丹道既出自然，彼方外巧僞之術，亦何能施其伎倆哉？只在認取他家身上不死良方，便足延命而返魂矣。初關築基立命，則旋添延命之酒；久之先液後凝，則收取返魂之漿。添酒於壺，壺當屬己；取漿於鼎，鼎當屬彼。上云「家園」，此云「他家」，判然有彼此之别。

子野註 此道乃眞陰眞陽逆合而盜其殺機中之生氣爾，卽非三峯採戰其他巧僞淫蕩之所爲。酒與漿，皆華池神水也。

李註 長生之藥，要取先後天之氣。此氣雖自外來，却非三峯九一、縮展御女及口鼻槖籥、三進紅鉛、梅子、便溺、乳溲、臍丹、河車、靈柴、紫石、草木一切頑空搬運存想種種巧僞之事。入藥鏡云：「先天氣，後天氣，得之者，常似醉。」既能醉人，便可稱酒漿。此氣入五内，薰蒸達四肢，老翁復丁壯，耆嫗成姹女，豈非延命返魂之至寶乎？

四十九

雪山一味好醍醐，傾入東陽造化爐；若過崑崙西北去，張騫始得見麻姑。

補註 此言兩家相見。

補註 雪山醍醐，喻坎中至藥；傾入東陽，喻取坎塡離；崑崙西北，喻藥入丹田；張見麻姑，喻鉛汞相投。此因上章添酒收漿而申足之，以見兩家相見之妙。雪山、東陽，一西一東之地，又見他家在西、家園在東也。

雪山醍醐，西方金液，即契所云「金華先倡，解化爲水」者；東陽，離日之位；造化爐，指下丹田；傾入者，「陰在上，陽下奔」也；外藥入爐，須從崑崙峯上過來，其時河車逆上，與陰汞會合，如張騫之見麻姑。

張騫比坎鉛，麻姑比離汞，有「郎君披素練，女子著青衣」可證。翁氏謂騫象眞汞、姑象眞鉛，反混。

翁註　我身之崑崙，本在下元海水中生出，狀若崑崙，故曰崑崙山，實乃發火之處。崑崙頂有門，名曰玄門，在西北乾位。發火自崑崙，由玄門而入，則鼎内眞鉛始相見而有變化。此時眞鉛内融，眞火外接，坤策變乾策，陽火逐陰符，兩火交通，鉛汞結合。神仙之道，根本於此。

張騫乘槎，至月宮遇女宿，喻其陰陽相會之意。

翼註　崑崙有二處：一爲泥丸，高爲諸形之首，且爲極陽之地；一爲下田，自下元氣海中出，如崑崙生於星宿海。上崑崙，乃運火之處；下崑崙，乃發火之處。曰西北去，則是下崑崙矣。

醍醐，乃乳酥精液，涅槃經以喻正法；雪山，在四川界；東陽，屬浙東地；張騫乘槎，見荆楚歲時記。

五十

不識陽精及主賓，知他那箇是疎親；房中空閉尾閭穴，誤殺閻浮多少人？

補註 此明丹家賓主。

補註 此又申前「他主我賓」之說，以斥傍門巧僞之非。

陶註 賓而疎者，以坎戊陽精造化在外也；主而親者，以離己陰汞造化在內也。今臨爐採藥，以外陽點化內陰，發號施令，而元氣順從，正是「饒他爲主我爲賓」，疎者反親，而親者反疎矣。然邪正分途，間不容髮，彼閉尾閭而行房中之術者，烏足知此？

補註 陽精乃坎中眞陽，得此，可以制伏一身陰氣，而爲後天精氣神之主，號曰主人翁，此爲至親。

翁註 鍾離翁云：「四大一身皆屬陰，不知何物是陽精。」蓋陽精是眞一之氣，乃至陽之精，號曰陽丹。己之眞氣屬陰，爲一身之主，以養百骸，及陽丹自外來，以制己之陰汞，則是陽丹反爲主，而己之陰汞反賓矣。二物相戀，結成金砂，自然不飛不走，然後加火煆煉，遂成還丹。故陽丹在外，謂之疎；己之陰氣在內，謂之親。能反此親疎以定賓主，卽成道也。迷途不達此理，却行房中御女之術，强閉尾閭，名爲煉陰，以此延年，實抱薪救火。陰符經云「火生於木，禍發必尅」，可不愼乎？

陳註　陽精雖是房中得之，而非御女之術，若行此術，是邪道也，豈能久乎？

酉陽雜俎　須彌山南面，有閻浮樹，月過樹，影入月中。唐人詩，作世界用。

五十一　**補註**　此言返還住世。

萬物芸芸各返根，返根復命卽常存；　知常返本人難會，妄作招凶往往聞。

補註　此章以返本還源之道告人，陽精傾入，卽可返根復命。亦承上章而言也。

草木芸芸，至秋冬而葉落歸根，元氣斂藏，以爲來春發生之本。其返根處，卽復命也，復命故能常存。苟知常存在於返本，直取生身受氣之初，以植立我命根，斯爲還丹妙訣。世人不能善會此法，而誤入傍門僞術，妄作招凶，豈不大可哀哉？

子野註　萬物如草木之類，猶能歸根返本，以歷歲月，人爲萬物之靈，動至死地，反不能如草木。此道乃歸根返本之道，却非尋常妄爲而招凶者。

翁註　道德經：「萬物芸芸，各歸其根。歸根曰靜，靜曰復命，復命曰常，知常曰明。不知常，妄作凶。」

夫人未生之前，冥然無知，混乎至樸；及其生也，稟以陰陽，受之父母。聖人立法，逆而修之，奪先天一氣以爲丹母，盜陰陽始氣以爲化基，煉形反入於無形，煉氣復歸於至樸，煉神而與道合眞，故云返根復命卽常存。

能知常道而返其本者，聖人也，是以長生；不知常道而妄作者，羣迷也，是以招凶。

陳註　萬物有歸根之時，至人明長生之理。人身血氣將衰，須求歸根之道，可以回老，可以返嬰，可以長生。噫！歸根即還丹也。

五十二

歐冶親傳鑄劍方，鏌鋣金水配柔剛；煉成便會知人意，萬里誅妖一電光。

補註 此言鑄劍煉己。

補註 翁、陳兩家，標出煉己工夫，方見入手要著。煉己，即鑄劍也。但劍有積氣而鑄者，有聚氣而鑄者。積氣之法，專主離宮；聚氣之法，兼取兌體。積氣出於張三丰，有金丹節要可憑；聚氣出於孫汝忠，有金丹眞傳可據。孫氏所言鑄劍，其本原蓋出於悟眞。

歐冶，乃鑄劍之人；鏌鋣，乃寶劍之名。造劍須用金，此金非凡金，乃前半月陽中之金；淬劍須用水，此水非凡水，乃後半月陰中之水。一金一水，迭用剛柔，全在配合得宜，磨煉有法，漸使鋒頭快利，可以臨陣決勝矣。

呼之立應，故曰會知人意；力能擒虎，有似萬里誅妖；片晌收功，凱旋奏捷，只一霎電光也。

三註於金水柔剛尚未道明，李註之言獨切。

李云　欲鑄寶劍，不用別物，止憑一金一水。金卽金鉛，其性陽剛；水卽水銀，其性陰柔。金水兩品，含在晦前朔後。學道之人，能常佩此劍，則三尸見之而滅跡，六賊遇之而銷形。陸彥孚删去俗本了悟眞如一絕，而以此章更之，有功丹學不小。

翼註　煉劍純熟，有得心應手之妙，所謂「知人意」也。逢敵便取，遇妖便斬，豈不是飛靈神劍？

補註　諶母有斬邪劍，許眞君有斬妖劍，故借言萬里誅妖。

五十三

補註　此言陰陽會合之功。

敲竹喚龜吞玉芝，鼓琴招鳳飲刀圭；近來透體金光見，不與凡人語此規。　見，音現。

補註　上二句，言採藥之方；　下二句，言得藥之效。丹房器皿，有劍有琴，此陰陽兩象也，故承上章而備言之。竹中虛而外直，龜能縮而能伸，此喻在己者，故敲之喚之，以作其氣；　素琴指上撫彈，丹鳳穴中騰起，此喻在彼者，故鼓之招之，以動其情。　龜下伏而仰吞玉芝，鳳上棲而俯飲刀圭，此喻陰陽交合，兩相吞啗之狀。玉芝平圓，產自華池，刀圭尖銳，出於己土，又有彼此之別。

子野註　敲竹鼓琴，乃陰陽相求之和聲。　竹則虛心，應而無欲；　琴乃正音，和而不亂。喚龜招鳳，所謂「本乎天者親上，本乎地者親下」，入藥鏡謂之「上鵲橋，下鵲橋」也。

上下鵲橋，即坎離顛倒之象。

李註　喚與招，無非招攝之意；　吞與飲，分明飲食之名。

補註　鼓琴招鳳，古有其事；　敲竹喚龜，雖假象而亦有所據。嘗見養龜馴習者，連擊竹聲，龜便昂首而聽。

刀頭圭角，本喻言得藥些微。長庚另引一說云：「刀圭即戊己二土，『⺁』乃『己』字起筆，『ノ』乃『戊』字起筆。會意解字，前無所因。」

戴註　易眞論曰：「凡運火之際，或覺尾閭有物直沖夾脊雙關，歷歷有聲，逆上泥丸，復自泥丸能觸上齶，顆顆入口中，狀如雀卵，味如冰酥，香甜軟美。覺有此狀，乃是金液還丹。徐徐嚥歸丹田，常常如此不絕，則五臟清虛。閉目內觀臟腑，分明如照燭，漸次有金光萬道，透出身中，如火輪雲霧，籠罩盤旋。」仙翁親見此景象，殆非人間所有之事也。

補註　金光圓滿，其狀似規。

五十四　補註　此言丹道自然之妙。

藥逢氣類方成象，道在希夷合自然；　一粒靈丹呑入腹，始知我命不由天。

補註　此與四十二章相爲表裏。前言有作無爲，無爲始自有爲也；此言希夷自然，有爲仍是無爲也。總是闡明太上宗旨。

藥苗初生，須以汞火之氣感觸之，始發動而有象。但其爲象也，希夷微妙，乃虛無眞一之氣，所謂道之自然者。若涉於後天濁質，便非自然之道矣。此句是造丹心訣。

翼註　前詩云：「道自虛無生一氣，便從一氣產陰陽。」夫虛無者，道也；陰陽之氣，藥也。道乃無象之藥，藥卽自然之道。惟同類，決定自然；惟自然，乃稱上藥。總是採藥時行其所無事而已。

蓋尋藥者，須得同類有情之物，會逢於亥子之間，方見恍惚中有象也。然眞一之氣，自虛無中來，稍有妄作，遂招凶咎。採藥者，又須於至希至夷之際，盜自消自息之機，方與鴻濛順適，而符合自然也。既得同類，又合自然，藥非凡品，乃靈丹矣。餌入五內，形神俱聖，脱生死之籍，登天仙之路，非獨天不能死，亦不令其死矣。

翁註　朝元子曰「死生盡道由天地，性命元來屬汞鉛」，豈非「我命在我不在天」耶？

戴註　參同契言：「同類易施功。」所謂同類者，非謂人與人爲同類也，欲於人身中得其元氣之混一者耳。以元氣補元氣，是以無涯之氣補有涯之氣，所以成仙之易。契又曰「元精流布，因氣託初」，此同類也。若以人補人，則人身皆屬陰，以陰補陰，猶之牝雞自卵，其雛不全，安能得先天之氣凝結爲丹，而變成純陽之仙哉？

補註　金丹採藥，道合自然，本是說一起事。子野云「道自是道，清淨無爲；藥自是藥，得類乃成」，却分道與藥爲二，長庚遂起性命雙修之說，俱非本義。道德經云「視之不可見曰希，聽之不可聞曰夷，摶之不可得曰微」，下文又云「復歸於無物，是謂無狀之狀，無象之象」。據此，則恍惚杳冥，正是先天虛無中藥來景象，所謂「希夷」也。

五十五　補註　此稱得丹之神速。

赫赫金丹一日成，古仙垂語實堪聽；若言九載三年者，盡是推延欵日程。

聽，平聲；載，上聲；欵，緩也。

補註　一粒金丹，卽一日所成者，乃先天中之先天。築基温養，尚有前後兩截工夫，參同契所謂「首尾武，中間文」也。

翁註　金丹大藥，下工不逾半箇時辰，立得吞餌。此言一日者，因聖人簇一年氣候於一月之中，又簇一月氣候於一時之中，通而言之，謂之一日所成，仙翁曰「以時易日法神功」是也。

金丹入口，立躋聖地，明驗如此之速，豈三年九載，遷延歲月以欵日程乎？古仙張果老詩云「赫赫金丹一日成，黃芽不離水銀坑；功成雖未三周遍，開爐已覺放光明」，即此道也。

子野註　作丹之法，大要汞與鉛合，則片晌之間，丹頭卽結。但須究鉛生之時。斯時也，萬物萌芽，有氣無質，水源至清。妙矣哉！且道這箇是甚麼時？噫！今年初盡處，明日未來時。

陳註　煉丹之法，要知他家活子時。非天下之至妙，孰能與於此哉？

陶註　一日成，得藥還丹之事；　三年九載，煉己抱一之事。前後各有工夫，此專就大藥而言，以贊其神速。

五十六　補註　此言修德以凝道。

大藥修之有易難，也知由我亦由天；　若非積行修陰德，動有羣魔作障緣。

易，去聲；　也，去聲；　行，去聲。

子野註　金丹之道，聖人以萬劫一傳，非等閒之細事。道既高，魔必勝，非陰德相扶，恐有剉志之患。

補註　前言「我命不由天」，見造化生身，是勉人修道；　此言「由我亦由天」，見造物有主，是勉人修德。修德實爲修道之本也。蓋皇天無親，親於有德，天人感應之機，捷於影響。若要成此大事，必須發大願力，以孝事親，以敬事長，獨行不愧影，獨寢不愧衾，此士君子之德也；　爲上爲德，爲下爲民，存「民胞物與」之念，去自私自利之心，此卿大夫之德也；　爲天地立心，爲生民立命，一言而利及萬方，一事而恩垂百世，此帝王之德也。欲作神仙，當修聖賢德業。若所行非理，雖有道術，終招魔災。人魔則有盜賊刑誅，天魔則有水火疾厄矣。

五十七

三才相盜及其時，道德神仙隱此機；萬化既安諸慮息，百骸俱理證無爲。

補註　此言陰符盜機之學。

長庚註　詩意本陰符「三盜既宜，三才既安。食其時，百骸理；動其機，萬化安」。機，謂生機；時，卽生機將動之時。天地以此盜物，物以此盜人，人以此盜丹。及夫息慮無爲，則大丹在手矣。

子野註　盜者，使人不知不覺而竊其所有之謂。修煉之法，竊天地之機，盜殺中之生氣爾。得其理，則百骸安。

陳註　盜者，非世俗之所謂盜，是金丹之法盜其先天先地一點眞陽之始氣以煉還丹。

惟道高德重，神仙中人，方能善用此機。若遇庸常之人，神仙則隱此機而不露矣。

翼註　三才相盜，不外五行，故五行名爲五賊。蓋天地之五氣，以時流行，萬物盜而食之以有生，天地亦因以其時盜之，令旋榮旋枯；　萬物之聲色嗜味，以時利用，人盜而食之以爲養，萬物亦因以其時盜之令或夭或壽。

盜者，竊也；　食者，蝕也。食其時，只就三才上言，乃順道也，常道也；　神仙則逆而用之，掀翻天地，顚倒五行，其盜之也，不於可見可用之時，而於將動未動之時，隱情密審，潛食而不令人覺，其轉殺爲生，害裏藏恩，全在這點機括，是逆道也，丹道也。「機」字内包「得及時」意。

五十八　補註　此言黃老心傳之秘。

陰符寶字逾三百，道德靈文滿五千；　今古上仙無限數，盡於此處達眞詮。

翁註　二經爲羣經之樞轄，諸子之機紐。

陳註　陰符、道德，丹經之祖書，上仙皆藉此爲筌蹄，修之以成道。仙師作悟眞篇，檃括其旨，使後學一見了然，易於領悟。是知陰符、道德、悟眞三書，同此一事也。

翼註　「此處」似承前「此機」而言。丹家盜機逆用之法，不獨陰符爲然，自道德經後，從古上仙皆由此成道，卽所謂「惟此一乘法，餘二卽非眞」也。

此處，指陰符、道德，陳註得之，翼註却是推進一層。

長庚註　陰符、道德所言，皆盜機逆用之事。道德中如「觀妙」「觀竅」、「食母」「守母」、「治國」「用兵」、「無事取天下」，陰符中如「爰有奇器，是生萬象；八卦甲子，神機鬼藏」，皆有深旨。世人不知，指陰符爲兵機，用老子以治國，失之遠矣。仙翁貫徹其旨，示人入聖之眞詮，學者果能熟讀而詳味之，則二書之妙義自明。所謂金丹口訣，亦不外是矣。

五十九　補註　此言丹訣須藉師傳。

饒君聰慧過顏閔，不遇眞師莫强猜；只爲金丹無口訣，教君何處結靈胎。

强，區兩切；爲，去聲；教，平聲。

補註　上自黃老開先，下至漢晉唐宋，聖眞著書，皆以金丹度世，但因天條嚴重，不敢直陳，往往微詞隱語，多託物寓言，不得師傳，難以意揣。自悟眞篇出，而鼎器藥物、築基溫養及火候降升、陰陽顚倒、得丹脱胎之法，一切眞訣，盡載篇中，後人尋其脈絡，而心領神會，句句卽仙師口授也。

長庚註　金丹之道，萬劫一傳，特以天機閟密，不敢成段訣破。其中孔竅多門，名號不一，直是不可以意見猜度。猜之身中，則頑空枯坐，乃有磨磚作鏡之譏；猜之身外，則閉氣房中，適犯抱玉赴火之戒；用兵用將，則疑於採戰而言三峯之術者，已斥其非；入口入腹，則疑於服食而用金石之劑者，已罹其禍。誠哉！慧如顏閔，未有無眞師而自悟者，所謂「性由自悟，命假師傳」也。然眞師難遇，必須具大智慧眼者，方能別之。昔純陽識師於長安，杏林拜師於轀鎖，如此慧眼，可爲訪道求師之法矣。

六十　了了心猿方寸機，三千功行與天齊；　自然有鼎烹龍虎，何必擔家戀子妻？行，去聲。

補註　此言九年清淨之功。

補註　此章乃丹成後抱元守一、九年面壁之事。了了方寸者，一念不起，天君泰然，靜亦定而動亦定也。其九年之中，積三千功行，內功無間，而外行陰隲也。從此德能動天，魔障不侵，而大事可就。鼎烹龍虎，指丹田內水火沖融之氣。其房中爐鼎，一時俱捐，雖妻子亦無繫戀矣。前云「休妻漫遣陰陽隔」，求丹須用同類也；此曰「何必擔家戀子妻」，丹成一空世緣也。

陳註　造化運轉，乃三百六十日爲一歲始終之成功。修行之人，制馭心猿，滌洗方寸，收寶珠於愛河之內，只半箇時，守還丹於神室之中，幾三千日，功侔造化，德伏鬼神，豈非功行齊天乎？

翁註　鍾離公曰：「有功無行如無足，有行無功目不前；功行兩全足目備，誰云無力作神仙？」

「了了」二字，本世說；「心猿」二字，本高僧傳。

六十一

未煉還丹須速煉，煉了還須知止足；若也持盈未已心，不免一朝遭殆辱。

補註　此言離家入山之故。

補註　此亦承上章言。修道之人，勿戀妻子，乃功成身退之義。故未煉當速下手，時不待人也；既煉當知止足，色卽是空也。鍾離眞人曰「丹熟不須行火候，更行火候必傷丹；只宜保守無虧損，渴飲饑餐困則眠」，蓋謂十月脫胎，卽當抱元行九年事也。

陳註　道成之後，丹房器皿委而去之，若不去之，則心境見前，恐有殆辱之患。白紫清眞人云「半夜忽風雷」，此其證也。

補註　道德經「知足不辱，知止不殆，可以長久」，又云「持而盈之，不如其已」。持盈未已心，謂勉强以持盈，而此心未灰，尚有愛鼎之念。

六十二

須將死户爲生户，莫執生門號死門；若會殺機明反覆，始知害裏却生恩。

補註　此言坎離門户之樞。覆，音福。

補註　煉丹之家，不知門户，從何入手？易嘗言之矣，「乾坤其易之門邪」，又曰「闔户謂之坤，闢户謂之乾」。此易道之門户，即丹道之門户。故以乾户言之，陽數爲奇，乃獨扉之象；以坤門言之，陰數爲耦，乃兩扉之形。乾户若只順去，則死而不生，能逆而修之，先天眞一之氣，直從此户而入，是死户却爲生户矣；坤門順以生人，本是生門，人多陷溺其中，却成死門，知得逆修之法，則先天眞一之氣，實從此門而出，是生門原非死門也。其門轉殺爲生之機，只在陰陽反覆間，陰符所云「害裏生恩」，蓋爲此耳。

以申前章所未盡。

經云：「生者死之根，死者生之根，恩生於害，害生於恩。」此章隱括陰符下篇之旨，

翁註　陰陽五行，順之則生，逆之則死，此常道也；不生之生則長生，不順之順則至順，此丹道也。若能明此，則害裏生恩，男兒有孕也。

六十三

補註　此又申陰符生殺之機。

禍福由來互倚伏，還如影響相隨逐；若能轉此生殺機，反掌之間災變福。

補註　道德經云「禍兮福所倚，福兮禍所伏」，亦本陰符「恩生於害，害生於恩」來。蓋聖人治身之道，洞曉陰陽，深達造化，於互藏之宅，竊其真一之氣以爲立命之基，則反死爲生，轉凡成聖，而災變爲福矣。二章意旨聯貫。

陰符之「恩害相生」，道德之「禍福相倚」，在百姓日用不知，則爲害爲禍；在至人盜

機逆用，則爲恩爲福。

影逐形，響隨聲，喻禍福之相因。

翁註　陽主生，曰福，陰主殺，曰禍，互相倚伏，此常道也；　若以生殺之機逆而修之，反掌之間，災中變福，害裏生恩，此丹道也。

六十四

補註　此言道家混俗全身之法。

修行混俗且和光，圓即圓兮方即方；　顯晦逆從人莫測，教人爭得見行藏？　人莫測，當作無轍跡，方免下句重複；　教，平聲。

補註　既知鼎器藥火次第，而不知混俗和光，以斂行藏之跡，恐人得而指摘之，難以入室用工。太上曰「聖人被褐懷玉」，大修行人，浮沉塵世之中，若被褐者然，豈知中懷寶玉，有不可示人者哉！

金丹秘密，若洩露機關，則疑謗紛起，而障礙隨之矣。不顯而晦，逆來順從，此正和光混俗之善法。老聖以「慈」「儉」「讓」爲涉世之三寶，良有以也。

或疑：混俗和光，有似鄉原之同流俗、合污世。曰：非也。鄉原不狂不狷，意在閹然媚世；道家能方能圓，意主超然出世。一則務外而盜名，一則逃名而修己，實有霄壤之別矣。

悟眞篇集註下卷

五言一首

以象「太乙含眞氣」之妙。

中卷雜物讚德，曲盡金丹之神妙； 下卷又託詩調，以發揮丹理。所謂「橫豎說來，頭頭是道」也。太乙含眞氣，出於破迷歌，此章特闡明之。

女子著青衣，郎君披素練； 見之不可用，用之不可見。恍惚裏相逢，杳冥中有變； 一霎火焰飛，眞人自出見。著，音勺；出見，見，音現。

補註 此章所稱「郎」「女」，亦顛倒言之。木青金素，此其外象也。至所採藥物，須分先後清濁。見之不可用者，後天濁質也； 用之不可見者，先天初氣也。恍惚者，龍之弦氣； 杳冥者，虎之弦氣。以汞求鉛謂之逢，鉛華發動謂之變。此時神火交光，倏如一輪紅日見於海底矣。眞人，指眞鉛之元氣。

此是發明太乙含眞氣。太乙者，太極未判之元鼎；含眞氣者，內藏清眞未擾之初鉛也。恍惚杳冥，即其不可見者；相逢有變，乃用之而後知也。焰飛鼎內，温温光透簾幃也；眞人出見，鉛金於此顯相矣。

陳註將後四句分爲入室下工、防危慮險、丹成九轉、行滿三千，此不顧本題而乃爲之說。

翁註　女子，乃龍之弦氣，號曰木姬，生於青龍，故云著青衣；郎君，乃虎之弦氣，號曰金郎，生於白虎，故云披素練。修丹者，當求渾元眞一之氣於先天鼎中，杳杳冥冥，絪縕磅礴，通靈變化，此無中生有之景象也。

眞人者，金丹也。聖人移一年之氣候攢在一時辰內，又於一時辰中分作六候，只於二候之中運火煆煉，立得眞一之氣見在北海之中，只一霎時中，眞人便出現。此道洵妙矣。

悟眞篇凡言鉛汞者，皆借外以談內，往往逗露丹爐之事，此章尤爲親切分明。青衣素練，乃木液金精；用之不可見者，即木火中恍惚之氣，金水中窈冥之氣；相逢，則丁壬交媾；有變，則妙合成胎矣；焰飛出見，煆以猛火，而金胎呈象也；金胎喻之眞人者，眞鉛眞汞結而爲眞種也。

西江月十二首　以象十二月。

仙翁自註　西者，金之方；江者，水之體；月者，藥之用。　**翁註**　仙翁作此曲調，借歲律以顯大道也。

其一　**補註**　此言內外藥火。

內藥還同外藥，內通外亦須通；丹頭和合類相同，溫養兩般作用。　內有天然眞火，爐中赫赫長紅；外爐增減要勤功，絕妙無過眞種。

過，平聲；種，上聲。

補註　上段，言藥；下段，言火。各兼內外兩意。

內藥者，離之元精；外藥者，坎之元氣。兩藥相資而相配，故曰內藥還同外藥。但藥分內外，未免木金間隔，必內先煉己通關，然後外藥從此可入，故曰內通外亦須通。初資同類，以和合丹頭，專取先天之一氣，後用溫養，以進退火符，兼取金水兩般，此皆外藥也；及乎外藥歸爐，則太陽眞火，蒸伏丹田，如紅日之中懸，此內藥也。然十月之間，抽鉛添汞，須勤勤增減而不敢怠，此又外藥也。坎宮之眞鉛，乃丹家眞種子，下章云「玄珠」是也。

通關有二法：用清淨者，積氣以開關；用鼎爐者，聚氣以開關。兩般作用，朝屯取上弦之金氣，暮蒙取下弦之水氣，此一月中六候之藥火。

翁註　人身以精氣神爲主，神生於氣，氣生於精，精生於神。修丹之士，若執此三者而修，皆後天地所生，純陰無陽，安能化形於純陽而出乎天地之外？聖人知己之眞精，乃後天地生而屬陰，難擒易失，是以採先天一氣，以眞陰眞陽二八同類之物，擒在一時辰內，煉成一粒至陽之丹，號曰眞鉛，此造化在外，故曰外藥。却以此陽丹擒陰汞。陽丹是天地之母氣，己汞乃天地之子氣，以母氣伏子氣，子母相戀，豈非同類乎？此造化在內，故曰內藥。以先天陽丹點己陰汞，化爲純陽，更假陰陽符火，運用抽添，十月功足，形化爲氣，氣化爲神，神與道合，出入無形，變化不測，故能出乎天地之外，立乎造化之表，是先天之一氣使之然也，故曰妙絕無過眞種。

陳註　修行之人，先須洞曉內外兩箇陰陽作用之眞，則入室下工，成功易矣。內藥則一己自有，外藥則一身所出；內藥不離自己身中，外藥不離色相之中；內藥只了性，外藥兼了命。內藥是精，外藥是氣，精氣不離，故云眞種。性命雙修，方證天仙也。

其二 **補註** 此言丹藥之易簡。

此道至神至聖，憂君分薄難消；調和鉛汞不終朝，早睹玄珠形兆。志士若能修煉，何妨在市居朝；工夫容易藥非遥，說破人須失笑。

分，音問；居朝，朝，音潮；易，音異。

補註　上段，贊金丹之神；下段，言求丹之易。終朝採藥，立得玄珠，可見丹道之通神入聖矣，只恐學人德薄根淺，難以消受耳。若能立志堅修，無論朝市，隨地可爲。蓋此道卽在夫婦居室之間，近而易行者，一經說破，便令人失笑也。道德經云「下士聞道大笑，不笑不足以爲道」，意正相同。

翁註　金丹入口，立躋聖地，豈非至神至聖乎？煅煉只半箇時辰，立成大藥，豈非至簡至易乎？家家自有，不拘市朝，豈非至近乎？以其至近，故說破令人失笑。分薄難消，戒其無功無德，忘師而負道也。

補註　金丹起手，須用鼎爐，人皆笑爲外道，此清淨枯修，從無人笑之者。但孤陰獨煉，不能成眞，故知不笑者非道，而可笑者爲道也。

其三　**補註**　此言煉藥須煉己。

白虎首經至寶，華池神水眞金；故知上善利源深，不比尋常藥品。若要修成九轉，先須煉己持心；依時採取定浮沉，進火須防危甚。

品，依韻當作飲。

補註　上段，言先天大藥；下段，言後天爐藥。煉己持心，是指煉汞；採取浮沉，是指煉鉛。

首經神水，爲上品聖藥，卽所謂「眞種」也。然要求此大藥，先須煉己持心，使之常靜而常應，常應而常靜，方可臨爐決勝。而臨爐之頃，又須探彼時候，辨其浮沉，而採取之。煉己持心在採取之前，防危慮險在採取之際，可見工夫容易處又有此細密工夫也。

首經，卽五千四十八日之期，此期初至，先升白氣，降爲神水，水中有眞金之氣，故曰神水眞金；華池者，金華所產之池，卽偃月爐也；定浮沉者，六候之期，金沉而水浮，全在按候尋取，契云「髣髴大淵，乍沉乍浮」，此之謂也。

翁註　眞一之氣，在天曰眞一之水，在虎曰初弦之氣，若煉在華池，名曰神水，此乃眞金之至寶。

經云：「上善若水。」蓋眞一之水，出於先天，其源至清，而利澤甚深，故曰上善，却不比尋常後天地所生滓質之物。

九轉，乃温養工夫。先須煉己純熟，定浮沉而分賓主，依時採取，守雌不雄，方免危殆。十月功完，自然形化爲氣，氣化爲神，從此抱元守一，則形神俱妙，與道合眞。此九轉金液大還丹也。

陳註　只此白虎首經，强名先天一氣，學者若知三日月出庚之旨，方許求華池神水之用。然還丹之道，修之則易，煉己最難，故仙師戒人「先須煉己待時」。蓋眞火卽己汞，必須煉此眞火，降此眞龍，從我驅用，無使奔逸，然後可以制伏白虎，而得至寶之眞金。若不能煉己，則時至臨爐，頃刻之功，不得一粒寶珠，反至危困矣。

補註　舊指九年面壁爲九轉，非是。石杏林還源詩云「一月一還爲一轉，一年九轉九還同；惟憑二卦推刑德，五六同歸戊己中」，此可印證矣。**蒲團子按**　所引石杏林還源詩，應爲薛道光還丹復命篇中句。九還同，同，一本作「曰」，非。

其四

翼註　此言金木交併之功。

若要眞鉛留汞，親中不離家臣；木金間隔會無因，全仗媒人句引。

木性愛金順義，金情戀木慈仁；相呑相啗却相親，始覺男兒有孕。

離，去聲；間，去聲；句，居侯切。**蒲團子按**　句卽勾。

補註　鉛汞仗媒，言外象；情性相親，言内象。

若要鉛來凝汞，中間須用家臣爲之作合。蓋木東金西，彼此間隔，非仗媒人句引，安能兩相聚會？其所以能句引者，實緣陰陽性情本相愛戀，一與交媾，自相吞相啗，而結親情、育丹胎矣。男兒有孕，種自外來，此金丹顛倒之奇術也。

醫書以心爲君火，腎爲相火，又謂腎者作强之官。知得腎爲相火，可見作强者卽其家臣矣。曰親中，曰家臣，曰媒人，三名同是一意。彭氏引太上神丹註，以汞爲家臣，卽内丹之運汞以迎鉛也。**古註**　一者是鉛，鉛是君；二者是汞，汞爲臣。若鉛不眞，其汞難親；若鉛是眞，不失家臣。

翼註　木吞金精，金吞木液，則内感眞氣，外應眞火，無中生有，而胎仙自成。

陳註　眞鉛生在造化窟中，眞汞居於造化身中，不能持心煉己則汞走，不能按時臨爐則鉛飛。家臣卽己汞，若煉之熟，則能隨我意而驅役之。

木雖愛金順義，非媒不得其歡心；金雖戀木多情，非媒不能以自達。媒既通好，則彼此結歡，兩相吞啗，而男子懷胎矣。

其五

二八誰家姹女，九三何處郎君；自稱木液與金精，遇土却成三姓。更假丁公煅煉，夫妻始結歡情；河車不敢暫留停，運入崑崙峯頂。

翼註　此言五行交煉之事。自稱，猶云本名；三姓，參同作三性。

補註　上段，言一時得藥；下段，言十月養丹。

二八者，一十有六，九三者，二十有七，取其陰陽少壯，兩相配當也。郎含木液，女產金精，得眞土而却成三姓，即所謂「三家相見」者。但得丹以後，更藉丁公，運用符火，常轉河車，沃以神水，則水火交濟，陰陽融結，而丹始煉成矣。

後天卦位，震東兌西，兩宮相對，故言「九三」「二八」，長男少女之年也，此是一定之男女；震屬木而其液爲汞，兌屬金而其精在鉛，此是各稟之陰陽。若以二八爲男，九三爲女，不應女齒反長於男，安得援「女子青衣」「郎君素練」之例，作坎離顚倒解耶？前詩云「長男乍飲西方酒，少女初開北地花」，可當「九三」「二八」之一證矣。

翼註　郎木女金戊己土，丁公神火河車水，此見其五行全備也。崑崙峯頂，指泥丸。自下而上，復歸丹田之中，每日如此運用，直待丹熟，然後矻矻者暫休耳。原文「女木郎金」，猶踵翁、陳舊註。

陳註　土乃合二爲一之物。

鍾離公云　尾閭直上泥丸頂，自在河車幾百遭。

其六

翼註　此言金火妙用。

七返朱砂返本，九還金液還眞；休將寅子數坤申，但看五行成準。本是水銀一味，周流遍歷諸辰；陰陽數足自通神，出入豈離玄牝？

數，上聲。

補註　金砂該得五行，是論藥材；水銀本來一味，是說丹母。返本還源，已見前詩，此又指朱砂金液，以見鉛汞二物實爲作丹之本。下言水銀而不及朱砂，用火原爲煉金耳。徧歷諸辰者，温養火符，子午寅申迭用也；陰陽數足者，十月抽添，周天卦氣圓滿也。而其陰陽出入，却不離玄牝之門，此處乃生身受氣之竅，歸根復命之關。

子野註　火乃七數，金乃九數，金火相須，作丹之要。金非火不還，火非金不返，龍虎經云「丹術著明，莫大乎金火」是也。水中有金，故稱水銀。内丹之成，不出此一味耳。得其妙，則自然經歷諸辰，時至氣化矣。

陳註　朱砂爲汞，金液爲鉛，金來歸性，是曰還丹。本來只是先天一氣，生於造化泉窟，故號水銀。非此一味至寶，何以結就還丹？又非玄牝爲之根本，何由出入而成變化哉？

翼註　朱砂之體，性好飛揚，易於耗散，返本者，伏其飛揚之性，而仍返眞火之元；金液之氣，一經鑿破，逃寄西鄰，還眞者，養於黃婆之舍，而復還眞一之宗。世人不知此理，徒以寅數至申爲七返，以子數至坤爲九還，不亦謬哉！然火所以煉金，其成丹不過水銀一味而已，其運火不過玄牝之門而已。其數雖繁，其指甚約。若火滿周天，金滿乾體，火數足則金氣亦足，然後七者返，九者還，眞人自神化不測矣。

李註　四百字序云：「七乃火數，九乃金數，以火煉金，謂之返本還元。」又曰　丹法無他玄妙，只一味水銀。按八卦次序，朝進陽火，暮退陰符。陰符陽火無差，卽名五行成準；周天火符完足，卽名遍歷諸辰。

補註　悟眞言水銀，有同名而異品者：離汞名爲水銀，木液流珠是也，故曰「偃月爐中玉蕊生，朱砂鼎內水銀平」；坎鉛亦名水銀，金精神水是也，故曰「金鼎欲留朱裏汞，玉池先下水中銀」。此處水銀，應指坎鉛。「九還七返，金火相拘」，皆出參同契。

正道歌　換骨囘陽身不朽，九還七返化眞形。

朱砂金液，坎離交媾，而結成天晼，是爲戊土。戊土乾汞，轉制無窮，是乃水銀一味，成始成終之藥物。

外丹家言水銀有二：鉛中眞液，配砂而立丹基，謂之活水銀；砂靈伏汞，實死而見白金，謂之死水銀。活水銀，卽水中之金；死水銀，乃水中之銀：秋日中天言之獨明。

其七

補註 此言得藥點化。

雄裏乃含雌質，負陰却抱陽精；兩般和合藥方成，點化魄纖魂勝。

信道金丹一粒，蛇吞立變龍形；雞餐亦可化鸞鵬，飛入眞陽清境。

乃，一作內；却抱，一作抱却；魄纖魂勝，一作魄仙魂聖；道，去聲；可，一作乃。

補註 上段，言煉藥之功；下段，言得藥之效。

陳註 我雖外雄，其中惟雌；彼之陰中，反抱陽精；以陽點陰，大藥方成。萬物得此靈藥，皆能變化，而況於至人乎！

翼註　惟陽中有陰，陰中有陽，所以和合便靈，將見魄漸消、魂漸勝，魂魄俱化眞陽而入上清之境矣。內丹非禽蟲可服，特借此以形容內丹之神妙耳。長庚云：「化龍成鳳，天元神丹有之，此借爲轉凡成聖之喻。」

李註　乾懷一點丁火，卽雄含雌質；坤懷一點壬水，卽陰抱陽精。丁壬妙合，卽「兩般和合藥方成」。

「知其雄，守其雌」「萬物之生也，負陰而抱陽」，俱本道德經。此亦可通於外丹。砂本陽而內含雌，鉛本陰而中抱陽，眞陰眞陽煉成大藥，故吞服一粒可以飛入上清。

其八

補註　此言丹法全功。

天地纔經否泰，朝昏好識屯蒙；輻來輳轂水朝宗，妙在抽添運用。得一萬般皆畢，休分南北西東；損之又損愼前功，命寶不宜輕弄。

否，普弭切；朝，音潮。

補註　否泰屯蒙，解見中卷。先說抽添，後言得一，築基方可求丹也。呂祖云「先採後天後先天」，此作丹次第。

翼註　上云金火雌雄，則陰陽合矣，故此言火候。否泰，候也；屯蒙，火也。上陰下陽爲泰，乃陽從地升之時，其時爲朝，遂進陽火而用屯；上陽下陰爲否，乃陽從天降之時，其時爲昏，遂退陰符而用蒙。此是天然眞火，不假勉强。只天心一正，百脈俱隨，水火自升自降，循環不窮，如輻輳轂，萬轉由軸，如水朝宗，百折之東，將見陽進一分陰自退一分，汞添一分鉛自抽一分。至於陰盡陽純，仍還混沌之一，得其一則萬事畢矣，又何分南火北水東木西金之殊象哉！

損之又損，正是守一之功。一心內澄，萬緣外息，較前工夫，倍加謹慎，務期純熟老成，以全我命寶，更不敢片念稍妄以喪吾珍也。

李註　爐鼎挨排，一月一交，如輻之輳轂；我當居下，以納百川，如水之朝宗。

陳註　損之又損者，念欲灰而志欲奮，功欲勤而境欲忘也。「三十輻共一轂」「損之又損，以至於無」，本道德經；「江漢朝宗於海」，本尚書；「得其一，萬事畢」，本莊子。

其九　**補註**　此言攢簇火符。

冬至一陽來復，三旬增一陽爻；月中復卦朔晨潮，望罷乾終姤兆。

日又別爲寒暑，陽中復起中宵；午時姤象一陰朝，煉藥須知昏曉。

別，音必；復起，復，扶又切；朝，直遙切。

補註　此章詳明火符也。上段言一月中陰陽姤復之象，下段言一日中陰陽姤復之機；上是按月求藥，下是逐日行功。

一年有箇冬至，一月亦有箇冬至，朔望潮汐可驗復姤之消長矣；一月有箇冬至，一日亦有箇冬至，宵中午半可參寒暑之兩界矣。兩段各言復姤者，月取六候之陰陽，日配火符之陰陽。上云「三旬」，下云「昏曉」，文義判然明白，陸、陳二註頗混。

翁註　冬至一陽生爲復卦，每三十日增一陽爻，爲臨，爲泰，爲大壯，爲夬，至四月，六陽爲純乾，乃陽長之候，陽極則陰生； 夏至一陰生爲姤，每三十日增一陰爻，爲遯，爲否，爲觀，爲剥，至十月，六陰爲純坤，乃陰消之候，陰極則陽生： 此一年之火候也。聖人又移一年火候在一月之中，朔旦一陽爲復，兩日半增一陽，至十五月望成乾，十六　陰爲姤，故曰望罷乾終姤兆。以陰氣初萌，故爲之兆。又將一月之候移在一日之中，分爲寒暑温涼四時之氣，故以中夜子時一陽生爲復卦，午時一陰生爲姤卦。陽火陰符，抽添運用，其進退亦依天地四時陰陽升降之道，不得毫髮差忒。

復臨至乾六卦值上半月，姤遯至坤六卦值下半月，各以兩日半當一卦，說本朱子，見參同契註，丹家却不用此。

其十　**補註**　此黜僞道之弊。

不辨五行四象，那分朱汞鉛銀； 修丹火候未曾聞，早便稱呼居隱。

不肯自思己錯，更將錯路教人； 誤他永劫在迷津，似恁欺心安忍？

曾，音層。

補註　此斥方士之惑世誣民者。上段言自欺之學，譏其不智；下段言欺人之罪，惡其不仁。「欺心安忍」一語，乃警悟而悚動之也。

翼註　五行，金木水火土也；四象，乾坤坎離也；朱汞，砂中之汞，火生木也；鉛銀，鉛水之銀，水生金也；火候者，一月知六候，一時用兩候，卽朝屯暮蒙也。造化之理，尚未講參，況下手作用乎？乃自號爲有道，以此誑誘愚人，爲害甚矣。

朱汞鉛銀，外丹四象；四象成土，是爲五行。於四象中，先用鉛朱起手，審明火候，以造天晥，乃乾汞之聖藥。從此去戊留己，傳神脫胎，每轉皆有妙用。方外之徒，不知火候眞傳，而妄行燒煉，自誤誤人，誠當痛斥者。

十一

翼註　此言勤修齊物。

德行修逾八百，陰功積滿三千；均齊物我與親寃，始合神仙本願。虎兕刀兵不害，無常火宅難牽；寶符降後去朝天，穩駕鸞車鳳輦。

行，去聲；朝，直遥切。

補註　修道之士，立願期仙，須要功德圓滿。及道成之後，災害不侵，而飛昇可致，男兒之初願遂矣。上下兩段，語氣自相照應，各章皆然。

德修於己，存心不欺也；　功施於人，善不求名也。　功德積累，故天人感格，而無願不酬。

長庚註　寃親物我，一切平等，則無愛憎取捨，可與忘物，可與忘我，可與忘忘，忘無可忘，卽是至道。功行孰逾於此？

陳註　功成之日，待詔飛昇，若張天師、許旌陽、葛仙翁，皆道成之後，白日昇天者。

道德經「善攝生者，陸行不避虎兕，入軍不被甲兵」；「無常火宅」，引佛書語。

十二　補註　此言得氣引年。

牛女情緣道合，龜蛇類禀天然；　蟾烏遇朔合嬋娟，二氣相資運轉。

本是乾坤妙用，誰能達此深淵；　陰陽否隔却成愆，怎得天長地遠？ 深淵，彭本作眞詮； 否，普弭切。

補註　此借物情造化以證明丹道，正意都在言外。牛女龜蛇，各以類應。推諸日月運行，常乘二氣以交光； 極之天地悠遠，不出陰陽之交感。此皆配合自然之理，誠能達觀化原，便知孤陰寡陽清修不足以成道矣。此章喻意，俱本參同。牛女情緣，卽契言「河鼓臨天紀」。契又云「雄不獨處，雌不孤居； 玄武龜蛇，蟠糾相扶」，又云「乾剛坤柔，配合相包； 坎離冠首，光耀垂敷」，皆言陰陽二氣鈞陶化育也。知化工之妙用，卽知丹法之根源。

陶註　蟾烏，卽日月； 嬋娟，乃纖月鮮新之貌。日月以漸生明，由初三出震，至廿八歸坤，此二氣之相資以運轉者。

又一首　以象閏月也。

補註　此言性命兼修，仙佛一理。

丹是色身至寶，煉成變化無窮； 更能性上究眞宗，決了無生妙用。 不待他身後世，見前獲佛神通； 自從龍女著斯功，爾後誰能繼踵？　見，音現。

補註　悟眞性命兼言，觀此一章，却先命而後性。丹能變化，是立命之功；性究眞宗，是盡性之學。見前神通，見仙卽是佛；龍女獻珠，見佛亦同仙。性命合一，釋道同歸，其要總以金丹爲主。

陸註　「丹是色身至寶」，只是一語，已盡大丹之旨。

翼註　佛稱金剛不壞身，所言涅槃，原非死也。蓋以妙寶度此色身，卽是空身。空此幻身，另有眞身，是謂形神俱妙。超然天地法象之外，不入輪迴生死之中，就此見前之身，便是如來自在。

李註　所謂性者，非釋子所謂空性，亦非搬弄神識，實有一物。性是一團火，形如一縷煙，非金屋不居，非陽水不凝，一凝卽是聖胎。聖胎老成，調理出殼，卽陽神也。一載胎生一箇兒，子生孫兮孫又枝，此卽千百億化身也。二氏聖人，莫不以性命雙修之法逃出生死。所謂無生者，非斷滅也。惟其無生，是以無死；惟其無死，是以無生。無死無生，所以謂之長生。故曰：「更能性上究眞宗，決了無生妙用。」

長庚註　或問：佛言無相，仙貴有生，二說背馳，何從印可？曰：嘗聞之至人，無始以來，一點靈光，是謂本來面目，吾人之實相也。仙佛聖凡，同具同證，一自落於形質之中，此段靈光，埋没沉淪，入諸異趣，永劫無期。所以至人導之以修養，於是有二氏之學。仙者主修，佛者主養。養者，涵育薰陶，俟其自化，其功密，其程遠，而實難；修者，聚精會神，冀其速化，其功勤，其效速，而較易。其程遠，故拋身入身，經累劫而始成；其效速，則身外有身，卽見前而便獲。所以仙佛異修。方諸清水入於泥滓之中，佛則番番澄矴，去濁留清，經幾歲時，以漸復其澄湛之體。仙則假以藥石，立地取清。其效雖速，而細微之中，終有夾雜，所以必加面壁之功，抱元守一，以空其心。昔人有言「身外有身，未爲奇特；虛空粉碎，方露全身」，至哉言也！

陳註　昔世尊靈山說法，五千人退席，惟一龍女於世尊前獻一寶珠，證佛成道。

絕句五首

以象鉛汞砂銀土之五行也。丹訣俱見前，此發其餘意。

其一

饒君了悟眞如性，未免抛身却入身；何似更兼修大藥，頓超無漏作眞人。

翼註　此言了性非道。

陳註　彼了眞如性而不修丹者，終不能成佛。蓋抛身入身，難免無漏。而修命之道，直入無形。大藥者，修命也。性命雙修，形神俱妙，與道合眞矣。

長庚註　此下數詩，勸人雙修性命。所謂抛身入身、投胎奪舍、鑑形閉息等法，皆小乘之學，等之仙階，直是遼遠，故仙翁貶而下之。前序亦云：「閉息一法，與二乘坐禪頗同，勤而行之，可以入定出神。奈何精神屬陰，宅舍難固，不免常用遷徙之法。卽未得金汞返還之道，又豈能回陽換骨、白日而昇天哉？」「眞如」，出楞嚴經。

其二

投胎奪舍及移居，舊住名爲四果徒；若會降龍并伏虎，眞金起屋幾時枯？

翼註 此言陰神非道。降，音杭。

翁註 四果之徒，特陰靈之鬼；降龍伏虎，是還丹之妙。

陸註 金丹之道，一得永得，身外有身，隱顯莫測，與投胎奪舍頑空之輩不同。

補註 投胎者，嬰兒出胎而魂投其内；奪舍者，入他方死之空體；移居者，換彼見在之生軀；舊住，則戀著形骸，神枯而貌瘁者。四果之徒，亦能修成證果，但專用陰神，不能變化神通、脱離生死之外。

翼註 眞金起屋，卽是金身，因「舍」字、「居」字、「住」字，故云「屋」耳。

其三

鑑形閉氣思神法，初學艱難後坦途；　倏忽縱能遊萬國，奈何屋舊却移居。

翼註　此言孤陰非道。

翁註　鑑形閉氣及思神諸法，初學甚難，迨其習熟，坦然無礙，瞬息之間，遍遊萬國，英爽靈妙如此，奈何其神屬陰，易敝難固，不免投胎奪舍耳。

戴註　鑒形者，懸鏡自照，令常見己形，存想由鏡中出遊；　閉息者，如胎息訣，置鴻毛於鼻端，息不出，毛亦不動，如此十二息爲小乘，百二十息爲中乘，千二百息爲大乘，或云百二十息爲小乘，千二百息爲中乘，萬二千息爲大乘；　思神者，安神於一處，或眉間，或金庭，或大洞「雌」「雄」之一，或黄庭「內」「外」之景，或修十六觀，存日月北斗，皆出陰神之法。

其四

釋氏教人修極樂，只緣極樂是金方；　大都色相惟茲實，餘二非眞漫度量。

翼註　此言丹通佛教。

樂，音洛；　相，去聲；　度，音鐸；　量，平聲。

翁註　極樂淨土在西方，西者金之方，此中產出金丹，一粒如黍，其重一斤，釋氏餌之，故有丈六金身。妙色身相，蓋亦由金丹而產化也。丈六，亦按二八之數。世人莫能曉此，古仙人有歌曰「借問瞿曇是阿誰，住在西方極樂國；　其中二八產金精，丈六金身從此得」，斯言盡之矣。外此議論，漫爾度量。

陸註　金者，萬物之寶，愈煉愈剛，曠劫不壞。釋氏稱曰大覺金仙者，即金丹之道也。

陳註　極樂者，無去無來，不生不滅，直須攪長河爲酥酪，傾醍醐以注頂，即釋氏之金丹也。

經云：「惟有一乘法，餘二即非眞。」仙師指色相中修行者，惟此金液還丹之道，餘外無可成佛矣。

翼註　極樂者，逍遙於有無生死之外也。

其五

翼註　此言日用求丹。

俗語常言合聖道，宜向其中細尋討；　若將日用顛倒求，大地塵沙盡成寶。

補註　俗語常言，動云男女夫婦，只此可以尋求大道。蓋造化一陰一陽之道，卽人生日用常行之道，但有順逆之不同耳。苟能明生殺之用，轉恩害之機，顛倒修之，未有不丹成頃刻者。得此秘訣，雖愚夫愚婦之家，皆有此般靈藥，豈不塵沙盡成至寶乎？

翁註　眞鉛眞汞，不離日用之間，顛倒修之，大地俱成至寶。古歌云：「朝朝只在君家舍，日日隨君君不知。」

附錄

首章云「內通外亦須通」，可見採藥先要通關。張氏節要篇，先踵息而後開關，兼用大小周天之法。其首段云：「晝夜之間，少食寬衣，坐於靜室，手握心印即五雷訣，足踵玉户指肛門，舌拄上齶，唇齒相包。調鼻息以綿綿，多入少出；定身心而默默，外靜內澄。一念規中，萬緣放下，乃想黍米之珠，權作黃庭之主，存性日於泥丸，安命月於丹田，似有如無，神凝氣定。徐徐噓氣一口，緩緩納入丹田，衝起命元，領督脈，過尾閭而上升泥丸，追動性元，引任脈，降重樓而下還氣海。二元上下，旋轉如輪，前降後升，絡繹不絕，心如澄水，身似蓬壺，即將穀道輕提，鼻息漸閉。倘或氣急，徐緩噓之。若乃昏沉，勤加注想，仍以一念數息，從十增至百千，以合周天之數此小周天也，從此再運大周天。」次段云：「其端作用，亦如前功仍用端坐調息、領督引任，以兩手插金鍬十指交會，叉向當胸，用一念歸玉府即玄關。俟神凝氣聚，存想其氣，自左湧泉穴，超膝脛，由三關，徐徐上升泥丸，輕輕噓下氣海；次從右湧泉穴，俾存升降，作用皆同。左右各運四次，兩穴雙升一次，共成九轉，方爲一功。但運時穀道輕提，鼻息緊閉，每次須加九數，直至八十一終，氣自周流，關且通徹。倘若未通，後加武訣，逐次搬運。先行獅子倒坐盤膝而坐，兩手向後托席，仰面閉目，注於玄中，睁睛三吸，如過下關，再飛金精眞氣於肘後，掇肩連聳，自升泥丸，大河車轉，次撼崑崙。具此四者功力四者，指睁睛、聳肩、轉車、摇頭，各用二十四數，擦腹搓腰八十一，研手摩面二十四，拍頂轉睛三八止，集神扣齒四六通。凡行此功，皆縮穀閉息。每一功訖，俱要漱津三嚥，方起摇身，左右各行九次。此爲動法，可配靜功，互相運行，周而復始。上士三晝夜而開通，中士七朝夕以透徹，下士月餘三關可通。稍怠前功，百日始闢，如骨痛而少緩其功，倘睛熱而多加呵轉。維時，泥丸風吼，腎氣上升，鵲橋瑞香，甘露下降矣。如此方可煉己採藥。」已上二段，乃積氣開關法，爲日持久，不如聚氣開關尤爲簡捷。

孫少庵開關訣云：「若問開關一著，須明琴劍兩般；惟將一穴透泥丸，蹬開九竅三關。一氣周流復始，頓教改變容顏；往來上下任盤旋，從此河車運轉。」李堪疏云：「開關者，進丹之路，使外藥引入中宫也。呂祖云：『開關須用鼎，薰蒸透祖基』。此氣非採癸中之壬，非取水之金，乃先天鼎中後天之氣。以法得來，歸於身中，周流不息，以助我元氣，自然撞透三關，薰蒸百骸，熱遍九宮矣。琴劍者，丹房之器皿，兑艮兩象是也。彼呵我吸，氣交而形不交，氣至關開，則百脈流通，風寒暑濕，宿疾頓除矣。」

補註　五品咸有，先期淨口忌葱蒜薑煙併牛羊燒酒，滋味調和，飲饌豐厚。呵以二十，四兑居首各持二十錢，每一進投一錢於盆中，五輪縮半惟縮故合周數，一艮殿後艮只一囘，不必裁減。迭用周天，子午卯酉，日新無間，氣凝斯久如間斷，須重起，如霧亦如煙，七日透丹田，髣髴魚吞吐，呼吸順自然。依前又七日，腹內溫溫熱彼若氣虛，以補中益氣湯助之，三七關開後三七初，不用嬰，劍鋒剛似鐵，齒牙慮侵陵，露頂裏其莖制成紬套十具，津濕便於換。呵自臍間起，氣煖謂之生；吹從口中出，風冷殺氣乘；取生而避殺，臨事切叮嚀。含光潛密室用功時避風寒，塞兑寂無聲；通關諸疾去，得藥永延齡一管中藏兩竅，水竅居前，精竅畧後。氣衝入竅，膀胱發脹，須審小便虛實而行之。

明時弘治間，山西孫教鸞，遇異人安先生，授以金丹大道，其子以忠，著金丹眞傳，而開關一法，係入門要訣，有口傳而無筆記。

悟眞法語

金丹成後，尚有「煉神還虛，與道合眞」一節工夫，仙翁特垂此語，示人修性之極功也。

絕句

其一　**翼註**　此詠採藥也。已下五首，載在藏經，乃翁註所引者。

四序花開四照亭，風吹香氣噴香馨；　勸君採取當時節，莫使嬌紅取次零。

子野云：「四序花開，何時無蕊；　四照名亭，人人行賞。」象川云：「花之顏色頗多，而獨言嬌紅者，所謂『伏陽丹，事逈別，須向坎中求赤血』也。且『嬌』之一字宜翫，邵子云『好花看到半開時』。」

其二　**翼註**　此詠性量也。

如來妙體遍河沙，萬象森羅無障遮；　會得圓通眞法眼，始知三界是吾家。

其三　**翼註**　此詠性空也。

視之不可見其形，及至呼之又却應；　莫道此聲如谷響，若還無谷有何聲？

其四　**補註**　此言性空一無所有也。

一物含聞見覺知，蓋諸塵境顯其機；　靈常一物尚非有，四者憑何作所依？

其五　**補註**　此言性空無所不照也。

不移一步到西天，端坐諸方在目前；　項後有光猶是幻，雲生足下未爲仙。

性地頌

佛性非同異，千燈共一光；　增之寧解益，減著且無傷。　取捨俱無過，焚漂總不妨；　見聞知覺法，無一可猜量。益，一作溢。

生滅頌

求生本自無生，畏滅何曾暫滅；　眼見不如耳見，口說爭如鼻說。

三界唯心頌

三界唯心妙理，萬物非此非彼；　無一物非我心，無一物是我己。無一物非我心，仁體周流，卽聖人之老安少懷也；　無一物是我己，天懷灑落，卽聖人之毋意毋我也。說到此間，儒道固已合一，前後諸頌，不如此二語之完潔。

見物便見心頌

見物便見心，無物心不見；　十方通塞中，眞心無不遍。　若生智識解，却成顛倒見；　睹境能無心，始見菩提面。不見，見，音現。上四句見心之靈；　下四句見心之虛。　亦卽上章之意。

提。」

華嚴經云：「菩提心者，名爲種子，能生一切諸佛法。」肇師云：「道之極者，稱曰菩提。」

齊物頌

我不異人，人心自異；人有親疎，我無彼此。水陸飛行，等觀一體；貴賤尊卑，首足同己。我尚非我，何嘗有你？彼此俱無，眾泡歸水。

上八句，申「無一物非我心」；下四句，申「無一物是我己」。蓋心公而己私也。

即心是佛頌

佛卽心兮心卽佛，心佛從來皆妄物；若知無佛復無心，始是眞如法身佛。

法身佛，沒模樣，一顆圓光含萬象；無體之體卽眞體，無相之相卽實相。非色非空非不空，不動不靜不來往；無異無同無有無，難取難捨難聽望。

内外圓通到處通，一佛國在一沙中；一粒沙含大千界，一箇身心萬箇同。知之須會無心法，不染不滯爲淨業；善惡千端無所爲，即是南無及迦葉。

迦葉，釋迦佛大弟子。葉，音爕。

無心頌

堪笑我心，如頑如鄙；兀兀騰騰，任物安委。不解修行，亦不造罪；不曾利人，亦不私己。不持戒律，不徇忌諱；不知禮樂，不行仁義。人間所能，百無一會。

饑來喫飯，渴來飲水；困則打睡，覺則行履；熱則單衣，寒則蓋被。無思無慮，何憂何喜；不悔不謀，無念無意。凡生榮辱，逆旅而已；林木棲鳥，亦可爲比。來且不禁，去亦不止。

不避不求，無讚無毀；不厭醜惡，不羨善美；不趨靜室，不遠鬧市。不說人非，不誇己是；　不厚尊崇，不薄賤稚。　親愛寃仇，大小外内；　哀樂得喪，欽侮險易。　心無兩視一作覩，坦然一揆。　不爲福先，不爲禍始；　感而後應，迫則復起。　不畏鋒刃，焉怕虎兕；　隨物稱呼，豈拘名字。　眼不就色，聲不來耳；　凡所有相，皆屬妄僞。男女形聲，悉非定體；　體相無心，不染不滯。　自在逍遥，物莫能累；　妙覺光圓，映徹表裏。　包裹六極卽六合，無有遐邇；　光兮非光，如月在水。　取捨旣難，復何比擬；　了玆妙用，逈然超彼。　或問所宗，此而已矣。

此篇於均齊物我中，寫出逍遥自在之意，極其坦易和平。其云「禮樂不知，仁義不行」者，到得抱元守一時，片念不生，萬緣俱淨，直是任化無爲，非謂平日可以捐棄名教，如晉人縱情放誕也。

此篇有說得太繁絮處，不如清靜經、定性書較爲潔淨精微。如云「内觀其心，心無其心；　外觀其形，形無其形；　遠觀其物，物無其物」，如云「動亦定，靜亦定，無將迎，無内外。廓然而大公，物來而順應」，言約而意該矣。

心經頌

蘊諦根塵空色，都無一法堪言；　顛倒之見已盡，寂靜之體翛然。

五蘊，謂色受想行識；　四諦，謂苦集滅道；　六根，眼耳之類；　六塵，色聲之類。心經言「照見五蘊皆空」，言「無苦集滅道」，言「無眼耳鼻舌身意，亦無色聲香味觸法」，言「色卽是空，空卽是色」，言「諸法空相」，言「遠離顛倒夢想」，如此遣盡凡心，自見眞體，故曰寂靜之體翛然，乃所謂「觀自在菩薩」也。

無罪福頌

終日行，不曾行，終日坐，何曾坐；　修善不成功德，造惡元無罪過。時人若未明心，莫執此言亂做；　死後須見閻王，難免鑊湯碓磨。　曾，音層；　磨，去聲。

行如未曾行，坐如未曾坐，言此心不逐於物耳，却似判心跡爲二矣。易傳言「時止則止，時行則行，動靜而不失其時，其道光明」，方是體用一源、顯微無間之理。「修善不成功德」，可與「無伐善施勞」參看。「造惡元無罪過」，此語幾於恣意妄行，沮人悔過之念。

曰：此卽釋氏「放下屠刀，立地成佛」之說也。下文云「時人若未明心，莫執此言亂做」，蓋已輾轉救正矣。

圓通頌

見了眞空空不空，圓明何處不圓通；根塵心法都無物，妙用方知與物同。

隨他頌

萬物縱橫在目前，看他動靜任他權；圓明定慧終無染，似水生蓮蓮自蓮。

寶月頌

一輪明月當虛空，萬國清光無障礙；收之不聚撥不開，前之不進後不退。彼非遠兮此非近，表非外兮裏非內；同中有異異中同，問你傀儡會不會？

採珠歌

貧子衣中珠，本自圓明好；不會自尋求，却數他人寶。數他寶，終無益，只是教君空費力；爭如認得自家珍，價值黃金千萬鎰。此寶珠，光最大，遍照三千大千界；從來不解少分毫，剛被浮雲爲障礙。自從認得此摩尼，泡體空華誰更愛；佛珠還與我珠同，我性卽歸佛性海。

珠非珠，海非海，坦然心量包法界；任你囂塵滿眼前，定慧圓明常自在。不是空，不是色，内外皎然無擁塞；六通神明妙無窮，自利利他寧解極。

見卽了，萬事畢，絕學無爲度終日；泊兮如未兆嬰兒，動止隨緣無固必。不斷妄，不修眞，眞妄之心總屬塵；從來萬法皆無相，無相之中有法身。

法身卽是天眞佛，亦非人兮亦非物；浩然充塞天地間，只是希夷并恍惚。垢不染，光自明，無法不從心裏生；心若不生法自滅，卽知罪福本無形。無佛修，無法說，丈夫智見自然別；出言便作獅子鳴，不似野子論生滅。

此歌以見性爲慧珠，然亦從立命工夫得來，方不是空慧。中引「嬰兒未兆」「希夷恍惚」等語，自可見矣。

摩尼珠，是佛七寶之一，此寶光明淨徹，不爲垢穢所染；六通者，天眼通、天耳通、神境通、宿命通、他心通、漏盡通也。

禪定指迷歌

如來禪性如水，體淨風波自止；興居湛然常清，不獨坐時方是。

今人靜坐取證，不道全在見性；性於見裏若明，見向性中自定。見性，則性自定。

定成慧，用無窮，是名諸佛神通；幾欲究其體用，但見十方虛空。空中了無一物，亦無希夷恍惚；希恍既不可尋，尋之却成乖失。只此乖失兩字，不可執爲憑據；本心尚乃虛空，豈有得失能豫一作所。定性則一空所有。

但將萬法遣除，遣令淨盡無餘；豁然圓明自見，便與諸佛無殊。色身爲我桎梏，且恁和光混俗；舉動一切無心，爭甚是非榮辱。無心應物是眞空。

生身只是寄居，逆旅主號毘盧；毘盧不來不去，乃知生滅無餘。或問毘盧何似，只爲有相不是；眼前業業塵塵，塵業非同非異。見此塵塵業業，箇箇釋迦迦葉；異則萬籟皆鳴，同則一風都攝。凡心淨盡，乃見眞心。

若要認得摩尼，莫道得法方知；有病用他藥療，病差藥更何施。心迷須假法照，心悟法更不要；又如昏鏡得磨，痕垢自然滅了。本爲心法皆妄，故令離盡諸相；諸相離了何如，是名至眞無上。諸法俱遺，方合眞如本體。

若要莊嚴佛土，平等行慈救苦；　菩提本願雖深，切莫相中有取。此爲福慧雙圓，當來授記居先；　斷常纖塵有染，却於諸佛無緣。翻念凡夫迷執，盡被塵愛染習；　只爲貪著情多，常生胎卵化濕。一染塵緣，便墮輪迴惡趣。

學道須教猛烈，無情心剛似鐵；　直饒父母妻兒，又與他人何別。常守一顆圓光，不見可欲思量；　萬法一時無著，說甚地獄天堂。然後我命在我，空中無升無墮；　出沒諸佛土中，不離菩提本坐。觀音三十二應，我亦當從中證；　化見不可思議，盡出逍遥之性。斷絕凡心，便有廣大神通。

我是無心禪客，凡事不會揀擇；　昔時一箇黑牛，今日渾身是白。有時自歌自笑，傍人道我神妙；　爭知被褐之形，内懷無價之寶。更若見我談空，恰似渾淪吞棗；　此法惟佛能知，凡愚豈解相表。晚參禪理，直與佛性同歸。

兼有修禪上人，只學鬬口合唇；　誇我問答敏急，却原不識主人。盡是尋枝摘葉，不解窮究本根；　得根枝葉自茂，無根枝葉難存。便逞已握靈珠，轉於人我難除；　與我靈源妙覺，遠隔千里之殊。此輩可傷可笑，空說積年學道；　心高不肯問人，枉使一生虛老。乃是愚迷鈍銀，邪見業重爲因；　若向此生不悟，後世爭免沉淪？到得靈源妙覺，即心即佛，與機鋒鬬捷者懸殊矣。毘盧言一切平等實性，此即自性，亦名法身。

楞嚴經云：觀世音身成三十二應，謂佛身、獨覺身、緣覺身、聲聞身、梵王身、帝釋身、自在天身、大自在天身、天大將軍身、四天王身、太子身、人王身、長者身、居士身、宰官身、婆羅門身、比丘身、比丘尼身、優婆塞身、優婆夷身、女主身、童男身、童女身、天身、龍身、藥叉身、乾闥婆身、阿修羅身、呼摩羅迦身、人身、緊那羅身、有形無形有想無想身，皆化身所見以度世者。

讀雪竇禪師祖英集

曹溪一水分千派，照古澄今無滯礙；　近來學者不窮源，妄指蹄涔爲大海。

雪竇老師達眞趣，大震雷音椎法鼓；　獅王哮吼出窟來，百獸千邪皆恐懼。或歌詩，或語句，叮嚀指引迷人路；　言辭磊落義高深，擊玉敲金響千古。爭奈迷人逐境留，却將言相尋名數。相，去聲，下同。

眞如實相本無言，無下無高無有邊；　非色非空非二體，十方塵刹一輪圓。正定何曾分語默，取不得兮捨不得；　但於諸相不留心，卽是如來眞軌則。曾，音層。

爲除妄相將眞對，妄若不生眞亦晦；　能知眞妄兩俱非，方得眞心無罣礙。無罣礙兮能自在，一悟頓消窮劫罪；　不施功力證菩提，從此永離生死海。

吾師近來言語暢，留在世間爲榜樣；　昨宵被我喚將來，把鼻孔穿放杖上。問他第一義何如，却道有言皆是謗。道，去聲。

冀註詩頌、歌辭、雜言、令三十二首，蓋據原文而錄之，以備參考耳。明張士弘本疑其一味談空，盡從削去。今按悟眞說性功處少，故仙翁補及此旨，仍以三註本，並收在後。

西江月十二首

此十二首，言性宗事，亦取西江月者，佛法起自西方，兼象其空淨圓明也。

其一

妄想不復强滅，眞如何必希求；本源自性佛齊修，迷悟豈拘前後？　悟卽刹那成道，迷兮萬劫淪流；若能一念契眞修，滅盡恒沙罪垢。

復，扶又切；强，區兩切；恒河沙，出金剛經，西方大河也。

本來性眞，有眞无妄，迷時涉妄，悟則歸眞，提撕只在片念間。聖門「誠意」工夫，從「獨知」上分欺慊，正是此關。

其二

本是無生無滅，强作生滅區分；只如罪福亦無根，妙體何曾增損？　我有一輪明鏡，從來只爲蒙昏；今朝磨瑩照乾坤，萬象昭然難隱。

强，上聲；曾，音層；爲，去聲。

妙體卽是性源，既無生滅之相，何有罪福之因？從一念明覺，緝熙不已，便足照耀乾坤，此卽明德之量也。

其三

我性入諸佛性，諸方佛性皆然；　亭亭寒影照寒泉，一月千潭普見。　小卽毫毛莫識，大時遍滿三千；　高低不約信方圓，說甚長短深淺。

見，音現。

一月千潭普見，卽「月印萬川」之說；　三千，金剛經所謂「三千大千世界」也。千潭並現，遍滿三千，此又申明一輪明鏡之義。

其四

法法法原無法，空空空亦非空；　靜喧語默本來同，夢裏何勞說夢？　有用用中無用，無功功裏施功；　還如果熟自然紅，莫問如何修種。

用中無用，行所無事也；無功施功，善不求名也。聖人情順萬事而無情，此可參會矣。

其五

善惡一時妄念，榮枯都不關心；晦明隱顯任浮沉，隨分飢餐渴飲。神靜湛然常寂，不妨坐卧歌吟；一池秋水碧仍深，風動莫驚儘恁。

妄，一作罔；分，音問。

後四句天機活潑，有沂水春風氣象。程明道先生自見周茂叔後，吟風弄月而歸，有「吾與點也」之意。此皆見前眞樂也。

其六

對鏡不須强滅，假名權立菩提；色空明暗本來齊，眞妄休分兩體。悟卽便名淨土，更無天竺曹溪；誰言極樂在天西，了卽彌陀出世。

强，上聲；樂，音洛。

天竺，西方佛國；曹溪，六祖道場；彌陀出世，卽心是佛也。

其七

人我衆生壽者，寧分彼此高低；法身通照沒吾伊，念念不須尋覓。見是何曾見是，聞非未必聞非；從來諸用不相知，生死誰能礙你？曾，音層。

金剛經「無人相，無我相，無衆生相，無壽者相」；吾伊，猶云彼此。

其八

住相修行布施，果報不離天人；恰如仰箭射浮雲，墜落只緣力盡。爭似無爲實相，還源返樸歸淳；境忘情盡任天眞，以證無生法忍。相，去聲，兩處同；施，去聲；離，去聲；射，音石。

天人二途，各隨其願力以相報，迨食報已盡，不免仍墮輪迴。欲避輪迴，須是無生，得以超然三界矣。

修行布施，本屬善事，須無所爲而爲之。一有住著，便涉貪求之念，故金剛經言「不住相布施」也。

楞嚴經：「是人卽獲無生法忍。」疏云：「眞如實相，名無生法；無漏眞智爲忍。」

其九

魚兔若還入手，自然忘却筌蹄；渡河筏子上天梯，到彼悉皆遺棄。求悟須憑言說，悟來言說成非；雖然四句屬無爲，此等仍須脫離。上，上聲；離，去聲。

忘筌蹄，棄梯筏，此卽四句無爲。無爲亦脫離，所謂「無無亦無」也。

其十

悟了莫求寂滅，隨緣且接羣迷；斷常知見及提携，方便指歸實際。五眼三身四智，六度萬行修齊；圓光一顆好摩尼，利物兼能自濟。行，去聲。

接引提携，乃慈悲利人之事。然必先有智慧神通，而後利濟者益廣，如摩尼珠之遍照身世也。

教乘法數云：「五眼者，肉眼、天眼、慧眼、法眼、佛眼也；三身者，清淨法身、圓滿報身、百億化身也；四智者，大圓鏡智、平等性智、妙觀察智、成所作智也；六度者，布施、持戒、忍辱、精進、禪定、智慧也。」

其十一

我見時人說性，只誇口急酬機；及逢境界轉癡迷，又與愚人何異？說得便須行得，方名言行無虧；能將慧劍斬摩尼，此號如來正智。

言行，行，去聲。

一顆摩尼，神光洞徹，喻禪定生慧，并此斬除，歸於湛寂，是爲如來正智。元時應元和尚經三千歲，凡古今人物，盡知其生平，人問其故，答曰「人惟有所知，所以有不知；我惟無所知，所以無不知」，亦正智之一證。

其十二

欲了無生妙道，莫非自見眞心；　眞身無相亦無音，清淨法身只恁。　此道非無非有，非中亦莫求尋；　二邊俱遣棄中心，見了名爲上品。

相，去聲。

清淨法身是眞身，無心見心是眞心，所謂「形神俱妙」「與道合眞」也。兩邊俱遣棄中心，總是一無倚著耳。

戒定慧解　此解仍列下卷，其讀參同文與龍洞石橋歌，均有關於金丹，另附四百字後。

夫戒定慧者，乃法中之妙用也。佛祖雖嘗有言，而未達者有所執。今畧而言之，庶資開悟然。

其心境兩忘，一念不動，曰戒；　覺性圓明，内外瑩徹，曰定；　隨緣應物，妙用無窮，曰慧。此三者相須而成，互爲體用。　或戒之爲體者，則定慧爲其用；　定之爲體者，則戒慧爲其用；　慧之爲體者，則戒定爲其用。三者未嘗斯須相離也。　猶如日假光而能照，光假照以能明。　非光則不能照，非照則不能明。原其戒定慧者，本乎一性；光照明者，本乎一日。一尚非一，三復何三？三一俱忘，湛然清淨。

悟眞篇增錄

據金丹大全所載。

張眞人金丹四百字

此括悟眞之要旨，乃詳說而返約也。舊註分爲二十段，界限未淸，今定爲九段，方見文氣聯貫而脈理分明。

眞土擒眞鉛，眞鉛制眞汞；鉛汞歸眞土，身心寂不動。虛無生白雪，寂靜發黃芽；玉爐火温温，鼎上飛紫霞。

補註　開首一節，總提金丹綱領。眞鉛眞汞，動中所採；白雪黃芽，靜中所煉；爐火鼎霞，乃火候養成者。兩言眞土，皆就離家言。上眞土，己土也，調息凝神，保精養氣，方成制妖神劍；下眞土，土釜也，採鉛虎穴，封固黃庭，此爲金胎神室。

身心不動，得藥歸來，神氣凝聚也。

虛無者，內念不生；寂靜者，外感不入。虛無寂靜，丹法始終用之。初以此養性，後以此養丹。

白雪黃芽，借外丹以喻內丹，此靜虛中景象也；爐火溫溫，言子午抽添；爐鼎，當分屬陰陽，猶云玉池金鼎。

陸長庚註　金丹之道，無過鉛汞土三者而已。鉛卽金水也，汞卽木火也。丹法五行，皆以逆尅而成妙用，故以土擒鉛，以鉛制汞，相呑相啗，死歸厚土，而後金丹始成，上陽子曰「用己土尅水以求鉛」是也。蓋眞鉛之氣，隱於二八之門，吾乘其爻動而採之。若無己土，則感應相與之意乖，而藥終不可得矣。

然土謂之眞者，取無貳無雜之意。蓋鉛既眞鉛，必土須眞土，方能以眞攝眞，而混沌交合。及乎得藥歸鼎，則吾一身之陰汞，自然制伏拘鈐，而不飛走。何者？火爲水滅，木受金伐，自然之道，無足異者。

參同契云：「水盛火消滅，俱死歸厚土。」蓋五行之妙，水得土則掩，火得土則藏，萬物非土不生，故丹法以歸土爲究竟。長養聖胎，圓就丹藥，無出乎此。

能歸土，則身與心皆寂然不動矣。丹家以動爲用，以靜爲體，寂然不動則靜矣，故下文遂言歸靜之妙。

又曰　虛無寂靜，不動之極也；　白雪黃芽，皆丹藥之異名。當身心大定之際，丹在中宮，但見和氣春融，生機活潑，穰穰焉如白雪之飛於虛空，茁茁焉如黃芽之萌於土壤。此時用火工夫，不宜太躁，但當養之以溫溫，存之以綿綿。至於鼎上霞飛，則陽光衝頂，喻以外丹爐火，取其易曉耳。

又云　白雪者，陰精之所凝；　黃芽，鉛之萌孽也。參同契云「陰火白，黃芽鉛」是也。

華池蓮花開，神水金波淨；　夜深月正明，天地一輪鏡。朱砂煉陽氣，水銀烹金精；　金精與陽氣，朱砂而水銀。

補註　此第二節，申明眞鉛眞汞。上四句，言坎宮藥品，所謂「華池神水眞金」也；下四句，言離家物力，所謂「朱砂鼎內水銀平」也。

神水金波，水內藏金，此是虎向水中生；　朱砂水銀，火中藏木，此是龍從火裏出。明屬鉛汞對舉，故下條亦用日烏月兔雙承。

蓮花開，言白虎首經；　金波淨，言癸盡壬眞；　明月一輪，言金精壯盛之時。此時爻動候眞，正可乘機採取。是故朝用陽火，能使朱砂煉成陽氣；　暮用陰符，能使水銀烹就金精。序云「以陽火煉之，則成陽氣；　以陰符煉之，則成陰精」是也。

陽氣金精，本生於坎；　朱砂水銀，本屬於離。一經烹煉之後，砂汞遂變爲陽金，故曰「金精與陽氣，朱砂而水銀」，以見兩而化者，一而神矣。

朱砂煉陽氣，砂死脱陰也；　水銀烹金精，汞乾成寶也。

李註　神凝則爲陽氣，汞死則爲金精，亦借外丹爲喻耳。外丹要煉砂汞，全藉水中金一味，内丹亦須眞鉛以伏己汞，煉到氣足精完，可尋先天大藥，故曰民安國富方求戰。

日魂金烏脂，月魄玉兔髓；　掇來歸鼎内，化作一泓水。

補註　上文是築基事，此條言還丹事。

日中烏，乃煉成靈父之眞汞；　月中兔，乃先天聖母之眞鉛。初以日魂而招兔髓，再取月魄而制烏脂，則藥物擒歸鼎内，而離宫火滅，一片丹心澄如止水矣。卽所謂「鉛汞歸眞土，身心寂不動」也。

神水淨，言坎中之水； 一泓水，言離中之水。然則天一生水，其金丹之成始成終者乎？

陸註 陰陽之精，互藏其宅，故日之魂，太陽之精也，爲玉兔之脂，即坎之中爻，眞鉛是也； 月之魄，太陰之質也，爲金烏之髓，即離之中爻，眞汞是也。是曰烏兔藥物。二者掇歸鼎內，則解化爲水而成金液，參同契云「解化爲水，馬齒闌干」是也。蓋藥之始生，無過一氣，升於甑山則化而爲水，先液後凝，還丹乃就。諸書所謂玉漿甘露，灌頂醍醐，皆不出此。

藥物生玄竅，火候發陽爐； 龍虎交會時，寶鼎產玄珠。此竅非凡物，乾坤共合成； 名爲神氣穴，內有坎離精。

補註 此第三節，又承次節來。玄竅生藥，即華池神水； 火發陽爐，即朱砂水銀。乾坤合坎離之精，即所謂烏兔歸鼎內也。

上四句，用陽火以採藥物，是求丹事，龍虎相會，乃外交媾也； 下四句，得坤藥而入乾宮，是養丹事，坎離之精，乃內交媾也。

玄竅陽爐，此陰陽對舉者。 坎宮藥生，卽是候至，故不言火候。 離獨言火候者，二分之水，急須以二分之火應之也。 藥火均敵，方用龍虎交會，而一粒黍珠生於陰鼎矣。 其藥至神，故稱寶鼎。

然玄竅陽爐，爲乾坤外竅，若究其在內之竅，更非凡物可比。 蓋坤宮之藥，迎入乾家，合成一處，是乃神氣之穴，坎離眞精會聚於此。 所謂玄關一竅，實藏珠結胎之地也。

陸註　仙翁恐人不知交結之處，故復指此一竅。 前序云「身中一竅，名曰玄牝，無邊無傍，亦無內外，乃神氣之根，虛無之谷」，此卽所謂神氣之穴，合乾坤而會坎離者。

或問：「陸註分藥物爲二家： 恍恍惚惚，離之物也； 杳杳冥冥，坎之藥也。 其說如何？」曰：「藥物雖可分，而此處不當分。 本文明是藥火並言，豈可於玄竅中又分爲二乎？」又問：「玄竅何以屬外？」曰：「玄牝之中，空虛無物，晦朔合符，藥物乃生。 此是周身血氣所成，非空洞中先有此一物，故不當屬內。」又問：「神與氣精，是上藥三品，此處作何分別？」曰：「神氣之穴，本生來自有者，惟其眞精入穴，神氣始能凝聚。此精乃其眞種，而以神氣温養之，故曰結胎脫胎皆在於此。」又問：「龍虎交會，以靈父之神，接聖母之氣，精乃濁質，疑非金丹所用。」曰：「陰陽之精，互藏其宅，故曰離位制陰精。又曰灌溉抱陽精，此言坎離精，蓋指鉛汞之至精者耳。序云：『煉精者，煉元精，非淫佚所感之精。』亦何嘗取於濁質耶？」

木汞一點紅，金鉛三斤黑；鉛汞結丹砂，耿耿紫金色。家園景物麗，風雨正春深；犁鋤不費力，大地皆黃金。

不費，黃自如作不廢。

補註　此第四節，言築基結丹之事。鉛汞結丹砂，仍是鉛汞歸眞土。汞只一點，而鉛用三斤，煉己之後，常靜常應，眞身不漏矣。鉛則諸鼎所產，須日積月累，方得三斤之數也。鉛汞相當，再以靈父而求聖母，得其先天大藥，方能成金丹。家園景物麗，乃得藥之景象，狀如和風甘雨，內含春意矣。從此朝暮抽添，有似耘鋤，然皆順其自然而不甚費力者。此時遍地金鉛，皆爲丹砂之助，故曰大地皆黃金，猶云家家自有長生藥。

陸註　木汞者，己之靈汞，無有銖兩，故言「一點」，上陽子云「就近便處，運一點眞汞以迎之」是也；　金鉛者，坎中眞一之水，水中產金，故曰金鉛，言三斤者，四十八兩，每兩眞鉛三銖，共計一百四十四銖，乃坤之策數也；　丹砂者，金液還丹之别名；　紫者，紅黑相合之間色，參同契云「色轉更爲紫，赫然成還丹」；　耿耿，卽赫然之意。

夫金丹乃無質之質，非可以色相求者。　仙翁因方辨色，假象示人，要在得乎言意之表。

舊註　家園景物，身中藥物和氣絪緼也；　風者，火也；　雨者，水也。　水火旣濟，進退得宜，則鼎上所來之藥，無不成寶也。

補註　陸氏以家園屬離宮，是矣；　謂犁鋤不費力，專在抱一守中，稍偏於內，舊註兼水火進退，得之。

黃金指坎不指離，陸云「陰盡陽純，化爲丈六金身」，亦覺太驟。　且「大地」是橫說，「丈六」是豎說，不宜混同。

眞鉛生於坎，其用在離宮；　以黑而變紅，一鼎雲氣濃。　眞汞生於離，用之却在坎；　姹女過南園，手持玉橄欖。

補註　此第五節，申明鉛汞相交之法，眞鉛眞汞亦自首節而來。用坎用離，以其內有坎離精也。惟陰陽之精，互藏其宅，故用以取坎塡離。黑變紅，謂水能制火；　玉橄欖，象求鉛之具。

舊註　眞鉛，是彼身中一點眞陽之氣，離宮者，我心也；　眞汞，是吾心中一點眞陰之精，坎位者，彼身也。

陸註　此指藥物所產之鄉，與夫所用之處。眞鉛生於坎者，水中產金，用在離宮，用以伏汞也。丹法以黑投紅，此時眞氣薰蒸，上下融液，若山澤之蒸雲者然，序中所謂「初時雲滿千山」，意蓋指此。眞汞生於離者，火屬南方，用之在坎，用以求鉛也。姹女者，汞也，南園乃其本鄉。過南園者，過自南園也。過自南園，往彼西鄰，則相擝相持，而玄珠成象矣。玉橄欖，玄珠之別名，取其回味而甘也。　**按**　橄欖，卽南園所生者。持南園之果，以探北地之花，直指離峯言，取其形狀相似耳，不必主「同味」之說。陸註所言，推之外丹，無不脗合。黑變紅，金伐木榮，朱砂變色也；玉橄欖，砂鉛氣交，結成玉果也。（玉果，見地元眞訣中。）

震兑非東西，坎離不南北；斗柄運周天，要人會攢簇。火候不用時，冬至不在子；及其沐浴法，卯酉亦虛比。

補註　此第六節，闡明修丹心訣，爲前後數節之關紐。上四句，從四象五行，提出採藥之把柄；下四句，於抽添沐浴，指破運火之眞候。震東兑西，離南坎北，此後天一定卦位。丹法則龍西虎東，子南午北，顚倒互用，而攢簇於中宮。其臨爐作用，全在握斗柄以運周天。斗柄者，煉士之神劍。周天有内有外：求丹之時，默數三百七十五息，此外周天也；合丹之時，河車旋轉數百迴，此内周天也。初則用火土而擒金水，既則得金水而制木汞，是謂攢族五行。參同契云「要道魁柄，統化綱紐」，又云「循斗而招搖兮」，此斗柄之說也；呂祖云「周天息數微微數」，契云「周天遂奔走」，此周天之說也；正道歌云「離坎本來無南北，震兌豈則在西東；若遇神仙親指訣，捉住斗柄周天輪」，此四語所本也。

子午爲二至初氣，卯酉爲二分中氣，此抽添沐浴之定期。丹法從玉爐爻動以看火候，不依曆上時辰。其所謂冬至者，先天取白虎首經，後天取震來受符，亦不在夜半子時，是謂「時之子，妙在心傳」。

舊解沐浴，謂木旺於卯，金旺於酉，恐其太旺而傷丹，故兩月皆須休息，但逐月有溫養。若月停卯酉，幾於藥爐火冷。須知卯月只停卯時，酉月只停酉時，其餘諸月併兩時亦無禁忌矣，故曰卯酉亦虛比。

舊註　水中有金，火中有木，以二物而包含四象，若能操斗柄之機，則下降上升而水火既濟，小往大來而金木交併，可使四象和合，攢簇而歸於中宮矣。

陸註　天以北斗斟酌元氣周天運轉，是以五氣順布而成歲功。人能觀天之道，執天之行，求吾身之所謂斗柄者，執而運之，方可攢簇混合，而成眞一之丹。

又曰　金丹火候，自子以後六時爲陽，自午以後六時爲陰，至於亥子之交，一陽來復，名爲冬至。卯酉之月，木金氣旺，法當沐浴。此蓋陰陽之定理，造化之成數。然法雖死定，理實圓活，運移之妙，存乎一心。故入藥起火，自有進退，不用子午也；震來受符，自有眞信，不在子月也； 沐浴金丹，自有時節，不在卯酉也。入藥鏡云「一日內，十二時； 意所到，皆可爲」，又云「初結胎，看本命； 終脱胎，看四正」，此足以相發明矣。

烏肝與兔髓，擒來歸一處； 一粒復一粒，從微而至著。混沌包虛空，虛空括三界； 及尋其根源，一粒如黍大。 復，扶又切。

補註　此第七節，從成丹之後，追溯結丹之初。粒復一粒，此日積月累，後天爐藥也； 一粒如黍，此一得永得，先天大藥也。作兩層說，方見分明。

烏兔歸一，仍是鉛汞歸土； 從微至著，皆鉛汞所滋長者。丹胎至此而成象，是乃混沌元氣包在虛空之谷。卽此虛空之中，能括三界所有，可謂至神至妙矣。及尋其受氣根源，起於黍米一粒。蓋一點落黃庭，祖氣實爲丹母也。

「混沌」二句，詮解易涉懸虛，今以參同契證之。「四者混沌，徑入虛無」，卽「混沌包虛空」也；「先天地生，巍巍尊高」，卽「虛空括三界」也。得此相參，纔有實際。

陸註　烏肝兔髓，坎離之精也，是必擒歸一處，而金丹始成。及乎火運周天，功圓三百，是謂粒復一粒，從微至著，而嬰兒顯相，脫胎神化矣。

混沌者，與道合眞，復歸無極；虛空者，煉神還虛，不滯形跡也。若尋其混沌虛空之根，皆起於玄珠一粒耳。陸氏解「混沌」句，從上文一直說來，文氣自順。太上度人經以慾界、色界、無色界爲三界，陸云「以精用者成慾界，以氣用者成色界，以神用者成無色界」。今按三界者，三才之世界，人身空竅中，天魂地魄皆聚於此，故云「括三界」耳。

天地交眞液，日月合眞精；會得坎離基，三界歸一身。身，當叶星。

補註　此推原造化，以明作丹之本。

觀夫天地日月，下濟上行而眞液有交泰之時，含光吐曜而眞精成合璧之度，此陰陽配合之自然者。丹家準此以取坎塡離，則造化生身，三界悉皆會歸矣。

坎離基乃雙承，凡二氣交合之理，卽坎離交媾之基也；三界歸身，仍應「虛空括三界」。

龍從東海來，虎向西山起；　兩獸戰一場，化作天地髓。金華開汞葉，玉蒂長鉛枝；　坎離不曾閒，乾坤經幾時。　長，止兩切；曾，音層；閒，音閑；經，一作今。

補註　此第八節，申前龍虎交會之意。

兩獸一戰，此得丹事；　華開蒂長，乃温養事。丹法首尾備矣。然龍爭虎鬭，威勢相當者，前此已經築基煉己也。

華開於汞葉，以汞氣激動眞鉛；　蒂長於鉛枝，鉛氣滋培眞汞：　乃互相交結之象。蕭元瑞云「長教玉樹氣回根，無使金花精脱蒂」，正是此意。

易以乾坤奠上下之位，坎離司左右之門。水火者，天地之大用，自日月運行而氣化，萬古長存，亦如精氣交合，而金身萬劫不壞，同一理也。

陸註　藥物既屬坎離，龍虎復爲何物？　丹書異名殊字，融貫實出一原。蓋坎鉛難得，而易於啀人，故象之以虎；　離汞好飛，而難於控御，故象之以龍。龍從東海來，來而就虎也； 虎向西山起，起而從龍也。丹法驅龍就虎，駕虎從龍，故此兩獸，相吞相啗，交戰於戊己之宮，則混合和融，化爲天地之髓，而還丹可成矣。其實天地之髓，卽坎離之精也，豈有二哉？

又曰 草木，花含葉中，蒂生枝上，是皆陰陽互根相紐相結之妙。比之丹法，金華開於汞葉，鉛得汞而花發也； 玉蒂長於鉛枝，汞得鉛而蒂固也。惟此陰陽媾精，兩相交結，要皆造化之自然。聖人名之坎離，以洩其互藏之精，象以日月，以取其交光之妙，然後丹法大明。卽觀天地設位，日月運行，晝夜循環，無有一息之閒暇，而乾坤不毀，萬古如一日者，實由於此。故萬古此乾坤，則萬古此日月； 萬古此日月，則萬古此丹法。使日月有時而停機，則萬物不生，而乾坤或幾乎息矣，丹體何由而常靈常存哉？ 今幾時，言萬古如一日也。當從「經幾時」。

李註 坎中眞氣，卽金華鉛枝； 離中眞氣，卽玉蒂汞葉。煉丹工夫，自首至尾，不離鉛汞。日日如是，何曾有一息之閒？

沐浴防危險，抽添自謹持； 都來三萬刻，差失恐毫釐。夫婦交會時，洞

房雲雨作；　年年生箇兒，箇箇會騎鶴。

補註　此第九節，爲通篇總結。

沐浴抽添，此養胎火候；　生兒騎鶴，此脫胎神化；　夫婦交會，直指龍虎交會之眞體，亦見成丹始終不離同類也。

沐浴防危，臨爐敬慎之心；　抽添謹持，屯蒙進退之法。抽鉛添汞，須用陽火陰符。差者，金水誤投；　失者，爐鼎飛走：　藥鏡云「差毫髮，不成丹」是也。夫婦，乃靈父聖母之氣；　洞房，乃玄牝出入之門。出胎之後，尚有九年抱一工夫，千百化身，神妙莫測，故謂之天仙大道。

陸註　月當卯酉，刑德臨門，時宜沐浴，所以防險也。抽者，抽鉛；　添者，添汞。自謹持者，進退升降，務合天度，一念少差，則悔吝爲賊，而三萬刻之功虧矣；　三萬刻，乃十月也。

內丹註水火升降，謂之周天。升則爲進火，謂之抽鉛；　降則爲退符，謂之添汞。（進火退符，皆是抽鉛。抽彼鉛，所以添己汞，不當以進退分抽添。）

陸又曰　金丹之道，順則成人，逆則成丹，故篇末以洞房夫婦明之。要在使人易曉，然非世法之所謂洞房夫婦也。聖人洞曉陰陽，能於互藏之宅盜其機而逆用之，故懷胎則十月無殊，脱胎則萬變莫測。要之乘龍控鶴，皆陽精之所顯化，神無不爲，神無不通，又烏可以尋常識見思議之哉！

補註　身外有身，一身化作百千，如薊子訓至長安，公卿相候者三十家，同時皆赴，各盡欵曲；又如曹操欲捕左慈，走入羊羣，變成數百羝，皆人立而語。此乃神通妙用，非虛空幻術也。

金丹四百字序

按　金丹四百字，張公傳之馬自然，馬又傳之白紫清。白公上紫陽眞人書云：「昨到武夷，馬自然口述諄諭。寶翰四百言，字字藥石，感荷愛育，甘露灑心。」此書從沙道昭寄至青城者。沙乃薛紫賢之徒，宋高宗末年尚遊行自在，蓋已得道成眞矣。

四百字，先作於平日，序乃馬君臨去時，信口隨筆所記者。四百字不能加於悟眞篇，而間有互相發明處；金丹序亦能推廣四百字，而不無兩相牴牾處。偶有未愜心者，仍當闕其所不知耳。

七返九還金液大丹者，七乃火數，九乃金數，以火煉金，返本還源，是之謂金丹也。以身心分上下兩弦**補註**身心指兩體言，不就一人言，後以身心分屬乾坤可證；所云形神，亦當分彼此二體；以神氣別冬夏二至；以形神契坎離二卦；以東魂之木、西魄之金、南神之火、北精之水、中意之土，是謂攢簇五行；以含眼光、凝耳韻、調鼻息、緘舌氣，是謂和合四象；以眼不視而魂在肝、耳不聞而精在腎、舌不聲而神在心、鼻不香而魄在肺、四肢不動而意在脾，故名曰五氣朝元；以精化爲氣、以氣化爲神、以神化爲虛，故名曰三花聚頂；以魂在肝而不從眼漏、魄在肺而不從鼻漏、神在心而不從口漏、精在腎而不從耳漏、意在脾而不從四肢孔竅漏，故曰無漏；精神魂魄意，相與渾融，化爲一氣，不可見聞，亦無名狀，故曰虛無。

煉精者，煉元精，非淫泆所感之精；煉氣者，煉元氣，非口鼻呼吸之氣；煉神者，煉元神，非心意思慮之神。故此神氣精者，與天地同其根，與萬物同其體，得之則生，失之則死，以陽火煉之則化成陽氣，以陰符養之則化成陰精，故曰「見之不可用，用之不可見」。

身者心之宅，心者身之主；心之猖狂如龍，身之獰惡如虎；身中有一點眞陽之氣，心有一點眞陰之精：故曰二物。

心屬乾，身屬坤，故曰乾坤鼎器；陽氣屬離，陰精屬坎，故曰烏兔藥物；抱一守中，煉元養素，故曰採先天渾元之氣；朝屯暮蒙，晝午夜子，故曰行周天之火候。

木液旺在卯，金精旺在酉，故當沐浴；震男飲西酒，兌女開北花，巽風吹起六陽（火符用乾坤六爻），坤土藏蓄五數（鉛汞會合於中宮。舊作「之數」，非），故當抽添。

夫採藥之初也，動乾坤之槖籥，取離坎之刀圭，初時如雲滿千山，次則如月涵萬水。龍爭魂，虎爭魄，烏戰精，兔戰神，恍惚之中見眞汞，杳冥之內有眞鉛，以黃婆媒合，守在中宮。鉛見火則飛，汞見火則走，遂以無爲油和之，復以無名璞鎮之（無爲油，坎中金水；無名璞，離內心神），使眞土渾合，含光默默。

火數盛則燥，水銖多則濫。火之燥，水之濫，不可以不調勻，故有斤兩法度。修煉至此，泥丸風生，絳宮月明，丹田火熾，谷海波澄，夾脊如車輪，四肢如山石，毛竅如浴之方起，骨脈如睡之正酣，精神如夫婦之歡會，魂魄如子母之留戀，此乃眞境界，非譬喻也。以法度煉之，則聚而不散；以斤兩煉之，則結而愈堅。魂藏魄滅，精結神凝，一意沖和，肌膚爽透，隨日隨時，漸凝漸聚，無質生質，結成聖胎矣。

夫一年十有二月也，一月三十日也，一日百刻也。一月總計三千刻，十月總計三萬刻。行住坐卧，綿綿若存，胎氣既凝，嬰兒顯相，玄珠成象，太乙含眞，故此三萬刻之中，可奪天上三萬年之數。奈何百姓日用而不知，元精喪，元氣竭，而元神離矣。是以三萬刻中，刻刻要調和，倘一刻差違，則藥材耗而火候虧，故曰毫髮差殊不作丹。

欲奪天地一點之陽，採日月二輪之氣，行眞水於鉛爐，運眞火於汞鼎，不可執於無爲，不可形於有作，不可泥於存想，不可著於持守，不可枯坐灰心，不可盲修瞎煉，惟恐不知火候法度，又恐不識藥材出處。

要知身中一竅，名曰玄牝。此竅者，非心非腎，非口鼻也，非脾胃也，非轂道也，非膀胱也，非丹田也，非泥丸也。能知此之一竅，則冬至在此矣，藥物在此矣，火候亦在此矣，沐浴亦在此矣，結胎亦在此矣，脱體亦在此矣。此竅乃神氣之根，虛無之谷，卽在身中求之，不可求於他也。

今作金丹四百字，包含造化之根基，貫穿陰陽之骨髓。將使煉丹之士，尋流而知源，捨妄以從眞耳。

夫金丹於無中生有，養就嬰兒。然丹生於無，若墮於頑空，則又非矣。須知此空乃是眞空，無中不無，乃眞虛無。

今因馬自然去，講此數語，汝其味之。

眞人此序，闡明玄學，包內外，徹始終，取悟眞篇竅要而約言之。尚有意玄而語似滯者，有參差而緒不齊者，如前段身心兩弦數語，蓄疑未解，久之方悟其意。**蒲團子按** 金丹四百字序、讀周易參同契、贈白龍洞劉道人歌、石橋歌四篇，均爲仇氏補註，無他人註解。每篇第一段註解之首均註明「補註」二字，今四篇皆刪此二字。特說明。原來「身」「心」二字，乃分屬坎離二家。以一人言，心內而身外；以兩人言，此心而彼身也。參同契云「何況近存身，切在於心胸」，亦是彼此對言。下文神與氣形，皆當分別二體。

兩弦者，下離上坎，即龍虎之兩弦也。

冬至陽之始，夏至陰之始，此乃陰陽分界。然歲功之行，陽能統陰，猶夫修丹之事，神能御氣，故以神氣配乎二至。

離體中虛，全以神運；坎體中實，涉於有形：此男清女濁之辨也。丹家以神縮形，是謂存無守有，與坎離既濟之道，適相契合矣。

後又云「身者心之宅，心者身之主」，似指一體而言，實亦彼此互說耳。彼身之氣，可養我心，故以爲宅；我心之神，能役彼身，故以爲主。下文云「心之猖狂如龍，身之獰惡如虎」，即所云「心屬乾，身屬坤」也；又云「身中有一點眞陽之氣，心中有一點眞陰之精」，此陰陽互根之宅也；又云「陽氣屬離，陰精屬坎」，此陰陽各稟之質也。當據理裁斷，以解其糾紛，亦可一剖所疑矣。

以身心分離坎二家，參同所有；以神氣分冬夏二至，此須細詳。蓋序言「二至」，即丹家之活子午，須就鼎中氣候言。初爻陽動，乃虛無之神，即冬至也，陽火用之；自望以後，則漸交陰氣，即夏至也，陰符用之：故分冬夏二至耳。

讀周易參同契

已下三首，據戴起宗所錄。此篇載在參同契後，陸長庚註頗詳，茲不重見，今但標出段落提綱耳。

大丹妙用法乾坤，乾坤運兮五行分。五行分兮常道，有生有死；五行運兮丹體，常靈常存。

造化順而丹道逆，先明契中之理。

一自虛無兆質，兩儀因一開根；四象不離二體，八卦互爲祖孫。萬象生乎變動，吉凶悔吝滋分；百姓日用不知，聖人能究本源。顧易道妙盡乾坤之理，遂託象於斯文。否泰交，則陰陽或升或降；屯蒙作，則動靜在朝在昏。坎離爲男女水火，震兌爲龍虎魄魂。守中則黃裳元吉，遇亢則無位而尊。旣未慎萬物之終始，復姤昭二氣之歸奔。月盈虧，應精神之衰旺；日出沒，合榮衛之寒溫。

此言祖周易而著書，乃作契之本。

本立言以忘象，既得意以忘言；猶設象以指意，悟其意則象捐。達者惟簡惟易，迷者愈惑愈繁。故知修眞上士，讀參同契，不在乎泥象執文。

此言會意當在象表，乃讀契之方。

一部參同，只陰陽二體該之；陰陽二體，只火符六候當之。離家煉已待時，惟視坎宮爻動，所謂「悟其意則象捐」也。

贈白龍洞劉道人歌

翼註　呂祖文集亦載此篇。但相傳劉道人名永年，號順理子，乃紫陽弟子。今據戴起宗本，應屬順理。**元吳興林淨云**　劉廣益，別號順理子，卽白龍洞道人也，係紫陽入室之徒。紫陽在神宗元豐五年化去，後七年，劉仍晤於玉屋山，作此歌以勉其志。至高宗紹興戊午，復遇紫陽翁。孝宗乾道戊子，劉公在虎丘成道，年踰百齡而沖舉。

玉走金飛兩曜忙，始聞花發又秋霜；徒誇籛壽千來歲，也似雲中一電光。一電光，何太速，百年都是三萬日；其間寒暑互煎熬，不覺童顏暗中失。縱有兒孫滿眼前，却成恩愛轉牽纏；及乎精竭身枯朽，誰解教君暫駐延。暫駐延，既無計，不免將身歸水逝；但看古往聖賢人，幾箇解留身在世。

玉金，玉兔金烏；速，當作疾；誰解，解，胡買切，下同；教，平聲；看，平聲；聖賢，一作世間；解留，解，能也。

此慨浮生易度，而至道難聞。

身在世，亦有方，只爲世人沒度量；競向山中尋草木，伏鉛制汞點眞陽。

爲，去聲；度，音鐸；量，平聲。

此言外丹不足以回陽，以闢爐火之謬。

點陽丹，事逈別，須向坎中求赤血；捉來離位制陰精，配合調和有時節。時節正，用媒人，金公姹女結親姻；金公偏好騎白虎，姹女常駕赤龍身。虎來靜坐秋山裏，龍向碧潭奮身起；兩獸相逢戰一場，波浪奔騰如鼎沸。黃婆丁老助威靈，撼動乾坤走神鬼；須臾戰罷雲雨收，種箇玄珠在泥底。

坎求赤血者，癸盡壬眞，從赤血後得之；好，去聲。

此備陳金丹作法，兼築基還丹言。坎中眞陽，謂之赤血，離内陰精，藉此制伏。配合者，鉛汞相當；調和者，金水平準；時節者，六候定期。用媒偵探，按候以臨爐，自然金木交併，水火相濟，而丹基漸築矣。

金公姹女，乃龍虎二弦之眞氣，故云騎虎乘龍。惟氣均力敵，方與接戰，得其玄珠一粒，種歸土釜之中，此之謂金液還丹也。

先天大藥，採之不易，故就龍虎鬬爭上說。到騰波浪，撼乾坤，走神鬼，一時氣燄聲勢如此，古歌云「微微騰倒天地精，攢簇陰陽走神鬼」是也。

山指離峯，潭指坎户。黃婆，求鉛之意；丁老，汞家之火。媒與婆，有内外之分。

從此根苗漸長成，隨時灌漑抱眞精；十月脱胎吞入口，不覺凡身已有靈。

長，子兩切。

此言得丹以後，仍有溫養工夫。

灌溉抽添，在十月之中；　脱胎出神，在九轉之後；　脱而復吞者，嬰兒稚嫩，常須收放調護也。

此箇事，世間希，不是等閒人得知；　宿世若無仙骨分，容易如何得遇之。得遇之，宜便煉，都緣光景急如箭；　要取魚時須結罾，莫待臨淵空歎羨。聞君知藥已多年，何不收心煉汞鉛；　休教燭被風吹滅，六道輪迴莫怨天。

閒，音閑；　分，音問；　易，音異；　教，平聲。

此勸其下手速煉也。

鉛汞，即金公姹女；　煉者，以汞求鉛而鉛來伏汞也。天道、人道、阿修羅道、地獄道、餓鬼道、畜生道，佛家謂之六道輪迴。

近來世上人多詐，盡著布衣稱道者；　問他金木是何般，噤口無言如害啞；　却云伏氣與休糧，別有門庭道路長。君不見，破迷歌裏道，太乙含眞法最良。莫怪言詞多狂劣，只教時人難鑒別；　惟君心與我心同，方敢傾懷向君說。著，涉署切；歌裏道，道，去聲，原本作說；鑒別，別，音必。

結出贈歌之意，道必待人而傳也。

伏鉛制汞，見外丹之誣；伏氣休糧，言枯修之弊。惟太乙含眞氣，片語該盡丹旨。劉君知藥多年，則不惑於狂劣之詞矣，故可傾懷相告耳。

此歌詳述金丹之道，工夫首尾完備，而詞意痛切淋漓，可當一卷小悟眞讀。

石橋歌

此借石橋所居，以發明丹道，大旨與前歌相似。但前歌氣雄語健，饒有唐風；此歌意暢詞平，頗涉宋派矣。

吾家本住石橋北，山鎮水關森古木；橋下澗水徹崑崙，山中有泉香馥郁。吾歸山内實堪誇，遍地均栽不謝花。

此叙山水景物，以引起龍虎。

山北穴中藏猛虎，出窟哮吼生風霞；山南潭底隱蛟龍，騰雲降雨天濛濛。二獸相逢鬭一場，玄珠隱伏是禎祥。天，一作山。

此借龍虎鬭爭，以比陰陽交會。

龍虎玄珠，解詳上章。篇中段落相承處，有韻換而意不換者，有意換而韻不換者，錯綜之法，本杜少陵歌行。

景堪羨，吾暗喜，自斟自酌醺醺醉。醉彈一曲無弦琴，琴裏聲聲教仔細；可煞醉後没人知，昏昏默默恰如癡。教，平聲。

此言得藥之效。

醺醉，卽延命酒；彈琴，乃臨爐事。慮險防危，須教仔細也。莊子：「至道之極，昏昏默默。」

仰觀造化工夫妙，日還西出月東歸。天是地，地是天，反覆陰陽合自然；識得五行顛倒處，指日升遐歸洞天。覆，音福。

此言坎離顛倒之法。

日月天地，一時反覆，卽「龍西虎東」「子南午北」之意也。

黃金屋，白玉椽，玉女金童日侍前。　南神北斗分明布，森羅萬象見無邊。

見，音現。

此摹昇仙景象。

身歸洞府，日接仙眞，三千法界，逈出塵寰矣。

無晝夜，要綿綿，聚散周天火候全；　若問金丹端的處，尋師指破水中鉛。

指，一作訣。

此言溫養火候。

內調眞息，外運火符，卦完六百，數足周天，皆從金水爐中得之。

木生火，金生水，水火須分前後隊；　要辨浮沉識主賓，鉛銀砂汞方交會。

此詳火候眞訣。水火分前後，陰倡而陽和也；浮沉定主賓，朝金而暮水也：是乃和合四象之功。鉛銀，即水金；砂汞，即火木。

有剛柔，莫逸意，知足常足歸本位；萬神齊賀太平年，恁時國富民歡喜。歡，一作安。

此明功成身退。剛柔謂陰陽配合。及九轉功完，鼎爐不用，惟抱元守一而已。本位，指中宮神室。

此箇事，好推理，同道之人知此義；後來一輩學修眞，只說存養併行氣。在眼前，甚容易，得服之人妙難比；先且去病更延年，用火烹煎變陽體。甚，一作堪；易，去聲；去，上聲。

此見金丹不比枯修。變陽體，點陽丹也。存養行氣者，難以語此。

學道人，去思已，休問傍門小法制；只知目下哄得人，不覺自身暗憔悴。勸後學，須猛鷙，莫徒拋家住他地；妙道不離自家身，豈在千山並萬水。

離，去聲。

此見大道不涉傍門。不拋家，藥求同類；不離身，修煉由己也。

莫因循，自貪鄙，火急尋師覓玄旨；在生若不學修行，未知來生甚胎裏。既有心，要終始，人生大事惟生死；皇天若負道心人，令我三塗爲下鬼。

令，平聲。

此勉人及時修道，超輪迴而脫生死。虔心修道，天不負人，仙翁自誓，情見乎辭矣。度人經云「永度三塗」，上陽子註「色慾爲天塗，愛慾爲人塗，貪慾爲地塗」。

浮黎鼻祖經序

經卽金藥秘篇，廣成子著，序乃張眞人所作。

蓋自天地未判，日月未明，陰陽未立，五行未分，混沌恍惚，杳冥絪縕，內有靈光，隱藏眞精，一生壬癸，二生丙丁，丙丁火發，照曜玄冥，產生庚方，鑄作金庭，金庭異寶，戊己眞形。故古先大聖，知大塊中有物，礦土中藏鉛，鉛中產銀，銀變成金，金中產砂，砂中生汞，汞吐三華，名曰黃芽。天地造化之根源，日月陰陽之精華，皆本於此。聖人知此消息，先用水以盜其氣，次用火以煉其形，水火交煉以育其神，始得形神俱妙，與道合眞。人得服食，改形而仙。

夫白金隱於黑鉛之中，陰盛陽微，必假聖灰作池，消盡癸陰，乃見壬水眞形，煉以陰陽池鼎，投紅入黑，方變爲金，內黃外赤，五彩鮮明。鑄造神室，神住於形，滋以金水，同類相親，金水吸受，眞汞乃生。是故，鉛一變而爲壬水，二變而成丙火，三變而爲龍汞，四變而眞金，五變而爲戊己。太極兩儀，四象五行，莫不由之。採此靈根，鑄成神室。

神室者，藏神之室也，乃神氣出入飛伏之所。其中竅妙，有開有闔。蓋呼之則神應而來，吸之則神隨而往。日復一日，漸凝漸結。內有胞胎，爲神之依；外生鄞鄂，爲神之護。其來也，不疾而速；其往也，强而能伏。孰使之然哉？蓋因水火之功也。故古歌曰：「火者，藥之父母；藥者，火之子孫。」

水火之功，大矣哉！　故擬乾坤之橐籥而鑄神室，象日月之升沉而運藥物，傚寒暑之推遷而行水火，奪天地之神氣而成金丹。金丹之名，豈虛語哉！

蓋金乃水中之金也，鉛中之金也。鉛中之金，有形之金；　水中之金，無形之金。以無形之金，合有形之金，神隨形住，氣逐神靈，故曰「同類易施功，非種難爲巧；　欲作服食仙，宜以同類者」。非特金有二，火亦有二。有有形之火，有無形之火。有形之火，乃木中所生之火；　無形之火，乃水中所交之火。非無形之金，無形之火不能升而入；　非有形之火，有形之金不能採而出。此又有無互相制伏之妙。古先聖師，秘而未發，予獨暴露者也。

藥自虛無，豈出自虛無哉！　蓋無本於有，有生於無，有無互用，器用者空。借此空器之靈，藏我虛器之神，凡火銷金，金伐木榮，眞土兆形，眞水澄清，清眞合處，百日通靈，三胎九轉，十月丹成，凡磁瓦礫，盡皆成金，刀圭入口，白日飛昇。藥物眞正，火候調停，霞光滿室，雲霧塡庭，此藥生之景象也；　升而復降，降而復升，入之有路，出之無門，此藥伏之關鍵也；　遇水解化，遇火堅凝，化之若水，凝之若冰，此藥成之效驗也；　馬齒琅玕，鳳翅龍鱗，鍾乳黄輿，化明窗塵，此藥成之形狀也。

而神室内外，除却胞胎，惟有金水往來。金水者，乃得金炁之玄水，又號神水，並非井泉凡水，亦非方諸星月之水。煉丹之訣，但能引神水入華池，萬事畢矣。

廣成子於崆峒煉丹，度黄帝上昇，授以金丹秘訣金藥十二篇，藥物火候，鼎器壇爐，俱已吐露。但金水交媾之玄，玄關槖籥之秘，灰池煉金之眞，秘而不言，天律甚嚴，不傳竹帛。天不愛道，地不愛寶，吾豈敢自私。僕體太上之心，欲使人人成道，箇箇歸眞，以此洩未發之秘，條陳無遺，使世之留心性命、專志道德者，有緣遇師，得此書印證，方肯誠心下手而爲之。雖未面傳，亦吾徒也。嗚呼！凡夫滿眼，決烈者誰歟？從外丹書採入。

悟眞諸詩，内外兼舉者，凡十四章。初謂道原一貫，故説可相通。及讀此一序，方知仙師洞徹丹理，確有秘授淵源。厥後紫清白眞人，亦序此秘篇，因作地元眞訣，以廣度後人。益信宗派相傳，言不虛設也。

附篇

讀知幾子悟眞篇集註隨筆

陳攖寧

集註卷首第五頁張眞人傳道源流篇末云：「此非有巨室外護，則易生謗毀，可直往通邑大都，依有德有力者圖之。」愚謂「訪外護」一事，在古人行之，甚至爲便利，但在今之學道者，若依樣畫葫蘆，恐未必相宜，其理由如後：

第一種理由　江湖方士，一知半解，動輒冒古人訪外護之美名，而別有作用。歷年以來，已將名譽弄壞，雖有眞傳實學之士，人亦不敢相信，視爲與彼江湖朋友無異。蓋普通學道者流，閱歷太淺，没有認辨之能力，遂致如此，亦不足怪也。

第二種理由　今人心地，不及古人忠厚，而計算却比古人精明。古人做外護，等於做功德，今人做外護，等於做買賣。古人做外護的意思，乃自問有餘力時，卽發願幫助他人修道，倘能因此造就一位神仙出來，卽算自己做了一件大功德事，不必希望什麼報酬。今人做外護，要現錢買現貨，假使世間有已經修煉成功之人，讓他們親眼看見，他們必定爭先搶着要做外護。其實此種見識，未免愚笨。蓋修煉所以需要外護者，正因其尚未成功耳。若已經成功，何必再求外護？

十年前，×××君並其他數人，被江湖方士號爲周神仙者所愚弄，其事亦甚可笑，大有啞子吃黃連之滋味。×××君之爲人，未嘗不精明，但是此等事比較世間事不同，人愈精明，喫虧愈大。

第三種理由　外埠某君來函說，已得人元之訣多年，奈訪不着外護，所以不能下手，現在年齡已老，恐又要虛度云云。此事亦甚可憐。雖然，如果眞有人做彼外護，余敢料其結果雙方皆不免失望。蓋其法夾雜傍門，而非南宗正傳心印，如何能成仙了道？幸而無人做彼外護，自己尚可藏拙，否則人又以江湖方士目之矣。某君固非江湖，而其所得口訣之無效，則與江湖訣相等。此種人各省皆有，若某君者，不過其中之一而已。

基於以上三種理由，所以我不贊成訪外護之事。

或問：訪外護既不許，在家中修煉，其勢又絕對不可能，然則如何辦法方足以應用？答曰：此事要看自己環境之優劣，及年齡之大小，於各種丹法中選擇一種而用之。總以有嚴密之組織爲第一著，改良之訓練爲第二著，綿長之道統爲第三著。從此而東方絕學，永留天壤之間，將來總有幾人由此道而成仙。切忌過分宣傳及擴大範圍，庶免後患。因爲仙學性質，與各種宗教不同，宗教是要普渡，所以注重宣傳，只求人人信仰，凡有來者不拒；仙學難以普渡，不是人人所能行的。

世間做××工夫者，無論靠外護之力，或靠自己之力，都不過費去一筆錢財，弄得幾只××，關起大門，在家中就做起來。各種條件，都不完備，草率從事，如何能有成功的希望？反而惹出許多煩惱。所以傳授口訣與人，須要仔細審察其人家庭、環境、學識、年齡、性情、身體，看何種法門適宜，則傳授何種法門，勿固執一法以教人，則流弊可免。

康熙年間，知幾子自刻參同契集註、悟眞篇集註，全部無一錯字。此二書已歸杭州馬一浮君收藏，兵燹之後，不知遺失否？廣東翻版悟眞集註，舛誤迭見，遠不及原版之精美，然今者雖翻版亦不易得矣。再者，道光年間刻本三註悟眞，字大而清晰，今坊間通行有光紙小字石印本最壞，閱之令人生厭。

卷首第十五頁，論「養己築基」一段有云：「所未詳者，翫三丰眞人節要篇，及孫汝忠金丹眞傳，自可得其分曉也。」今按三丰全集中，止有玄要篇是自作。若世間鈔本三丰節要篇，既未收入全集，又別無刻本，是否三丰手筆，頗有疑問。濟一子所刊布之金丹節要，比較鈔本節要篇又不相同，想是經過江湖傳道者之删改，遂致愈傳愈劣，失其眞相耳。至於金丹眞傳，亦不合悟眞篇本旨，知幾子學問雖博，奈其徒富於記誦，而未曾實驗，竟使涇渭不分。今世學道者，無不以金丹眞傳代替悟眞篇，余前在揚善半月刊上已指其謬，今再述於此。

卷首第十六頁後半頁第三行，引李晦卿之說，與事實不合。凡李晦卿所作之書，無論講黃白術或講陰陽法，皆是杜譔揑造，自欺欺人。知幾子對於丹道，雖閱書甚多，惜未得南派嫡傳，竟爲傍門所誤。做道言五種之陶存存子，有時亦被李晦卿蒙混過去。

卷首二十一頁後半頁第二行，所謂玉京洞，在天台縣赤城山上，今已爲尼僧居之，非復仙家氣象矣。

卷首二十二頁前半頁所云：「金液之術，不可亂傳人，必逢積德善人，方可指授，否則難逃天譴。」此語誠然，學者宜知警惕。故凡以最上乘口訣傳人，必須訪察其人之前輩，是否積德，其自己是否眞爲善人，此乃第一要注意。

卷首二十七頁，所謂「開關須三七，煉劍用百天，築基在期歲，還丹只片時，溫養經十月，抱元歷九年。」此說不可拘泥，要看學者年齡之大小，身體之强弱，性情之躁靜。大概年老身弱性躁者，每需要甚多之歲月；年壯身强性靜者，則日數比較可以減少。更要得其眞傳口訣，方能希望成功。若世間江湖朋友所傳授者，不免夾雜傍門；方外人所傳授者，又不能適合於在家人之環境。徒抱定幾句呆板的口訣教人，每每窒礙難行。須知這件事是活潑圓通的，於學者本身之環境有絕大關係。世間常有抱道而終，永無實行之機會者，皆因拘泥雙修之說，不識清淨陰陽一貫之玄妙，以爲非用鼎器則必無所成，而其人之環境，又不容許走這條路綫，於是乎蹉跎歲月，今生又虛度矣。吾願世間同志諸君，力矯此弊，務必做到頭頭是道、路路皆通而後可。

卷首第二十九頁後半頁，知幾子略歷一段，原刻本無之。蓋原版乃知幾子所自刻者，故少此一段耳。

知幾子即鄞縣仇兆鰲先生，乃清朝康熙年間進士。仇先生不願將自己眞姓名宣布，亦學魏伯陽仙師之用隱語，讀者每苦於不得其解，今說明如後隱語見卷首二十九頁後半頁第一行小字：「十治數，陽老先」，此二句暗藏一個「仇」字。昔周武王有亂臣十人註家謂「亂」字當作「治」字解，十人皆開國元勛，前九人是男，末一人是女。十治數，乃暗藏「亻」字。陽老先，乃暗藏「九」字。蓋指九箇陽性年老者在先，一人陰性年壯者居末也。

「千年實，摘樹邊」，此二句暗藏一個「兆」字。千年實，指桃子而言；樹邊，即「桃」字本身之「木」字邊旁；摘樹邊者，謂桃子已摘離樹邊，等於「桃」字本身邊旁，則變成「兆」字矣。

「龍伯國人把釣竿」，此句暗藏一個「鰲」字。列子書上說：「龍伯之國，有大人，一釣而連六鰲。」

「海石之上註斯篇」，「海石之上」四字，暗藏「滄柱」二字，即仇先生之大號也。「滄海」及「柱石」二語，乃文辭中所習見者。「海」字之上，暗藏「滄」字；「石」字之上，暗藏「柱」

字。

七律詩第一首末句：「無常買得不來無。」下一個「無」字，當作「否」字解，乃問語口氣。意謂世人雖有多金，可能買通無常叫他不來否？

七律第二首「昨日街頭猶走馬，今朝棺内已眠尸」二句，最能驚醒世人痴夢。知幾子改爲「昨日庭前方宴樂，今朝室内已傷悲」，殊覺意味平淡，不足以動人。且世間可以傷悲之事甚多，不限定專爲死人而傷悲，如何能代替「棺内眠尸」之意乎？

七律第三首「遂使夫妻鎮合歡」一句，凡各家註解，都非悟眞篇本意，學者必先能解釋參同契「老翁復丁壯，耆嫗成姹女」二句之義，然後方能解釋悟眞篇此句之義。但各家註參同契者，僅能解釋「老翁復丁壯」一句，而對於下句「耆嫗成姹女」則棄而不論。是則止許男人成仙，而女人決無成仙之望矣。豈得謂事理之平？知幾子參同契補註中，雖說「女功先守乳房，斬除赤龍而求大藥」，然未曾言明大藥產生於何處，以及如何求法。又引李晦卿之說，謂：「男子作丹，先鉛而後汞；女子作丹，先汞而後鉛。」復自加以說明，謂：「李註所云鉛汞，卽指朔後晦前之金水。」此說不通之極。考古今各種丹經，凡是言鉛者，皆指金水一方面而言；凡是言汞者，皆指木火一方面而言，從未有以水爲汞者。今既謂鉛是朔後之金，汞是晦前之水，試問木火一方面，又將用何種名稱？

七律第六首末句云：「何須尋草學燒茅。」所謂尋草者，尋藥草也；所謂茅者，蓋指江蘇省句容縣之茅山。宋朝以前，茅山素以奇怪法術著名，故點金術中，有一派做手，叫作茅法。燒茅者，謂依茅山所傳之法燒煉外丹也。若認爲茅草之茅，則大誤矣。

律詩第十二首陳註云：「順則爲凡父凡母，逆則爲靈父聖母。」可知靈父聖母與凡父凡母，其不同處就在一個「逆」字，別無奇怪之現象。凡父凡母是二人，靈父聖母亦是二人，決不至於拉第三人加入合作。若果如此辦法，是謂侮辱大道。

又律詩第十五首陳註云：「眞鉛乃靈父聖母之氣。何謂靈？常應常靜之謂靈，逆施造化之謂靈；何謂聖？太極初分之謂聖，虎不傷人之謂聖。」可知所謂「靈父」者，因其有「常應常靜」之能力，與「逆施造化」之手段也。請問丹房中第三人有此種能力與手段否？世間做工夫多年之老修煉家，尚且難以到此地步，而謂初出茅廬之童男子有此種資格乎？若不然者，如何能配稱靈父乎？

又七絕詩第一首子野註云：「我爲乾鼎，彼爲坤鼎。」可知所謂乾鼎者，卽指修煉家本身而言，非另有一童男子也。又陳註云：「鼎器者何？乾男坤女，靈父聖母也。」可知乾男卽是靈父，坤女卽是聖母。凡父凡母是那兩個人，靈父聖母仍舊是那兩個人。他們兩個人，當初作凡父凡母順行人道的時候，未曾聽說要請第三人幫忙，爲什麼到了做靈父聖母逆行仙道的時候，就要請第三人相幫？天下最滑稽之事，沒有過於此者。近世江湖傳道者流，除彼我兩方而外，又復畫蛇添足，丹房中弄出一個童男子，算是乾鼎，眞可謂以大道爲兒戲矣！

或問，丹經中言三人之處甚多，如所謂「須用同心三個人」「三人同志謹防危」「三人一志互相扶」「同志三人互相守」等語，皆說煉丹要用三人。今言不要三人，豈不與古說相左乎？答曰：古說要用三人者，指同心同志的道友而言，不是指十幾歲乳臭未乾的小童男子而言。請問，如此無知無識的小童兒，他懂得煉丹是怎麽一回事？他配稱爲同心同志之人乎？如何可以指鹿爲馬，自欺欺人，誤盡天下後世之學仙者？

論白虎首經

陳攖寧

悟眞篇西江月詞第三首云：「白虎首經至寶，華池神水眞金。」知幾子悟眞集註謂：「首經，卽五千四十八日之期。此期初至，先升白氣，降爲神水，水中有眞金之氣，故曰神水眞金。」其意蓋指二七天癸爲白虎首經。但悟眞三註其說與知幾子不同。今考陸子野註云：「男子二八而眞經通，女子二七而天癸降，當其初降之時，是首經耶？不是首經耶？」觀此數語，乃疑惑之辭，而非決定之論。下文又云：「神水卽首經也。老子曰：上善若水，善利萬物。眞人以首經神水爲喻，言其利生之功，非其他丸散外藥可比。」此一段蓋謂神水卽是首經，而神水與首經又皆是喻言，並未指明何物。

再考薛道光註云：「首者，初也，首經卽白虎初弦之氣，却非採戰閨丹之術。眞一之氣，在天曰眞一之水；在虎曰初弦之氣；若煉在華池，名曰神水。此乃眞經之至寶，皆不離眞一之精。流歷諸處，故有種種之異名，以其能成就造化。經曰：「上善若水。」蓋眞一之水，生於天地之先，故曰上善。其利源甚爲深遠，却不比尋常後天地滓質之物。」請觀此段中連用四個「眞一」字樣，學者應當特別注意。至於二七天癸，雖可名爲首經，試問與「眞一」二字何涉？

再考上陽子註云：「白虎爲難制之物，倘用之不得其道，豈無傷人之理；首經爲難得之物，倘求之不失其時，必有天仙之分。只此白虎首經，强名先天一氣。仙師太忒漏盡，薛、陸註之太詳。世之愚人，若指爲採戰之說，或謂閨丹之術者，則禍及於身。學者若知三日月出庚之旨，方許求華池神水之丹。」據此一段而細察之，雖有「求之不失其時」及「三日月出庚」之說，安知不是指每月而言？若竟斷定爲二七天癸初降之時，亦未必然。

統觀道光、子野、上陽三註，皆未言白虎首經卽是二七天癸。惟三註皆以「首經」與

「神水」相提並論，可知「首經」與「神水」，乃一物二名。果能明了「神水」是何物，則「首經」問題亦可以解決矣。

悟眞篇後序云：「修生之要在金丹，金丹之要在乎神水華池。」此意人多不能了解。再看石杏林還源篇後序云：「先師悟眞篇所謂『金丹之要，在乎神水華池』者，卽鉛汞也。人能知鉛之出處，則知汞之所產。既知鉛與汞，則知神水華池；既知神水華池，則可以煉金丹。金丹之功，成於片時，不可執九載三年之日程，不可泥年月日時而運用。鍾離所謂『四大一身皆屬陰』也，如是則不可就身中而求，特尋身中一點陽精可也。然此陽精在乎一竅，常人不可得而猜度也。只此一竅，則是玄牝之門，正所謂神水華池也。」

按石杏林仙師乃南宗第二祖，親受紫陽之傳，其言當比後來各家雜說爲可信。所謂神水華池，不過如此，對於二七天癸，毫無關係，學者可以醒悟矣。更參考紫陽仙師金丹四百字自序云：「以鉛見汞，名曰華池；以汞入鉛，名曰神水。」此意與杏林仙師所謂「神水華池者，卽鉛汞也」一句，正相符合。因此可知，鉛汞相交，卽是華池神水；華池神水，卽是白虎首經。而白虎首經，決不是二七初降之天癸，則可以斷言者。

學道諸君，若不將此種緊要關頭先弄清楚，仍迷信非五千四八之期不足爲金丹大藥之用，則前途荆棘多矣。此尚指自己有力能設備完全依法試做者而言，其無力照辦者，終身在望梅止渴之中，永無實行之日，尤爲可憐。

余根據四十年之閱歷，耳聞目見，各省學道諸君，用五千四八採大藥者，結果總歸失敗。北京二人，南京一人，蘇州一人，上海一人，成都一人，武昌一人，前後共計七人，沒有一人達到目的。其間困難多端，未暇細說，而方法之不善，確爲失敗之主因。

同道中人，談及此事，每歸咎於築基煉己工夫未曾做好，而急求速效，輕舉妄動，故不免失敗。愚謂此種弊病固亦有之，但非徹底之論。蓋彼等最大的錯處有二：一則誤會先天大藥出產於鼎器身中，其來源已經認識不清；二則誤會兑卦最初一次首經爲無上至寶，下次來者卽不堪作大藥之用，其理由亦欠充分。語云：「前車覆轍，後車之鑒。」余願世間學道諸君，勿再執迷不悟，奉五千四八爲神聖規條，以致自誤誤人，則仙學庶幾有正軌可循，而不至於鏡裏看花，結果終無所得也。

存眞書齋仙道經典文庫（即出書目）

李涵虛仙道集　蒲團子 編訂
太上十三經註解（純陽宮藏板，最完整本）
無根樹二註　道竅談　三車秘旨

女子道學小叢書　陳攖寧 訂　蒲團子 輯
坤寧妙經　女功正法　女丹十則等五種
附：旁門小術錄　陳攖寧佛學論著拾遺

通一齋四種　方内散人 著　蒲團子 編訂
三教宗旨　南北合參　道情十詠　閒情雜著

稀見丹經初編　蒲團子 編訂
修身正印（孫碧雲）　玉符直指註釋
地仙玄門秘訣　性命要旨　教外別傳
養性編　玄談集（節選）

因是子靜坐法四種　因是子 著　蒲團子 輯
因是子靜坐法　因是子靜坐法續編
因是子靜坐衛生實驗談
中國的呼吸習靜養生法　附：廢止朝食論

關尹子九篇　陳抱一 註　蒲團子 輯
一字　二柱　三極　四符　五鑒　六匕　七釜
八籌　九藥

上陽子仙道集　陳致虛 著　蒲團子 輯
金丹大要　周易參同契分章注　悟真篇三注
太上洞玄靈寶無量度人上品妙經　附仙佛同源

參悟集註　知幾子 集註　蒲團子 編訂
參同契集註　悟眞篇集註